普通高等教育经管类专业系列教材

U0366789

人际沟通与交流

（第3版）

李颖娟　主　编

丁　旭　副主编

清华大学出版社

北　京

内 容 简 介

本书通过具有吸引力的案例和通俗易懂的语言，让读者认识到人际沟通与交流在日常生活、工作中的重要作用，并使读者掌握沟通与倾听的基本技巧、交友沟通技巧、管理沟通与谈判技巧、跨文化沟通技巧等。本书针对各种沟通情况配有自测题，读者能够通过自测题找到自己在人际沟通方面的不足，从而有针对性地进行学习，达到提高人际沟通与交流能力的目的。

本书可作为大学生的通识课教材，也可供想提高人际沟通能力的读者朋友阅读。

图书在版编目(CIP)数据

人际沟通与交流 / 李颖娟主编. —3版. —北京：清华大学出版社，2022.1（2025.1重印）
普通高等教育经管类专业系列教材
ISBN 978-7-302-57839-0

Ⅰ.①人… Ⅱ.①李… Ⅲ.①人际关系学－高等学校－教材 Ⅳ.①C912.11

中国版本图书馆CIP数据核字(2021)第057257号

责任编辑：施 猛
封面设计：常雪影
版式设计：方加青
责任校对：马遥遥
责任印制：刘 菲

出版发行：清华大学出版社
　　　　网　　　址：https://www.tup.com.cn, https://www.wqxuetang.com
　　　　地　　　址：北京清华大学学研大厦A座　　　邮　　编：100084
　　　　社 总 机：010-83470000　　　　　　　邮　　购：010-62786544
　　　　投稿与读者服务：010-62776969，c-service@tup.tsinghua.edu.cn
　　　　质 量 反 馈：010-62772015，zhiliang@tup.tsinghua.edu.cn
印 装 者：北京同文印刷有限责任公司
经　　销：全国新华书店
开　　本：185mm×230mm　　　印　　张：17.5　　　字　　数：293千字
版　　次：2012年9月第1版　2022年1月第3版　　　印　　次：2025年1月第6次印刷
定　　价：59.00元

产品编号：090662-02

前言(第3版)

党的二十大报告指出："教育、科技、人才是全面建设社会主义现代化国家的基础性、战略性支撑。"在培养人才的过程中，人际沟通能力是不可缺少的一个方面。

本书在出版后的几年时间里，得到了广大读者的大力支持，也收集到一些读者的反馈意见，在此向广大读者朋友们表示衷心的感谢。

本书第3版与第2版的主要区别是，在保持原书风格的基础上，对内容方面有些不完善的地方稍加润色，改正了少量错误；删掉个别过时的案例，增加了一些现实中更能说明问题的案例，分插在正文中和各章后的案例分析题里，使得本书内容更贴近生活，更具有实用价值。此外，每章后设置了更多的实际案例，可供学生课内和课后讨论与思考，能使课堂教学更加生动有趣。本次改版新增的案例对读者的日常沟通能起到很好的借鉴作用，希望本书修订后能更有助于提高读者的人际沟通能力。

由于水平和时间所限，书中难免存在不妥之处，敬请广大读者批评指正，反馈邮箱：wkservice@vip.163.com。

编者
2023年7月

前言(第2版)

在近几年的教学过程中,经常遇到一些学生跟我们探讨如何解决他们在生活中遇到的沟通问题。学习这门课程后,很多学生开始反思,逐渐认识到自己在沟通方面存在的问题。有些沟通问题具有普遍性,学生与学生之间、学生与父母之间、学生与教师之间经常会遇到类似的沟通问题,也经常由于沟通不当产生矛盾和误解。这些发生在我们身边的案例很有意义,通过对这些案例的分析和思考,有助于读者在遇到类似问题时找到合适的处理方法,给读者在人际沟通方面带来更大的帮助,从而增强读者的实际沟通能力。

本次再版与原版的主要区别是增加了大量生活中的案例,特别是发生在大学生身边的一些真实案例。这些案例不仅增加了本书的趣味性,同时有助于读者学习人际沟通技巧,在日常生活中遇到沟通问题时能采用正确的沟通方式,从而进一步提高人际沟通能力。

由于水平和时间所限,书中难免存在不妥之处,敬请广大读者批评指正,反馈邮箱:wkservice@vip.163.com。

编者
2015年4月

前言(第1版)

在竞争日益激烈的今天，人际沟通能力与技巧的重要性越来越突出。美国著名学府普林斯顿大学对一万份人事档案进行分析，结果发现："智慧""专业技术"和"经验"只占成功因素的25%，其余75%取决于良好的人际沟通。哈佛大学就业指导小组调查结果显示，在500名被解职的员工中，因人际沟通不良而导致工作不称职被解雇的员工占82%。这些数据都说明沟通与交际能力是当今社会成功人士应具备的基本且重要的素质。每个人生存在社会上，都要面对人际沟通与交流，人际矛盾中有很大一部分是因为沟通中的误会而产生的，懂得如何明确简洁地传达信息，学会倾听避免产生误解等都是十分重要的。亲子之间需要沟通，夫妻之间需要沟通，朋友之间需要沟通。在一个企业组织当中，部门与部门之间、上级与下级之间更需要沟通，沟通无处不在。沟通有利于拉近人与人之间的距离，有助于增进人与人之间的相互理解，更有助于增强团队的凝聚力。

许多人认为，人际沟通能力是一种与生俱来的能力，因为与他人形成并保持一定的关系是极为寻常的人类活动。然而，为什么我们会经常误解彼此呢？为什么有些人在别人讲话的时候不懂得尊重对方？为什么有些人会闹矛盾甚至吵架？这些都和沟通的艺术与技巧有关。例如，在会见领导或重要客人时，应该关掉自己的手机。如果我们在会见开始之前，当着对方的面关机，就会明确地表达自己对对方的尊重。对方会从心底感激你的尊重，交往就会顺利许多。每一个人自出生起，沟通与交流就无时不在、无处不在，沟通与交流在人类社会的发展历程中扮演着重要角色。沟通与交流使我们彼此了解，使我们互通有无，使我们化干戈为玉帛。

人际沟通与交流能力是当代大学生应有的基本素质。学生进入大学后，不仅要学习专业知识，还要培养各方面能力，同时提高自身素质。如今，大多数家庭以孩子为中心，这些孩子具有一些共同特点：从小就受家长宠爱，与同龄人的沟通交流相对较少，沟通与交流的能力往往成为他们成长过程中以及职业生涯发展过程中的障碍。

为了提高学生的基本素质，培养学生的人际沟通与交流能力，沈阳大学科技工程学院开设了通识必修课"人际沟通与交流"。本书内容已经在沈阳大学科技工程学院经过两轮教学试用，并在教学过程中不断改进。本书的框架结构体现了学校提出的"以岗位能力形成为核心的职业实境化"教学模式的基本思想，以培养与提高学生的应用能力为目标，以知识要点结合大量案例和相应的技能训练方式循序渐进地讲解内容。各章后面配以复习思考题、情景模拟与沟通训练、案例分析等，训练学生的人际沟通能力，突出实用性和对技能、技巧的训练培养，以达到学以致用的目的。

编者旨在为学生精心打造一本教材，希望能够通过具有吸引力的案例和简明易懂的语言，让学生认识到人际沟通与交流不仅会影响他们的人际关系，更会对他们的生活质量以及职业生涯发展有所影响；引导学生从习以为常的观点中走出来，让他们认识到对人际沟通与交流进行系统学习的价值，从而将知识应用于日常行为举止。本书配有自测题，学生能够通过自测题找到自己在人际沟通方面的弱点，达到提高人际沟通与交流能力的目的。

一本好的教材不仅应该引起学生的兴趣，激发他们的学习热情，更应该为教师提供教学上的指导和帮助。本书各章末的情景模拟与沟通训练为教师提供了训练学生沟通能力的方法，使理论知识和模拟训练很好地结合，巩固学生所学的知识，尽快提高学生的能力。

余世维先生说过，沟通不是一种本能，而是一种能力，这种能力是可以被训练出来的。成功的沟通依赖于沟通的技术，而沟通技术的核心又是个人修养与心态的外在体现，人与人之间的相互尊重是需要表达出来的，表达的能力是可以培养的。希望通过我们的努力，能为当代大学生沟通能力的培养提供一些有益的启示。

本书主要内容包括：语言沟通和非语言沟通的基本方法与技巧；日常沟通与倾听的技巧；职场沟通技巧与交友沟通技巧；管理沟通与谈判技巧；跨文化沟通与现代沟通技术等。

本书主编为李颖娟，副主编为丁旭。全书整体框架构思、内容安排及统稿由李颖娟负责。本书共十章，第一章、第二章由路明华负责编写；第三章、第四章由李颖娟负责编写；第五章、第八章由徐丹丹负责编写；第六章由郭婧驰负责编写；第七章由王柳燕负责编写；第九章由萨晓蕾负责编写；第十章由丁旭负责编写。

感谢沈阳大学科技工程学院各位领导对本书出版的大力支持。通识学院张旭副院长对本书内容提出了许多修改意见，在此深表谢意。由于作者水平有限，书中难免有不足之处，欢迎广大读者批评指正，反馈邮箱：wkservice@vip.163.com。

编者

2012年1月

目　录

第一章 沟通概述

本章素质培养目标：通过对本章的学习，使学生初步理解人际沟通的基本理论，了解沟通的基本含义、目的以及过程。

重点：了解沟通的一般原理和过程。

谈到沟通，可能很多人会认为，沟通不就是说话吗？很多人忽视了沟通外在形式之下隐藏的内在含义，忽视了沟通的重要性。沟通能力包括表达能力、倾听能力和设计能力。有效的沟通能够高效地解决生活以及职场中的许多问题。

良好的人际关系，可以提升工作效率与个人幸福感。在促使个人获得成功的因素中，人际关系往往比知识、技术、经验等因素更重要。有人曾做过这样的调查，某地被解雇的4000名员工中，人际关系不好者占90%，不称职者仅占10%；在抽取的大学毕业生样本中，人际关系处理得好的人平均年薪比单纯成绩好的人高15%，比成绩中等的人高出33%。由此可见，人际沟通能力在日常工作、生活中的重要作用。

引例：请看下面两种不同的沟通方式带来的不同结果。

第一种沟通方式：

家长：老师，我可以进来和您谈谈吗？

老师：欢迎！请坐到这儿吧。(微笑着用手势示意家长坐下)

家长：你们老师真是辛苦，每天要带那么多孩子，真是不容易啊！

老师：(一边给家长倒茶)是呀。孩子小，自控能力差，而家长的期望值又那么高，我们的压力真是不小！

家长：(接过茶杯)谢谢！是啊，现在的孩子都是独生子女，每个家庭都特别宠爱孩子。

老师：是的。独生子女存在的问题确实比较多，这些孩子不仅生活自理能力差，各种生活习惯也不太好。家长一边宠爱孩子，一边又对孩子寄予过高的期望。唉，可怜天下父母心啊(摇头，很无奈的样子)！哦，我忘了，你是不是有什么话要对我讲？(笑)

家长：(微笑着)是的。我家馨馨最近特别喜欢跳舞，每天嚷着要跳舞给我和她爸爸看，她爸爸看她对跳舞这么感兴趣，就特意给她买了一面大镜子，她对着镜子跳得可开心了。

老师：哦？可是，在幼儿园我问她是不是不想跳舞，她告诉我说"是"。

家长：会不会是因为馨馨在幼儿园跳舞跟不上同伴，不够自信？

老师：说实在的，馨馨对舞蹈的感受力和表现力确实一般。考虑到她最近腿脚不方便，我就让她坐在旁边看。

家长：谢谢您为馨馨想得这么周到。我和她爸爸看她在家里那么喜欢跳舞，实在不忍心让她只看着小朋友跳舞。我们猜想她内心还是喜欢跳舞的，您说是不是？

老师：看来是的。

家长：我想，馨馨可能因为腿不好怕在老师和同伴面前丢脸才说不想跳舞的，她说的可能并不是真心话。

老师：可能是吧。馨馨在幼儿园表现欲得不到满足，就想在家里得到满足，有这种"补偿"心理是很正常的。是我太大意了，我应该考虑到这一点的，对不起。馨馨妈妈，从明天起，我就让馨馨"归队"。

家长：(起身)谢谢了！再见！

第二种沟通方式：

家长：老师，我可以进来和你谈谈吗？

老师：欢迎！请坐到这儿吧。(微笑着用手势示意家长坐下)

家长：你很忙吗？

老师：(一边给家长倒茶)还可以，有什么话您尽管说。

家长：(责问)你们班是不是每个孩子都参加了舞蹈排练？

老师：是的。

家长：那你怎么就不让我家馨馨跳舞？她回家说，每次跳舞时老师都让她坐着。

老师：那是因为最近馨馨的腿脚不方便，我问她是不是不想跳，她说"是"，我这才让她坐在旁边看的。

家长：你知不知道她每天回家就嚷着要跳舞给我和她爸爸看，她爸爸看她对跳

舞这么感兴趣，还特意买了一面大镜子。这样喜欢跳舞的孩子，你说她在幼儿园不想跳舞谁相信啊？(情绪有些激动)

　　老师：我体谅动作不便的孩子，我尊重孩子的意愿有什么错？(语气加重)

　　家长：馨馨在家那么喜欢跳舞，你这怎么叫尊重孩子的意愿？(站了起来)

　　老师：馨馨在家的情况你可以向我反映，完全用不着用这种态度呀！

　　家长：你的态度就好了吗？我这就去找园长，如果可以，馨馨最好换个班级。(气冲冲地走出教师办公室)[①]

　　从引例可见，同样的事情，同样的地点，采用不同的沟通方式会产生截然不同的效果。这个引例告诉我们：沟通方法得当，问题就会迎刃而解，或者"化干戈为玉帛"；方法不当，只会使问题复杂化，并且容易产生误会。如果我们遇到问题时能以恰当的方式进行沟通，其结果必定是"双赢"的。

　　哲学家巴斯卡尔说："人类像芦苇般脆弱，然而历经数千年，脆弱的人类却能创建文化，而异于其他动物，之所以如此，系因人类懂得相互合作的重要性。"人们之间要互相合作，势必要建立良好的人际关系，这就离不开说话的艺术。语言是人与人沟通的桥梁，善于与人沟通的人，能够左右逢源；不善于沟通的人，容易陷入被动局面。如果你想知道自己的沟通能力如何，请先进行以下测试。

　　1. 你是否会因为得不到别人的理解而避免表达自己的真实感受？

　　　　A. 肯定　　　　　　B. 有时　　　　　　C. 否定

　　2. 你是否觉得在属于自己的时间、空间里独处才能保持头脑清醒？

　　　　A. 肯定　　　　　　B. 有时　　　　　　C. 否定

　　3. 与一大群人或朋友在一起时，你是否时常感到孤寂或失落？

　　　　A. 肯定　　　　　　B. 有时　　　　　　C. 否定

　　4. 当一些与你交往不深的人对你倾诉他的生平遭遇以求同情时，你是否会觉得厌烦甚至直接表现出这种情绪？

　　　　A. 肯定　　　　　　B. 有时　　　　　　C. 否定

---

① 张方园. 两个沟通案例的比较[J]. 幼儿教育，2005(11).

5. 当有人与你交谈或对你讲解一些事情时，你是否时常觉得百无聊赖，很难聚精会神地听下去？

      A. 肯定   B. 有时   C. 否定

6. 你是否只会对那些相处长久，自认为绝对可靠的朋友吐露自己的心事与秘密？

      A. 肯定   B. 有时   C. 否定

7. 在与一群人交谈时，你是否经常发现自己注意力涣散，不断走神？

      A. 肯定   B. 有时   C. 否定

8. 别人问你一些复杂的事，你是否时常觉得跟他多谈简直是对牛弹琴？

      A. 肯定   B. 有时   C. 否定

9. 你是否觉得那些过于喜爱出风头的人是肤浅的和不诚恳的？

      A. 肯定   B. 有时   C. 否定

评分标准：选A记3分；选B记2分；选C记1分。

诊断结果：

9~14分：你很善于与人沟通，你是一个善于交际的人。

15~21分：你比较喜欢与人交朋友。假如你与对方不太熟，刚开始可能比较少言寡语，可一旦你们熟起来，你的话匣子就再也关不上了。

22~27分：你一般情况下不愿与人沟通，只有在非常必要的情况下，才会与人交谈，你比较喜欢一个人的世界。

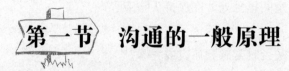

第一节 沟通的一般原理

一、沟通的内涵

在人际交往中，沟通不是万能的，但没有沟通是万万不能的。人际沟通与交流是人类行为的基础。因此，在沟通交流中准确传达自己的态度尤为重要。沟通成功与否，与其说在于沟通的内容，不如说在于沟通的方式。具体来说，取决于对方认为你所解释的信息是否可靠而且适合。沟通涉及各式各样的活动，如交流、劝说、讲授以及谈判等。我们将沟通定义为：沟通是人们在互动过程中，通过某种途径或方式，将一定的信息从发送者传递给接受者，并获取理解的过程。

1. 沟通是信息的传递

如果信息和想法没有被传递给对方，则意味着沟通没有发生。说话者没有听众或写作者没有读者都不能形成沟通。

美国沃尔玛公司总裁萨姆·沃尔顿曾经说过："如果必须将沃尔玛管理体制浓缩成一种思想，那可能就是沟通。因为它是我们成功的关键因素之一。沟通就是为了达成共识，而实现沟通的前提就是让所有员工一起面对现实。沃尔玛决心要做的，就是通过信息共享、责任分担实现良好的沟通交流。"

2. 沟通涉及多个领域

沟通需要互相理解，沟通是人们分享信息、思想和感情的过程。在这个过程中，我们不仅要使用口头语言和书面语言，还可通过形态语言、个人习惯和方式、物质环境等来传达信息。

二、沟通的要素

沟通的要素包括传送者和接受者、信息、媒介、噪声、反馈等。

(1) 传送者和接受者。信息发出者和信息接收者分别是信息的传送者和接受者，但在一些沟通过程中，由于信息交流是双向的，参与者既是传送者又是接受者。

(2) 信息。信息是指沟通双方传递的思想和情感等。

(3) 媒介。媒介是指信息传递的载体，在人际沟通中，人们一般通过听觉、视觉或者触觉来实现沟通。

(4) 噪声。噪声指信息形成、传递、接收、理解、反馈过程中的各种干扰因素。

(5) 反馈。反馈指信息传送者和接受者之间的相互作用，是沟通成立的必要条件。

从沟通的过程角度讲，沟通的要素包括沟通的内容、沟通的方法、沟通的动作。就其影响力来说，沟通的内容影响最小；沟通的动作影响最大；沟通的方法的影响力居于两者之间。

三、人际沟通及其功能

人生的成功在很大程度上与人际沟通能力有关。著名成功学大师安德鲁·卡耐基认为："所谓沟通就是同步。每个人都有他独特的地方，而与人交际则要求他与别人一致。"

人际沟通(Interpersonal Communication)是指人与人之间的信息交流，其内涵体现在以下三个方面。

(1) 人际沟通是一种过程(Process)。人际沟通是一种有目的的交流过程，旨在取得人与人之间的了解和信任，形成良好的人际关系。比如，与自己的亲人饭后闲聊，和好友通过电话聊天，使用网络在聊天室内与网友们聊天，与自己的主管领导谈心，这些都属于人际沟通。

(2) 人际沟通的重点在于它是一种有意义(Meaning)的沟通历程。在沟通的过程中，它的内容表现为"沟通什么"；它所传达的意图是理由，即"为何沟通"；它所体现的价值，即此沟通"有多重要"。

(3) 人际沟通是一种互动。人际沟通是互动的，在沟通之前，人们不能预测沟通互动的结果。比如，小孩跟父母开口要钱，说："我没钱了，能不能给我两百元零用钱？"此时双方还未互动，不能知晓结果是什么。可能是同意，也可能是不同意，而且同意或不同意的结果又存在诸如语气、态度等的差别，需要双方在互动过程中完成这一沟通。

人际沟通具有心理、社会和决策等功能，此外还能促进个人成长，和我们的生活息息相关。

1. 心理功能

(1) 为了满足社会需求和他人沟通。心理学认为，人是一种社会性动物，人喜欢群居，这是天性。人对与他人相处的需要与对食物、水、住所等的需要同样重要。社会学家马斯洛也指出"社交需求"是人类五大基本需求之一。每个人都希望自己有所归属，是家庭中的一分子，与朋友在一起时被接纳，在社会上被人尊重，只有找到自己的同类，有相似的语言、生活与文化，才能分享，才会产生乐趣，才能使生活有意义。

如果人与其他人失去了相处的机会，很容易出现一些不良反应，如丧失运动机能、心理失调等。但山居隐士自愿选择一世独居，这是一种例外。我们平常可与其他人闲聊琐事，即使是一些不重要的话，也能使我们因满足互动的需求而感到愉快。

(2) 为了肯定自我而和他人沟通。每个人的自我了解一部分来源于自省，另外一部分来源于他人的反应。他人就像镜子，当我们与之互动时，可以从他人的反应中，勾勒出清晰、正确的自我画像。人际网络越广，就会拥有越多的镜子，也就会有越多的回馈，据此可做出相对客观的自我评价。

我们能够通过沟通探索自我以及肯定自我。比如，我们可以通过沟通从别人口中得知自己的专长与特质。与他人的互动结果，往往是自我肯定的来源。

案例1-1：有一对兄弟，哥哥在市里读大学，弟弟跟爷爷奶奶一起生活，在农村读中学。国庆节期间，哥哥回农村看望爷爷奶奶。弟弟很崇拜哥哥，知道哥哥要回来非常开心，盼望尽快见到哥哥。弟弟骑摩托车去很远的车站接哥哥，哥俩一路上聊得挺开心，哥哥突然问："弟弟，你大老远地跑来接我，是心甘情愿的吗？"弟弟想逗哥哥一下，就说："那有什么办法呀，我不接你也不行呀，谁让你是我哥呢！"结果哥哥听后有点不高兴了，但他还是笑着说："啊，原来你不想接我呀！看来咱俩的感情变淡了呗！不过你说话的水平也太低了吧，你都来接我了还当我面说不情愿，你是让我感激你呢，还是让我说你不够意思呢？以后可别做这种费力不讨好的事情了。"

案例中，弟弟只是跟哥哥开玩笑，他心里想的是就算没有摩托车，走着也要来接哥哥的。但是哥哥不知道弟弟是开玩笑，如果他从弟弟那里听到的是弟弟多么崇拜自己、多么盼望尽快见到自己，感到受重视和肯定，满足了自己的心理需求，就会很开心。在日常人际沟通中，我们应了解这种心理需求，在表达上多加注意，以减少误会。

2. 社会功能

人际关系提供了社会功能，借助这一社会功能，我们可以发展和维持与他人的关系。我们应经由沟通来了解他人，借助沟通的过程，使关系得以发展、改变或者维系下去。通常情况下，我们在与某人交谈过一次后，可能就会决定以后是接近他还是远离他。

良好的人际关系对于个人生理与心理健康都有很大帮助。与朋友分享的快乐是加倍的快乐，有朋友分担的痛苦是减半的痛苦。当个人的成就、荣耀、快乐被朋友分享，它们将变得更有意义与价值；而当个人感到痛苦时，如果有家人或朋友在身边安慰、鼓励或协助，就不会感到孤单、无助，比较容易恢复信心，也比较有勇气从失败、痛苦中再站起来。

有人说寂寞会让人抑郁，良好的人际关系有助于延年益寿。医学研究发现，积极的、支持性的人际关系能使人长寿，提高机体免疫力，使人较少患病，也能帮助身体康复，而寂寞、疏离等会导致心理疾病。令人痛苦的事莫过于没人理会、没人爱、被放弃、被疏远等，这些都会使人感到焦虑、沮丧、挫折、失望、自贬，会造成心理的失落、创伤。因此，我们应维系积极的、支持性的人际关系，从中获得安全、自尊、自信、愉悦的感受，从而使自己成为快乐、健康的人。

3. 决策功能

我们每天都要做很多决策，如晚上是否要看电视，明天要穿哪一套衣服，是否该给对方一个微笑。有时我们可以靠自己做决策，有时要和别人商量后一起做决策。沟通满足了决策过程中的两个功能，即促进信息交换与影响他人。做出有效决策离不开信息支持。信息有时来源于自己的观察，有时来源于阅读，有时来源于传播媒体，有时来源于与他人的沟通。如何通过沟通来影响他人的决策？如你和朋友去买衣服，朋友询问意见与你传达意见之间的互动就可能会影响决策结果。

需要注意的是，在决策之前的沟通过程中，我们要针对决策的问题心平气和地商量，特别是与亲人、朋友进行沟通时，更要注意讲话的方式，避免造成矛盾和争执。如果不注意讲话的语气和方式，一个小小的决策问题就可能成为争吵的导火索。请看案例1-2中两对夫妻针对吃饭问题的决策，不同的讲话方式导致不同的结果。

案例1-2： 夫妻俩商量中午出去吃什么。

第一对夫妻：

男："一会吃包子吧，好不好？"

女："好啊。"

男："吃肉馅的还是素馅的？"

女："肉馅的吧，肉馅的好吃。"

男："那就要两个肉馅的，素馅的想吃吗？"

女："也有点想吃，你想吃吗？"

男："我也想吃，一会儿我先去占座，你去买包子。"

第二对夫妻：

女："咱们中午去吃啥？"

男："一会吃包子，行吗？"

女："就知道吃包子，你不能换个花样吗？"

男："那你说吃什么，每次都让我说，说了你还不同意。"

女："你是我老公，连我爱吃什么都不知道，我还有什么可说的？"

男："那我爱吃什么你知道吗？凭什么每次都得依着你？"

……

第二对夫妻由于没有针对决策的问题心平气和地商量，变成了偏离决策问题的互相指责和抱怨，将一个"吃什么"的小决策演变成一场争吵，之后可能会引发更多的矛盾和更多的抱怨。

4. 促进个人成长

个人要想获得成长只靠自己的学习是不够的，而我们的朋友各有所长，各具不同的经验，这正是我们所欠缺的、需要向别人学习的地方。"三人行必有我师"说的正是这个道理。与朋友在一起时要多听、多看、多沟通、多讨论、多学习，有助于促进个人的成长。

四、沟通的目标、原则及基本内容

1. 沟通的目标

沟通的目标是通过传递信息、理解信息、接受信息，最后使对方采取行动。沟通就是为了实现某一目标，如果没有目标沟通就失去了意义。所以，沟通的时候不要忘记为什么而沟通。

案例1-3： A和B的妻子过生日，都希望得到一颗钻戒。

A的妻子说："今年我过生日，你送我一颗钻戒好不好？我不要花、香水、大餐等，用完吃完就没了，没意思，不如钻戒，可以留个纪念。"

"钻戒啥时候都能买，送花、吃饭多有情调啊！"

"可是我要钻戒，人家都有，就我没有，就我没人爱。"

两人因此吵起来，甚至要离婚，吵到最后都忘了为什么吵架了。

B的妻子说："亲爱的，今年我过生日，你别送我礼物好不好？"

丈夫很吃惊地问："为什么？当然要送！"

"明年也不要送。"

丈夫更吃惊了。

B的妻子不好意思地小声说："把钱存起来，存到后年，我希望你能给我买个钻戒。"

结果，生日那天，B的妻子得到了钻戒[①]。

在上面的例子中，妻子沟通的目的是要得到钻戒。第一个妻子只顾发泄不满，把自己的沟通目标忘记了，失去了沟通的意义；第二个妻子讲究沟通技巧，既实现了自己的目标，又增进了夫妻感情。

---

① 郭台泓. 高效沟通24法则[M]. 北京：清华大学出版社，2009.

2. 沟通的原则——6C原则

(1) 清晰(Clear)。清晰是指表达的信息结构完整、顺序有效，能够被信息受众所理解。拿破仑对他的秘书一再声明的训令就是："要清晰！要明白！"当你对沟通对象讲一些他们不熟悉的题材时，要用清晰易懂的语言表达，要多用比喻去说明事实，用他们知道的事物去形容他们不知道的事物。

案例1-4： 林肯有一次向人们解释，为什么自己喜欢用通俗平易的文字，他说："记得我小时候，如果有人对我讲话而我不懂，我就会生气。在我一生中，我想不起还有什么能够使我更生气的事。我还记得6岁那年，别人和父亲谈了一夜的话，我回到卧室中，就要不停地踱步，花不少时间去想我不明白的话。当我要思索一件事的时候，即使我想去睡觉也睡不着，必须把那件事想明白才能入睡。但是，即使想明白了，还不满足，还得再三地想，把这件事用通俗平易的字句讲出来，不论哪一个孩子听了都能够明白，这差不多成为我的一种嗜好了。"[①]

案例中，林肯常常要花几个小时去思索一件事情，当他思索明白之后，还要用通俗平易的字句讲出来，使别人能够听明白。在实际生活中，许多人都不能把一件普通的事说得明白易懂，不得不反复解释。在沟通过程中，我们需要有意识地去思考这个问题。

(2) 简明(Concise)。简明就是在沟通时要用尽可能少的语言，简单明了地表达清楚自己的观点。这样既可以节约自己的时间，又可以节约听众的时间，提高沟通的效率。宝洁公司有一个规定：提供给高层管理者的报告或备忘录不要超过两页纸，这就对沟通者如何以尽可能小的篇幅完成信息的完全传递提出了挑战。

案例1-5： 李小姐是公司的经理秘书。一天，她接到了一个电话："喂，您好。"对方问："请问王总在吗？"李小姐礼貌地回答："请问您有事儿吗？"然

---

① 百度文集. 三十岁前不要太在乎的29件事[EB/OL]. http://wenku.baidu.com/view/010098ed4afe04a1b071de4b.html，2012-07-02/2012-07-02.

而当对方表明致电原因之后，李小姐告诉对方经理不在。这就会给对方造成经理不愿接电话的假象，而经理确实不在。

到底是哪里出问题了呢？如果接电话时，当对方问"请问王总在吗"的时候，李小姐用简明的语言先告诉对方王总不在，然后再问是否有什么事情需要留言，会不会是另一种效果呢？

(3) 准确(Correct)。准确是指用准确的语言而不是模棱两可的语言表达自己的观点。当信息沟通所使用的语言及传达方式能被接受者所理解时，才是有效的沟通，这样的沟通才有价值。沟通过程中，说者和听者都要注意准确性，对于重要的内容，听的一方在没有把握的情况下，要重复一下自己听到的关键词；说的一方也要特别强调一遍，特别是涉及数字时，一定要准确。请看案例1-6，由于沟通时接待员没有听准数字，造成了严重的后果。

案例1-6： 餐厅预订部接到客人打来的电话，要预订17日的3桌酒席，标准是每桌1000元。四天以后，客人陆续步入餐厅，迎宾小姐上前询问，客人说酒席已经预订。迎宾小姐没有找到记录，只好把餐厅经理叫来，核对后发现，听电话的接待员把"四天后"听成了"十天后"，客人愤愤离去，说再也不来这家饭店吃饭了[①]。

(4) 完整(Complete)。完整也是对信息质量和沟通结果有重要影响的一个因素。说话要说完整，倾听也要听完整。有的人喜欢打断别人的讲话，这是个不好的沟通习惯，不但会给人留下不礼貌的印象，还容易因没听人说完话而误解别人的意思，"盲人摸象"就是一个生动的例子。

案例1-7： 有一天，美国知名主持人林克莱特采访一名小朋友，问他："你长大后想要做什么呀？"小朋友天真地回答："我要当飞机驾驶员!"林克莱特接着问：

---

① 职业餐饮网. http://www.canyin168.com/glyy/yg/ygpx/fwly/201202/39364_5.html，2012-07-02/2012-07-02.

"如果有一天，你的飞机飞到太平洋上空时所有引擎都熄火了，你会怎么办？"小朋友想了想："我会先告诉坐在飞机上的人系好安全带，然后我挂上我的降落伞跳出去。"当在场的观众笑得东倒西歪时，林克莱特继续注视着这孩子。没想到，孩子流下了两行热泪，林克莱特发觉这个孩子的悲悯之心远非笔墨所能形容。于是，林克莱特问他："你为什么要这么做？"小朋友的答案透露了他真挚的想法："我要去拿燃料，我还要回来的！"

案例中的那些成年人没等孩子说完，就按照常规的理解去猜测孩子的想法，所以哄堂大笑。孩子被误解感到很委屈。这就是由于没有听完别人的话，按照自己的理解而产生的误会。

(5) 有建设性(Constructive)。建设性沟通是指在不损害甚至是巩固和改善人际关系的前提下，帮助管理者进行的确切、诚实的人际沟通方式。建设性沟通=解决问题+积极人际关系。它具有三个特征：实现信息的准确传递；人际关系至少不受损害；不仅是为了获取他人好感，还要能解决问题。实现建设性沟通的关键是站在对方的角度考虑问题。

(6) 礼貌(Courteous)。情绪和感觉是影响人们沟通效果的重要因素。与人沟通要时刻注意礼貌，这是对对方的尊重，也是沟通的基本原则。一个不懂得礼貌的人在沟通中是不可能受人欢迎的，也会影响到沟通中另一方的情绪。礼貌有助于进行良好的沟通，以打电话为例：拨通一个号码，可能遇到两种沟通情境：第一种是"您好，这里是中国青年旅行社""好的，请稍等"；第二种是"喂，你找谁？不在"或者"谁？你打错了"，随后"啪嗒"一声挂断电话。毫无疑问，两种不同的沟通方式会产生不同的效果。在第一种情境中，人们可以平心静气地等待，即使要办的事没有办成，心里也不至于产生反感；而在第二种情境中，对方生硬的语气，毫不客气的态度，给人的感觉是在向别人撒气，可能他自己完全没有意识到这一点，但会严重影响沟通的顺利进行。从下面的案例中，我们可以看到在沟通中礼貌的作用有多大。

案例1-8：一批耶鲁大学的应届毕业生随导师到华盛顿国家实验室参观。在会议室里，同学们等待实验室主任胡里奥的到来。

这时，一位秘书来给大家倒水，同学们表情木然地看着她，其中一个甚至问道："有黑咖啡吗？天太热了。"

秘书说："真抱歉，刚刚用完。"

轮到一个叫林然的学生，他轻声地说："谢谢，大热天的，你辛苦了。"

秘书抬头看了他一眼，虽然这是客气话，却让她感到温暖，因为这是她当时听到的唯一的感谢话。

这时，门开了，胡里奥主任走进来，与大家打招呼，不知为什么，会议室里静悄悄的，没有一个人回应。林然左右看看，犹豫地鼓了几下掌，同学们这才断断续续地跟着拍起手来，由于掌声不齐，显得有些敷衍。

胡里奥主任挥了挥手，说："欢迎同学们到这里参观。我和你们的导师是老同学，这一次，由我亲自给大家讲一些有关的情况。同学们好像都没有带笔记本，秘书请你拿一些实验室印的纪念手册，送给同学们做个纪念。"

接下来，更尴尬的事情发生了，大家都坐在那里，很随意地用一只手接过胡里奥主任双手递过来的纪念手册。

胡里奥主任的脸色越来越难看，走到林然面前时，已经快要没有耐心了。

就在这时，林然礼貌地站起来，身体微倾，双手接过纪念手册，恭恭敬敬地说了一声："谢谢您！"

胡里奥闻听此言，不觉眼前一亮，用手拍了拍林然的肩膀："你叫什么名字？"

林然礼貌回答，胡里奥点点头，微笑着回到了自己的座位上。

早已汗颜的导师看到此情景，才微微松了一口气。

两个月后，在毕业生的去向表上，林然的去向栏里赫然写着某军事实验室。有几位颇感不满的同学找到导师问："林然的学习成绩最多算是中等，凭什么选他而没选我们？"

导师看了看这几张稚嫩的脸，笑道："林然是军事实验室点名来要的。其实，你们原本也有这样的机会，而且你们的成绩还比林然好，但是除了学习，你们需要学的东西还有很多，礼貌便是重要的一课。"

后来，导师给全班同学留下了这样的临别赠言："礼貌是很容易做的事情，也是很珍贵的事情。礼貌是良好修养中的美丽花朵，是通行四方的推荐书，是人类共处的得体服饰。礼貌无须花费一文，却能赢得许多。"[1]

案例1-9：暑假期间，两个大学生准备从沈阳去外地旅游。在等车的时候，其中一人看到马路对面有个卖报亭，就想买份报纸坐火车的时候看。他到了卖报亭接过报纸，发现自己没有零钱，就递给卖报人100元，说："给，找钱吧！"谁知卖报人不高兴了，说："小伙子，我的工作可不是给人找零钱的，我不卖了！"这个同学气愤地回到马路对面。另一个同学见状，安慰他说："别生气了，我再去试试。"他走到报亭前，拿出100元钱，笑着说："叔叔，不好意思，我想买一份报纸，可是身上没带零钱，能不能麻烦你给我找一下钱？"卖报人听了，顺手拿起一份报纸递给他说："拿去看吧，没多少钱的玩意儿，等以后有零钱，再给我就是了。"

我们在日常生活中经常会遇到类似的事情，比如，问个路、找个人、询问事情等，都需要跟人沟通，如果不注意礼貌，很可能会碰壁。因此，应注意以下几点：使用尊称，不能没有称呼，也不能叫人家"哎"；不管结果怎样，最后都要说"谢谢"，要时刻做到礼貌待人，这样才能给人留下彬彬有礼、很有教养的好印象。

3. 沟通的基本内容

沟通的基本内容包括5W1H，是沟通之前需要考虑的6个方面。

(1) 何因(Why)：为什么进行沟通？也就是沟通的目标、目的。

(2) 何人(Who)：跟谁进行沟通？指的就是沟通的对象。

(3) 何事(What)：沟通的主题是什么？即因为什么事情而沟通。

(4) 何地(Where)：在哪里进行沟通？指的是沟通活动发生的空间范围，包括地理区域、特点场所和室内布置等。

(5) 何时(When)：在什么时间沟通？时间对沟通效果的影响非常复杂，具体体现在作息规律差异、不同的时间观念、沟通效率、沟通时段等方面。

(6) 如何(How)：怎样进行沟通才能成功？指的是实现沟通的手段、沟通技巧，

---

[1] 霍德夫斯. 礼貌的力量[M]. 王贤平，译. 北京：中信出版社，2010.

需要考虑诸多因素。

案例1-10：有一个八人科研项目小组，组员小王每次开会研讨和外出调研都会迟到，大家总是等他一个人，因此对他意见很大，希望张组长尽快做小王的工作。张组长过了一个星期才找小王谈话，跟他讲了一堆大道理，如关于团队的重要性、集体观念等，但没有谈任何实质性的内容。谈完话小王一头雾水，不知道组长什么意思，也没有意识到自己有什么问题。

案例中的沟通就是失败的。从5W1H的角度来看，"When"(谈话的时间)选择不恰当，已经过了一个星期，不够及时；"How"(怎么谈)没有做好，没有说到点子上，没有起到谈话应有的作用。

五、人际沟通的基本素质要求

1. 待人要真诚、善良

在人际交往中，难免会发生一些不开心的事情。如何正确地处理这些小摩擦，对于生活和工作非常重要。善于沟通的人在处理不愉快的事情时，总会表现出一种豁达的态度。你可以主动向对方敞开心扉，让对方首先看到你的真诚，用真诚消除误会，化解矛盾，相信别人也会用真诚来对待你的。

有的人对真诚待人抱怀疑或否定态度，理由是：我真诚待人，人若不真诚待我，那我岂不是很傻、很吃亏吗？不能否认，生活中有这样的人：虚伪、狡诈、阴险，玩弄他人的真诚，戏弄他人的善良，算计他人的毫无防备，以怨报德、以恶报善。但是，这种人在生活中毕竟是少数，当他们的嘴脸充分暴露后，必将被众人指责和唾弃，被群体厌恶和排斥。因此，当我们的善良和真诚被心怀叵测的人愚弄之后，吃亏更多、损失更大的并不是自己，而是对方。伤人的人在承受你的愤恨的同时，还要承受他人的蔑视以及被群体排斥的孤独。"逢人只说三分话，莫要全抛一片心"，其实，这只是设了一道心理"防线"，导致人与人之间无形之中多了隔阂，人们常感叹"人与人相处很难"，殊不知是自己将自己先封闭起来的。

每个人都希望得到别人的真诚相待，要想别人真诚待你，你就应当首先主动真诚地对待别人。你怎样待人，别人也会怎样待你。有的人怕真诚待人吃亏上当，因此想要别人主动真诚待己，"你先真诚待我，我再真诚待你"，这是被动伪善的人际交往态度。如果人人都这样想，人人都不肯先付出，那这个世界上还能找到真诚吗？

很多人都觉得，积极主动地付出友善真诚仅仅是指如何对待别人，其实准确地说，友善真诚地待人更重要的是指如何对待自己。你待人以善意，别人以善意相报；你待人以真诚，别人以真情回馈。这就是我们经常所说的"将心比心"。

案例1-11： 弗莱明是苏格兰的一个穷苦农民。有一天，他救起一个掉到深水沟里的孩子。第二天，弗莱明家门口停了一辆豪华的马车，从马车里走下一位气质高雅的绅士。见到弗莱明，绅士说："我是昨天被你救起的孩子的父亲，我今天特地过来向你表示感谢。"弗莱明回答："我不能因救起你的孩子就接受报酬。"正在两人说话之际，弗莱明的儿子从外面回来了。绅士问道："他是你的儿子吗？"弗莱明自豪地回答："是。"绅士说："我们订立一个协议，我带走你的儿子，并让他接受最好的教育，假如这个孩子能像你一样真诚、善良，那他将来一定会成为让你自豪的人。"弗莱明签下了这个协议。数年后，他的儿子从圣玛利亚医学院毕业，发明了抗菌药物盘尼西林，一举成为天下闻名的弗莱明·亚历山大爵士。

有一年，绅士的儿子，也就是被弗莱明从深沟里救起来的那个孩子染上了肺炎，是什么将他从死亡的边缘拉了回来？是盘尼西林。那个气质高雅的绅士是谁呢？是第二次世界大战前英国上议院议员老丘吉尔。绅士的儿子是谁呢？他是第二次世界大战时期英国著名的首相丘吉尔[①]。

在现实中，一个自私自利、不真诚、不善良的人是很难有朋友的，了解他的人都会逐渐地远离他。

案例1-12： 一名大三女生在重新分寝室的时候，没有一人愿意跟她住一起，平

---

① 郭鹏. 史上最强的沟通术[M]. 北京：机械工业出版社，2009.

时大家也不愿意理她，就连全班唯一的男生也讨厌她。不了解情况的人都感到很奇怪，事实上，她就是这样一个让人讨厌的人：她平时去别的寝室，常一声不响地拿走别人的零食；借人家东西不还，弄丢别人的东西从不说声"对不起"；别人跟她说的秘密总会被她传出去。开始也有几个同学对她很好，但她在背后说人家坏话，最后朋友们纷纷远离她，她变成了人人讨厌的"孤家寡人"。

2. 考虑对方的心理需求

考虑对方的心理需求，简单地说就是换位思考，为他人着想，体会他人的感受，做到这些对沟通是非常有益的。每个人所处的位置不同，会产生不同的看法，看法不同就会产生结果的差异。放眼整个社会也是一样，同一件事，因为处理的人不同，采用的处理方式可能有差异，得出来的结果也许会有差别。不同的生活，不同的环境，不同的人生观，不同的思考方式，不同的身份，决定了思考角度的不同。在人际交往中，如果产生冲突，应设身处地地为对方想一想，这样有助于消解内心的埋怨或愤怒。

下面，我们来看看一位女员工如何通过理解对方，避免了潜在的暴力犯罪。

案例1-13：有位女员工在多伦多一家戒毒中心上晚班。某天晚上十一点，有个男人走了进来，要求给他一个房间休息。这个男人看起来刚吸过毒。女员工告诉他暂时没有空房间，并给了他另一个戒毒中心的地址。那个男人非常愤怒，当即把女员工摔倒在地，并用一把刀抵住她的脖子，大声嚷道："不要对我撒谎！这里一定有空房间！"

在这个生死攸关的时刻，女员工强迫自己冷静下来思考：如果她一味强调没有空房间，对方一定会被激怒，认为她是在找借口推脱，冲动之下也许会杀了她。

这时，女员工想起马歇尔·卢森堡先生在非暴力沟通课上讲过"别人生气时，不要辩解"。于是，她深吸一口气，说："看起来，你真的很生气，你想要一个房间休息对吗？"男人大声嚷道："就算我是个瘾君子，我也需要被尊重！没有人尊重我，连我的父母都看不起我！"

这是个重要的信号，虽然男人情绪依然激动，但他已经停止了咒骂，转而顺着女员工的思路，诉说自己的感受。而女员工也由此了解了对方真正的诉求——尊重。接下来，她继续引导他："得不到别人的尊重，你是不是很气愤？"

……

就这样，这场对话持续了大约半小时，女员工一直在体会对方的心情，然后替他说出来。在这样的沟通中，原本疯狂的瘾君子渐渐恢复了理智，最终放开了女员工，收起了尖刀，而女员工也帮他在另一处戒毒中心找到了住处。

瘾君子为什么会放弃攻击？因为女员工的话击中了他潜意识中的渴望，在他被人们唾弃，甚至连家人都鄙视他的时候，一个陌生人却关注到他有多么需要被尊重，和他站在了一起，替他说出了心声。这份理解如同甘霖，熄灭了他的怒火。

"换位思考"不是轻飘飘的四个字，做到换位思考，要有宽广的胸怀，要有博大的气度，要有体贴入微的一颗心。在遇到问题时，我们应多站在别人的角度，设身处地地为别人着想，如此才能够理解别人、宽容别人。在生活中，如果学会换位思考，当与同学发生矛盾时，有助于化干戈为玉帛，重建良好的友谊。学会并做到换位思考，会让我们发现生活其实很美好，给我们带来好心情。

每一件事情都是有双面性的。当我们与他人意见不同时，不妨去换位思考一番，设身处地地从对方的角度去思考，有可能使我们重新认识原来无法调和的冲突。在我们"山重水复疑无路"时，换位思考能带我们进入"柳暗花明又一村"的境界。

案例1-14：卡耐基曾租用某饭店的大礼堂来讲课。有一天，他突然接到饭店通知，租金要增加三倍。卡耐基去和饭店经理交涉，他说："收到你的信，我有点吃惊，不过我不怪你，如果我是你，我也会那样做。你身为经理，有责任尽可能地使饭店获利。"

紧接着，卡耐基为饭店经理算了一笔账："将礼堂用于办舞会，当然会多获利。但你赶走了我，也等于赶走了成千上万有文化的中层管理人员，而他们光顾贵饭店，是你花再多钱也买不到的活广告。哪样更有利呢？"

最后，经理被卡耐基说服了。第二天，卡耐基收到一封信，通知他租金只涨50%，而不是300%。

在这里，卡耐基没有说一句他的诉求，一直都在谈论对方的诉求，完全站在对方的角度去分析如何获利更多。假设卡耐基站在自己的角度，怒气冲冲地冲到经理办公室说："你什么意思？明知道我的入场券已经印好，通知已经发出，却要增加我三倍的租金，岂有此理！"那么情形会怎样呢？一场争论就会不可避免地展开，即使经理最后意识到自己是错的，他的自尊心也会使他很难屈服和让步。

有时候，矛盾和误会的产生是因为我们只站在自己的角度思考问题，如果在沟通过程中，能多站在对方的角度想想，试着理解对方，就会避免许多矛盾和误会，使沟通更顺畅。这方面的例子有许多。

案例1-15：在19世纪的维也纳，上层妇女喜欢戴一种高檐帽。她们进戏院看戏时也总是戴着帽子，挡住了后排观众的视线。戏院要求她们把帽子摘下来，但她们置之不理。剧院经理灵机一动，说："女士们请注意，本剧院要求观众脱帽看戏，但是年老一些的女士可以不必脱帽。"此话一出，全场的女性都自觉地把帽子脱了下来：哪个女人愿意承认自己老啊！剧院经理利用了女性爱美、向往年轻的心理特点和情感需求，顺利地说服了她们脱帽[①]。

案例1-16：李开复任苹果公司多媒体互动部门总监期间，有一次开会，一位员工因为自己的妻子和朋友全被裁掉了，对公司的政策非常不满，就把怒气都发在他的身上。这位员工当时说了一连串很难听的话，其语言的粗俗程度，即使在鲁莽的美国人中也极为罕见。当时，李开复的第一反应是气愤，因为这种侮辱谩骂的做法十分恶劣，就在他即将爆发的那一瞬间，他选择站在对方的立场，想到人难免会在亲人受到伤害时失去理智，难免会在灾难来临时失去风度。虽然他的表现异常粗鲁，但是，一定有不少员工也持有同样的想法，只是不敢表达罢了。自己身为这个部门的总监，代表的是公司的利益，不能因为一时的愤怒而影响了正常工作的进展。

于是，李开复非常冷静地告诉这个员工："现在这个时候，对你、对我、对公司来说，都是非常困难的时期。我理解你的心情，等你冷静下来，如果有什么建

---

① 郭鹏.史上最强的沟通术[M].北京：机械工业出版社，2009.

议，请你告诉我，你认为最合适的做法是什么样子的，我们可以仔细聊一聊。"

后来，那个员工私下向李开复道歉，并感谢他没有在整个团队面前让自己难堪。一段时间以后，这位员工举家搬到欧洲，他和妻子都找到了合适的工作，每年都会寄贺年卡给李开复，还常常发邮件问候[①]。

3. 宽宏大度，得饶人处且饶人

人们常说："话不要说满，事不要做绝。"事情做绝，不留余地，不给别人机会，不宽容别人，处理事情下狠手都是不理智的行为。无论矛盾有多深，最好都不要说出"势不两立"之类的话，否则日后万一有合作机会，一定会左右为难，尴尬万分。

案例1-17：某市有一家著名大企业，还有一家新建不久的生产同类产品的小厂。有一天，小厂领导来到大企业，想跟他们商谈某方面的合作，大企业的领导根本没把这家小厂放在眼里，话说得很绝，没有商谈的余地。之后这家小厂迅猛发展，5年以后，大企业感觉到原来的小厂已经对自己造成了威胁，需要跟人家谈合作，但又想起5年前把人家说得一文不值，担心无法友好商谈，因此陷入尴尬的境地。

做事留有余地是为人处世的大智慧。在社会上与人相处，无论是朋友之间还是亲人之间都要宽容大度，不能得理不饶人。比如，妻子做饭，不小心把菜做咸了。她自己直说咸，丈夫要是指责"我跟你说过多少次了，吃盐多了对身体有害，你怎么还做那么咸"，可能会引发一场争吵；如果说"没事，稍微有点咸，味道还是不错的！下次记得少放点盐"，妻子会比较容易接受。再如，朋友跟你约好一起开车出去玩，你等了很久，他没有到，你急得打手机，得知他正在路上，你要是训他一顿，他可能开车时心情会不好，着急了可能会出车祸；反之，你若说"你还没到，我打电话是担心你开车是否安全，别急，慢点开"，朋友一定会感激你。

---

① 李开复，范海涛. 世界因你而不同——李开复自传[M]. 北京：中信出版社，2009.

案例1-18：一位50多岁的售货员在火车上推小车卖东西，有一位28岁左右的小伙子坐在边上，售货员不小心碰了小伙子的脚，刚要道歉，小伙子一下就急了，骂道："你没长眼睛呀？我新买的鞋都被你踩脏了！"售货员听到小伙子这样说自己，也很不高兴，回道："我没看到人脚，就看到我车上有猪蹄儿！"小伙子一听更生气，两位你一言我一语地吵个没完，最后被列车长叫走调解去了。

我们在生活中与人相处，免不了会有一些摩擦，如果遇到事情能宽容一些，多站在对方的角度想就会减少许多争吵。案例中的小伙子如果能考虑到车厢人多拥挤，售货员不是故意的，不去骂人就没事了；售货员要是想到碰了别人的新鞋，人家会心疼，应该诚恳道歉，也不至于吵起来。如果双方都能做到宽宏大量、得饶人处且饶人，就不会吵得不可开交。

4. 有良好的心态

在任何情况下，与人沟通的心态都非常重要。以一种心平气和的态度与人沟通，很多事情都可以解决；反之，如果态度不好，就容易被人误解，即使说得有道理也难以服人。

案例1-19：在一次体育课集合的过程中，体育老师发现有一个男生在队伍里拍球。老师火冒三丈，对那个男生大声吼道："你脑子有病啊？快把球拿出来！"这个男生觉得自己在全班同学面前被羞辱了，很气愤，当即跟老师顶起来，回答道："我怎么了？不就拍几下球吗！不给你又怎么样？"这位老师恐吓说："你等着，我把你家长叫到这里来！"男生说："你去叫好了，我才不吃你这一套！"接着，这位老师采取了暴力措施，把男生连人带球从队伍里拉出来，还踢了他一脚。这个男生因自己被踢，非常愤怒，和老师对打起来，全班同学也都被激怒，情感上全都站在这个男生一边，一致谴责老师的粗暴行为。课后全班同学去校长那里控告老师，要求学校换掉这位言语、行为都粗暴的老师。

如果这位老师开始时的讲话态度不这样恶劣，能心平气和地告诉学生上课时别玩球，就不会造成最后这种局面。

案例1-20：在一个十字路口，一辆公交车正在等红灯。一位乘客有急事想要下车，于是说："师傅，开门我下车。"司机没有搭理这位乘客。他又提高了嗓门说："师傅，开门我下车！"司机仍然没有回答。乘客见司机没有回答，便又喊了一次，并用手敲了一下车门玻璃。这时司机不耐烦地说："敲什么敲啊！你没坐过公交车吗？不知道没到站不让下车呀！问一句不搭理你，还没完没了地问，你烦不烦！"乘客听到司机这么说，有些不高兴，对司机喊道："你这是什么态度？会不会说话呀？"司机回答："我就这个态度，这车你爱坐不坐，反正就是不能下车！"两人越吵越厉害，最后对骂起来。

可以看出，本案例中的司机对乘客缺乏耐心。如果在乘客第一次问的时候，司机能以正常的态度告诉他按规定没到站不允许乘客下车，就不会发生后面的争吵。

这两个案例中发生的争执，都是由于当事人双方心态不好，带着怨气说话，导致不能顺畅地沟通。

第二节　沟通的过程

一、沟通时人脑的作用

若想了解沟通的过程，就需要对大脑的运行方式有必要的了解。尽管到目前为止，人类还不是很清楚大脑是怎样运行的，但大脑活动的相当一部分以及大脑是怎样影响人们的交流方式已为人所知。产生复杂的思想是人脑的主要成就之一。大脑执行三项基本任务，其中两项是接收和加工外界信息，第三项是把信息加工成连贯而有意义的思想。

1. 吸收印象

大脑根据人们独特的偏好，将人们见到、听到和感觉到的信息用图画、词语或声音的形式吸收和储存起来。对有些人而言，视觉形象能产生最大的冲击；而对其他人而言，可能言语、声音或触觉带来的冲击更大。

2. 加工思想

不同类型的信息储存在大脑的不同"记忆库"里，为了产生思想，各部分必须相互协作。在这一过程中，大脑找出备选信息并进行必要的关联是非常重要的。

3. 生产语言

为了把思想转换成语言传输出去，需生产出一种用于表达的"设施"。这涉及给物体命名、寻找动词并且把名词和动词组合起来，以便形成互为关联的句子。比如，要说出"猫儿蹲在垫子上"这样一句话，大脑的三个部分必须同时协调运作。先将所看到的事物命名为"猫儿"，明确动词"蹲"，最后将"猫儿"和"蹲"组合起来，从而形成一个完整的句子。

有时你会觉得要把自己的意思用语言准确地表达出来很困难，这并不奇怪。很多人都有这样的经历：在无法准确表达用意时，只好说"你知道我的意思是什么"，急切地希望对方能够明白。

每当人们无法找到适当的名称时，总会找一个词来代替。例如，澳大利亚某位定居者看到一只奇形怪状的动物，就问一位过路的土著人那是什么。土著人的回答是"kangaroo"。这位定居者万万没有想到，"kangaroo"在当地土语里就是"我不知道"的意思，而这却成了我们所知道的"袋鼠"的名字。

总而言之，人脑的思维过程大致相似，但为了能够有效识别外界的海量信息，人们学会了选择和加工信息。也就是说，并非所有的信息都能被吸收。

二、沟通的步骤

沟通要经过5个步骤，如图1-1所示。

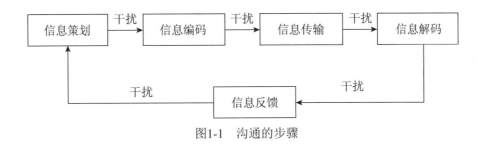

图1-1 沟通的步骤

1. 信息策划

信息策划包括确定信息范围、收集信息、信息评估、信息整理和分析，即确定要传递的信息(沟通的内容)。

2. 信息编码

信息编码就是将信息以某种形式表达出来。信息要纳入一定的形式之中才能传送，这称为编码。较为常用的编码是口头语言和书面语言，除此之外还要借助于面部表情、声调、手势等身体语言和动作语言等(这些被称为非语言沟通)。

3. 信息传输

信息传输是指通过一定的传输媒介将信息从一个主体传递到另一个主体。很明显，为了将自己的信息传达给对方并使之完全理解，传送信息时应伴随恰当的身体语言，采用合适的语气和语调。

4. 信息解码

信息解码包含两个层次：一是将接收的信息还原为信息发出者的信息表达；二是正确理解信息的真实含义。

5. 信息反馈

信息接收者在获得信息后或根据信息采取行动后，会根据自己的理解、感受和经验提出看法和建议，这就是信息反馈。

在这个过程中，可能会产生沟通干扰。沟通干扰是一个相对重要的定义，想要了解沟通干扰，我们必须了解在组织过程中会存在哪些信息沟通障碍。通常，在沟通过程中，沟通双方所具有的不同心态、表达能力、理解力，以及所处的环境和所采取的沟通方式，都会影响沟通效果。而在组织中，还会多一层因组织关系而存在的沟通障碍，突出表现在以下几个方面。

(1) 沟通的延迟，即基层信息在向上传递时过分缓慢，一些下属在向上级反映问题时犹豫不决，因为当工作完成得不理想时，向上汇报就可能意味着承认失败。于是，每一层的人都可能延迟沟通，以便设法解决问题。

(2) 信息的过滤，这和前一个问题有着密切的联系。这种信息被部分筛除的现象之所以会发生，是因为员工有一种自然的倾向，即在向主管报告时，只报告那些他们认为主管想要听的内容。

(3) 信息的扭曲，这是指有意改变信息以便达到个人目的。例如，在公司中，有的员工为了得到更多的表扬或更多的奖励，故意夸大自己的工作成绩；有的员工为了避免受到指责，会掩饰工作中的问题。任何信息的扭曲都会使管理者无法准确了解情况，导致不能做出明智的决策。

三、沟通的形式

1. 语言沟通与非语言沟通

语言沟通可以分为书面沟通和口头沟通。

非语言沟通一般表现为视觉和动作符号系统、目光接触系统、辅助语言、空间运动以及标志符号等。比起语言沟通，非语言沟通的形式更加直观、迅速，具有个性。

2. 人际沟通、人机沟通和组织沟通

人际沟通主要是指发生在两个人或者两个组织之间的沟通。

人机沟通主要是指发生在人和机器之间的沟通。

组织沟通又称群体沟通，是指组织成员之间的信息交流和传递。

3. 内部沟通和外部沟通

内部沟通属于同一组织内部的人员之间的沟通，如一个科室内部成员之间的沟通。

外部沟通是不属于同一组织的人员之间的沟通，如本企业与其他企业之间的沟通。

4. 正式沟通和非正式沟通

正式沟通是通过正式的组织程序,依照组织结构进行的信息沟通。这种沟通的媒介物和线路都是事先安排的,因而被认为是正式且合法的。

非正式沟通是指不按照正式的组织程序进行的沟通,其信息传递的媒介和路线具有很强的随意性、自发性,具有信息传递速度快的特点,但信息失真比较严重。

5. 纵向信息沟通、横向信息沟通和斜向信息沟通

纵向信息沟通是沿着组织的指挥链在上下级之间进行的信息沟通。它可以分为自上而下(下行沟通)和自下而上(上行沟通)两种形式。

横向信息沟通是指组织内部同一层次人员之间的沟通,也称为平行沟通。

斜向信息沟通是指发生在组织内部既不同系统又不同层次的人员之间的沟通。

6. 同文化沟通和跨文化沟通

不同文化背景的人在历史传统、思维方式、思想观念、生活环境、禁忌喜好、宗教信仰、工作理念、商业伦理、经济状况、受教育水平等方面存在明显的差异。这种文化背景的差异使得人们在沟通过程中对同一现象的解读或表达方式会产生明显的差异。

本章小结

人际沟通是人们在社会活动中为了彼此了解、相互合作,通过语言等多种媒介而进行的信息传递、思想交流的行为,是将信息编译,并通过各种媒介在人与人之间传递和理解的过程。人们可以通过对沟通技巧的学习,与他人进行有效的沟通。沟通时,信心非常重要,只有心里认定了这件事对双方都有好处并努力进行沟通,才有可能获得对方的配合,取得沟通的成功。认定了这一点后,还要不屈不挠,不怕失败,直到取得理想的沟通效果。

情景模拟与沟通训练

表演角色:普洱茶销售员,客户,旁白

情景1

销售员：我公司新进了一批普洱茶。您看，它的包装非常漂亮，里面有包装精美的普洱饼茶、普洱沱茶和竹筒茶，您看是否满意？

客户：我对产品不了解，我不买。

消费者如果不了解产品，便一定不会买这个产品。客户购买的第一个要素：对产品的了解。

情景2

销售员：那么现在我给您介绍一下。普洱茶产于云南西双版纳等地，因自古以来在普洱集散，因而得名。普洱茶的营养价值颇高，还有药效及保健功能，除能止渴生津和提神，还有降血脂、减肥等功效。而且普洱茶越陈越香，是价值极高的收藏品。价格每盒才400元钱，您是否考虑买一盒？

客户：价格400元，太贵了，我怎么知道它值不值？

了解产品后，理智的消费者会提出另外一个问题：这盒茶叶到底值不值400元？我为什么要买这盒茶叶？客户采购的第二个要素：有需要，而且觉得物有所值。

有经验的销售员接下来会努力引导客户的需求，继续向客户推销产品。

情景3

销售员：您可能不知道普洱茶的特殊之处，它可不是一般的茶，除了我们所提到的营养价值及保健功能外，它还有药用功效。您看说明，普洱茶经历了生茶到熟茶的转变过程，其生茶具有祛风解表、清头明目的功效，而熟茶又有下气、利水、通便等功效，是一种攻补兼备的良药。您是不是觉得价格高？这可是陈仓5年以上的上品，绝对值。

客户：我不知道你说的是真还是假，是不是真有效，所以我还是不能决定。

消费者采购的第三个要素：相信。销售人员可能会把产品夸得天花乱坠、十全十美，但是消费者不一定会相信。消费者在相信了销售人员的介绍之后，才会购买产品。

由于客户非常想知道普洱茶是否物有所值，他特别请教了茶叶方面的专家，在确信普洱茶是茶中精品后，客户花了400元买了这盒普洱茶。饮用后，客户发现还真有减肥的效果，于是再次购买。这就是客户采购的第四个要素：使用得满意与否。

案例分析

案例1

一个夏天的下午，在一间大学教室里，一个女生趴在桌子上睡觉，前面几个女生在开心地大声聊天。突然，那个睡觉的女生坐起来，烦躁地把书往桌子上一摔，然后继续趴在那里睡觉。前面几个女生被她这个举动吓了一跳，很生气，然后故意大声说话。睡觉的女生坐起来说："你们有病呀！没看见别人在睡觉吗？一点家教都没有！"前面几个女生一听，立刻站起来说："就你有家教，那你摔书给谁看啊！"就这样，她们吵了起来。

案例讨论题

此案例中，双方都存在哪些沟通不当之处？遇到这种情况，双方应该如何沟通？

案例2

子女常常嫌父母啰唆，不知道那是父母的关爱。本案例中，有两个儿子放暑假回到家，分别与母亲展开了对话。

第一段对话

母亲一边为儿子夹菜一边问："回来坐的什么车呀？"

儿子："火车。"

母亲："今天是休息日，车上很挤吧？"

儿子："不挤。"

母亲："你回来的时候看见咱们小区前面那条街在施工了吧？听说要建成步

行街。"

儿子："没注意。"

母亲："菜的味道还行吗？"

儿子："挺好的。"

第二段对话

母亲一边为儿子夹菜一边问："回来坐的什么车呀？"

儿子："火车。早上出门的时候看天不太好，怕下雨坐汽车不安全，就坐火车了。"

母亲："今天是休息日，车上很挤吧？"

儿子："不是太挤，我坐的卧铺。"

母亲："嗯，这就对了，可不能亏待自己。你回来的时候看见咱们小区前面那条街在施工了吧？听说要建成步行街。"

儿子："是吗？我回来直接回家了，没太注意。要是真的话，那以后买东西就方便了。"

母亲："菜的味道还行吗？"

儿子："挺好的，就想吃妈做的，只要是妈做的我都爱吃。"

案例讨论题

对比两段母子之间的对话，分析一下母亲和儿子的心理，讨论一下作为子女应该如何与父母沟通。

案例3

在东北某城市，天气越来越冷。某高校距离市区很远，两个女同学周末去市区逛街。晚上6点多的时候，一个女生接到了妈妈的电话，开始的时候跟妈妈有说有笑，后来妈问女孩现在是否在寝室里，女孩回答跟室友一起在市里逛街。妈妈立刻发火了："这都几点了！东北天黑得早，你心里没数吗？你学校离市里那么远，来回路上又不方便。再说了，冬天的衣服你不都带去了吗？还有什么可买的？能省就省点吧，赶紧回去！"

女孩一听，也火了，冲着电话喊道："我又不是第一次出来逛街，天黑得早，但是街上有很多人啊！现在衣服打折便宜，有合适的就买了。再说也不是我一个人出来的，我也不是小孩子了，你有什么不放心的？我就不明白了！"

妈妈大喊："你就不听话吧，现在就往学校走，到了寝室马上给我打电话！"

女儿逛街的心情也没有了，就跟室友回去了。回到寝室后，心中怒火久久没有平息，也没给妈妈打电话就睡觉了。

案例讨论题

此案例中，沟通双方各自存在什么问题？应该如何沟通才能避免这种争执？

案例4

有一位长得略胖的妇人进入一家服装店，售货小姐对她说："大娘，您太胖了，我们这儿没有您可以穿的衣服。"

这位太太正想反驳，售货小姐又加了一句："其实老了还是胖一点好。"

这位妇人气得不知如何发作才好。此时，老板娘从后面走出来，这位妇人马上告状："我今天是招谁惹谁了？怎么才进店，就被你们店员说我又胖又老？"

老板娘闻言赶紧道歉，却对这位妇人造成了二次伤害，因为她说："我们这位店员是从乡下来的，特别不会说话，但说的都是真话。"

案例讨论题

1. 此案例中，沟通过程存在哪些问题？

2. 如果你是售货小姐和老板娘，应该如何与这位妇人进行沟通？

复习思考题

1. 沟通的作用有哪些？

2. 与人沟通的基本素质要求有哪些？

3. 沟通的过程包括哪些步骤？

第二章　语言沟通

本章素质培养目标：提高学生的语言表达能力，使学生学会语言表达的各种方式，能运用语言表达的艺术更清楚地表达自己的想法。

重点：掌握语言表达的艺术。

孔子说过："言不顺，则事不成。"古代一些纵横家们就是凭借出色的口才来说服那些帝王将相的。据历史记载，苏秦、张仪等纵横家的口才都是非常出众且富有煽动性的，他们甚至能够将黑的说成白的，将没有的说成有的，充满了诡辩的色彩。与人沟通，完全不讲策略性是不够的，但是颠倒黑白、混淆视听也是不足取的。语言才华与个人天赋有关，也与一个人的自身修养、知识积累有关，本章重点从策略性方面来讨论如何提高语言沟通效果。现实生活中，说话似乎是一件简单得不能再简单的事情，但实际上，我们经常会在沟通中遇到问题，请看下面两个案例。

引例1：某公司的行销人员去拜访一位客户，这位行销人员问客户："什么时候讨论我们的产品啊？"客户说："要下个月。"行销人员说："这么久啊，能不能这个月就讨论呢？"客户说："这是我们自己的事情，我们愿意什么时候讨论就什么时候讨论！"这位行销人员并不气馁，又谈起了别的话题："××客户已经与我们合作了，你们也应该与我们合作。"客户说："××客户是个小公司，我们是大公司，请你不要用小公司与我们比较！"[1]

引例2：一次，某经理请客户甲吃饭，由于客户甲与客户乙关系很好，于是将客户乙一起邀来吃饭。席间，某经理夸夸其谈，说他们公司规模多大，他本人多有本事，如何会做生意云云。客户乙属于那种爱较真的性情中人，当某经理说到"没有我搞不定的客户"时，客户乙一拍桌子，指着某经理说道："如果这样说，我你就搞不定！"果然，到现在某经理也没有搞定客户乙[2]。

---

① 百度文库. 语言沟通技巧[EB/OL]. http://wenku.baidu.com/view/c65bfb0502020740be1e9b7b.html, 2012-07-02/2012-07-02.

② 夏萧. 令表达力倍增的鬼谷子语言沟通技术[J]. 职业经理人周刊，2009(9).

第一个引例中，客户的态度非常傲慢，用语没有商量的余地，容易产生沟通障碍，很难与之顺利沟通。第二个引例中，某经理不是没有能力，但是讲话太不注意小节，爱说大话，结果造成了不必要的麻烦，应该引以为戒。可见，要成功地进行语言沟通，必须掌握方式方法和沟通技巧。

 # 第一节 语言沟通概述

人们对一件物品或一个概念的认识很难与另外一个人的认识完全相同，因为每一个人都有不同的经验或经历。在沟通中，为了使听者听明白，说话者首先应明白自己要说什么。如果说话者对某种思想或概念是模糊的，那么说出来的内容也会是模棱两可和令人困惑的。说话者有责任把思想表达清楚，而听者要设法准确地理解他，这就要靠语言沟通。

一、语言沟通的含义

根据沟通媒介的不同，可将沟通划分为语言沟通与非语言沟通。其中，语言沟通是指以词语符号为载体实现的沟通，主要包括口头沟通、书面沟通和电子沟通等，不同沟通方式的比较见表2-1。

表2-1 各种语言沟通方式比较

沟通方式	举　例	优　点	缺　点
口头沟通	交谈、讲座、讨论会、电话	快速传递、快速反馈，信息容量大	传递中经过层次越多，信息失真越严重，核实越困难
书面沟通	报告、备忘录、信件、内部期刊、布告	持久、有形，可以核实	效率低，缺乏反馈
电子沟通	传真、闭路电视、计算机网络、电子邮件(E-mail)	快速传递，信息容量大，一份信息可同时传递给多人，廉价	单向传递，电子邮件可以交流，但看不见对方的表情

1. 口头沟通

口头沟通是指借助口头语言进行的信息传递与交流。口头沟通的形式很多，如会谈、电话、会议、广播、对话等。

2. 书面沟通

书面沟通是指借助书写文字进行的信息传递与交流。书面沟通的形式也很多，如通知、文件、通信、布告、报刊、备忘录、书面总结、汇报等。

3. 电子沟通

电子沟通是以计算机技术与电子通信技术组合而产生的信息交流技术为基础的沟通。它是随着电子信息技术的兴起而发展起来的一种沟通形式，包括传真、闭路电视、计算机网络、电子邮件等。

二、语言沟通的基本原则

恰如其分的语言表达，有利于沟通的顺利进行。不同的语言表达会取得不一样的沟通效果，但需要注意一些基本原则。

1. 话要说得清楚

话要说得清楚是沟通中的首要原则，说话模棱两可，很容易造成双方的误解。例如，在沟通中使用了错误的句子结构，导致我们无法清楚表达自己的意图，从而影响沟通，特别是在一些正式场合，例如演讲，必须要讲清楚，因为你没有第二次去澄清自己观点的机会。

2. 话要说得有力

有力的说话方式是直接表明观点的有效途径。说话有力，有助于突显说者的激情、热情，提升其表达的可信度，使其更有吸引力和说服力，更容易感染听众。为了形成有力的说话方式，你应该避免一些特定的沟通行为。

首先，要避免用比较含糊的前缀词语，比如"我猜想""某种……"，这些表达方式容易削弱说话的威力。

其次，避免使用"啊"或"你知道"这些含糊的表达形式，这些词语也会使说话者的态度听起来不确定。

再次，避开附加提问，即以陈述开始、以问题结束的表述，如"搞一次聚会非常重要，是吗"，这样的附加提问使说话者显得不果断。

最后，不要使用否认自己的表达的句式。这种句式主要用于辩解或请求听者原谅，会削弱表达的力度。例如"我知道你或许不同意我的观点，但是……"等。

除了使用有力的语言外，在说话中用一些行动性的词语来沟通，会造成一种紧迫的感觉，增强沟通的力度。此外，采用主动语态而不是被动语态时，语言可能会更加鲜明有力。例如，"这个男孩击中了球"就比"球被这个男孩击中"更有力。

3. 话要说得生动

讲故事时，使用第一人称来叙述是特别生动的，如"我当时在场""发生在我身上"，能为听者重造一种经验，通常能使他们感受到你所感受到的。还有一些诗词歌赋为我们提供了新的表达方式，听起来更新鲜，更激动人心。

4. 要注意道德问题

我们在沟通过程中要避免使用一些侮辱性的词语，如把人贬低成"肥胖""三只手"，形容对方是"猪""鸡"，或用绰号"乡下人""乡巴佬"等。还有一些不尊重他人的语言，也应避免使用，如"你所有的话我都知道，并没有什么神秘感"。

案例2-1：某高校学生宿舍楼在11点统一断电，大部分学生会在11点前收拾完准备上床睡觉。但是四楼有几个同学依然很兴奋，他们将音乐放得很大声，并且大喊大叫，吵得楼下寝室的同学无法入睡。楼下的同学忍无可忍，打开窗户对楼上大声喊："你们有病吧！大半夜叫什么呀！"楼上寝室的同学不甘示弱，回应道："你才有病！我高兴！怎么了？好好睡你的觉吧！"由此开始，楼上一句、楼下一句，吵得不可开交。

造成这种状况，双方都有责任。楼上的同学在熄灯后不管别人是否睡觉，大声喧哗本身是错的，楼下的同学开口就骂人也是错的。如果楼下的同学能去楼上寝室敲门并心平气和地说："学校已经熄灯了，我们都睡觉了，请你们小点声音可以吗？"对方就会发现自己已经影响了别人休息，可能会道歉并停止大声喧哗的行为，就不至于吵架了。

三、语言沟通的表达形式

语言沟通的三种常见形式是陈述观点、回答问题、提出反驳。对于这三种常见的沟通形式，掌握了基本的操作要领，就可以有效地与人沟通。下面分别介绍。

1. 陈述观点

与人沟通，是为了说服别人接受自己的观点，并认同自己。要达到这样的目的，一定要注意采取有利于对方的沟通方式，要让对方觉得所陈述的观点、主张确实有利于自己，是自己所需要的。我们与人交谈犹如炒菜，加减佐料，完全视口味来调整，但是菜的性质并没有改变。

2. 回答问题

回答问题的要领在于简单明了，尽量不要随意发挥，更不要轻易地表态。不是想怎么说就怎么说，要注意说话的场合与背景。例如，在回答客户的问题时，有的人很怕回答得不够详细，恨不得把所知道的全都讲出来，这其实是很愚蠢的做法：一方面，言多必失，话说多了，可能会导致负面效果；另一方面，讲得越多，客户对你的心理透视也越深入，会使你陷入被动局面。因此，点到为止的回答技巧是我们所推崇的。

3. 提出反驳

反驳的目的不在于说服对方，而是试探人物心理的虚实。反驳别人的观点，不是说服别人的最好办法，却是了解别人真实想法的有效办法。但是提出反驳要注意用词和语气，不能变成一场争吵，那样就不能理智地进行沟通了。

第二节　语言沟通的艺术

在古代，政治斗争十分残酷，因此，官僚们都以无事少言、缄默其口作为安身立命的准则。今天，与人沟通时，注重说话的策略更重要，因为你说的每一句话，都可能会使他人产生不同的心理反应。人之常情是：希望说出来的话能被别人接受，做出来的事能够成功。游说的关键在于掌握扬长避短的策略，例如，我们极力宣传某种行为的利益，是因为我们可以提供这方面的利益；我们极力宣传某种行为的危害，是因为我们不擅长这种行为的操作。

与精明的人交谈，要思路广博，多方论证，避免纠缠住一点不放；与知识广博的人交谈，要善于抓住重点，辨析事理；与地位高的人交谈，不要表现出自卑；与自觉富有的人交谈，要从人生意义、社会价值等方面来发挥；与自觉贫穷的人交谈，要从如何获利的角度来探讨；与地位低下的人交谈，要表现出充分的尊重；与有魄力的人交谈，要表现出果敢的一面；与愚蠢的人交谈，要从最有说服力的几个要点来反复阐述。针对不同的目标对象，有策略地沟通，东西方自古以来都有类似的看法。

一、有效的语言沟通

人类的智慧大都是用语言表达出来的，如果我们能够发挥它奇妙的魅力，在人类社会中，它实际上就是一种力量。如何使语言沟通更有效？要从说话的方式和语言的谋略两方面入手。

1. 说话的方式

语言作为沟通的工具，讲究的是表达要有效。不论说话者是否意识到，说话一定具有以下四个目的中的一个或几个：引起听者行动；提供知识或信息；引起共鸣、感动与了解；让听者感到快乐。要实现说话的目的，必须注意说话的方式。

(1) 有话直说。这里说的"直说"不是单纯地直接说，指的是用准确、简洁的语言来表达，避免兜圈子、绕来绕去。

说话应做到词必达意。首先，要正确地发音；其次，语言简单易懂，避免用生涩的词汇；再次，文句不要重复使用，同样的名词不可用得太多，要避免口头禅，不说粗俗的字眼。

(2) 有话实说。有话实说指的是说话的内容要真实。如果你撒了一个谎，你需要撒更多的谎来掩盖这个谎言。但这不意味着心中有什么就说什么，只意味着所说的话是真实的。把十个想法中的三个说出来，这就叫实说。

(3) 有话正面说。有话正面说指的是说话的出发点。作为一个有效的沟通者，你说任何话语时，一个目的是把你的信息准确传达出去，另一个目的是让你的话语对对方有好处。所以你的出发点应该是善良的，应该是正面的、有建设性的。同样一句话，从正面说起到的作用和从反面说起到的作用可能完全不一样。有话从正面去说，这是很有效的沟通方法。请看下面的两种说法。

正面说：小王，你下次有项目让我也参加呗，我希望向你多学习，也锻炼一下自己，而且我评职称也需要。

反面说：小王，你真不够意思！自己参加那么多项目，也不带我参加，我也要评职称呀。

可见，从正面说是一种积极的心态，容易实现沟通的目的；从反面说容易引起误会和不愉快。

(4) 有话好好说。有话好好说指的是态度。同样的话，如果我们的态度不对，可能就达不到沟通的目的。要想把你的意思通过声音、表情、文字等准确地传达给对方，你必须用对方能够接受的态度，否则对方根本不可能接受你的信息。在沟通中，要将精力放在解决问题上而不是责难上。

案例2-2： 由于核潜艇长期在海底，容易导致艇上的人员情绪不稳，这样容易酿成大祸，所以家属要和艇上的人员通信。通信的方式是发电报，但电报内容要经过审核。

一个艇员的太太原以为结婚纪念日那天丈夫会好好表示一下，即使不送礼物，也会发封电报回家，没想到那个艇员竟然忘得一干二净。这位太太很生气，给丈夫写了封充满怨气的电报。正要发出，想到这封电报一定不能通过审查，丈夫根本看不到。于是她重写了一封：

"亲爱的老公，谢谢你那么细心、体贴！还记得我们的结婚纪念日，送了我一克拉的钻戒。好爱你！"

几天后她收到了电报："亲爱的老婆，你真神！寄给你的钻戒还在路上，你怎么会事先猜到呢？你聪明的老公。"[①]

可以想象，通过这件事情，这位先生会更爱自己的太太。如果这位太太发出的是第一封信，她和先生可能会产生误解。

(5) 急话缓说。沉稳的人能做到心急话不急。沟通时，遇到特殊情况或不顺心的事情，尽管你心里很着急，或者很生气，也不能在语言上有所表现，因为你跟对方沟通是为了达到自己的目的，而不是为了发泄不满。如果你通过语言表达发泄了你的怨气，可能就无法实现沟通的目标。请看案例2-3中的小王和小张在语言沟通上的区别和收到的效果。

案例2-3：小张、小王为同一个公司推销产品。那天，他们碰巧都要向某公司的赵总推销离心机。赵总特别忙，急匆匆地问："你们带有切菜机吗？"小张给公司打电话："喂，我是小张，我要的那台机器出来了吗？出来了？你们不是总拖后吗？今天怎么那么快？麻烦你们再出一趟车送台A3型切菜机来，拜托！"小王也打电话："喂，我是小王，我急着要补一台A3型切菜机，如果来得及，麻烦你们把切菜机跟离心机一起送来好不好？"

结果，小张收到了一台离心机，小王收到了一台离心机和一台切菜机。

(6) 长话短说。不要按照事情前后经过仔细描述，要先说重点和结论，有必要的时候再说事情的经过。例如，员工向老板汇报："今天货物差点装错了，但是我纠正了，避免了损失。"如果老板当时有时间，问怎么回事，再详细汇报。有的人说话很啰唆，说了很多还没说到重点，既浪费时间，又不受人欢迎。沟通时一定要注意组织好语言，突出重点。

(7) 大话小说。大智若愚，有学问的人不乱说话，胸无点墨的人才喜欢大吹大

---

① 刘墉. 把话说到心窝里[M]. 重庆：重庆出版社，2004.

摇。“宁可把嘴巴闭起来，使人怀疑你的浅薄，也不要一开口，就让人证实你的浅薄。”这是一句值得大家牢记的名言。比如，别人求你办一件事，即便你很有把握，也别说：“没问题！这事包在我身上！”因为你这样说了，万一办不成，会让人家觉得你说大话、不守信用。你可以说：“我一定尽全力去办。”如果办成了，人家会很高兴；办不成，也知道你尽力了。

2. 语言的谋略

(1) 幽默的语言表达。幽默的语言是精炼含蓄的语言，妙趣横生的语言。用幽默的表达方式进行沟通会化解许多矛盾和误会，使沟通更加顺畅。幽默感强的沟通高手往往以自我嘲讽的方式来回避各种刁难，既避免了难堪，又不伤和气。

案例2-4：赵某是一个公司领导，大家都知道他怕老婆。一次朋友们聚会，有人问他：“你在公司里是头，在家里呢？”他说：“当然也是头。”别人又问：“那你的夫人呢？”赵某说：“她是脖子。”有人又问：“那是为什么呢？”赵某回答：“因为头想转动的话，得听从脖子的。”如此幽默巧妙的回答，引得人们捧腹大笑，也间接地暗示了他对婚姻的满意。

案例2-5：丘吉尔在与他的女政敌进行辩论的时候，那个女政敌瞪着丘吉尔咬牙切齿地说：“丘吉尔先生！如果我是你妻子的话，我就会在你的咖啡里下毒！”丘吉尔盯着对方说：“如果我是你丈夫的话，我就会一口气把它喝下去！”①

案例2-6：一天晚上12点，有一个想投机钻营的政客给林肯打电话说：“总统先生，我听说咱们的税务局局长刚刚去世，我可不可以代替他的位置？”林肯说：“如果殡仪馆同意的话，我没意见！”②

(2) 巧妙地攀谈。在沟通中，话是说给对方听的，而不是说给自己听的。因此，

① 董进宇. 有效沟通与成功心理(讲座).

② 阿里巴巴管理资讯. 沟通：决定品质生活[EB/OL]. http://info.china.alibaba.com/news/detail/v0-d1027589999.html，2012-06-12/2012-07-02.

说话不能只顾自己痛快，还应顾及对方的感受，要多为对方着想。

首先，你应了解对方的兴趣，然后选其感兴趣的话题谈下去；其次，在谈话中虽然发言权为你所操纵，但你应时常找机会诱导对方说话；最后，如果话题转了两三次，对方仍没有将发言权接过去的意思或没有主动发言的打算，在这个时候，你应该设法结束这一次谈话。

在说话时，如果你能使对方谈到他感到有兴趣的事情，就表示你已经吸引了对方。此时，你可以问询的方式诱导对方谈论有关他个人的生活习惯、经验、愿望和兴趣等方面的问题。对方如果对你的问题有兴趣，感受到你表示出的关怀，就会开怀畅谈，甚至因此对你表示出崇敬之意。

案例2-7： 某高三班主任年龄与学生的父母差不多，很多事情为学生考虑得很周到。高三学生压力都很大，班主任经常找学生谈话，前几次说的都是平时有什么表现、今后又该怎么做等话题。有些学生有抵触心理，也怕和班主任交流。可是从某一天开始，班主任突然改变了谈话风格，跟学生的交流不再只是围绕学习、平时表现等，说的都是大家愿意听的事情，比如高考完去哪里旅游、喜欢哪些地方、未来有什么打算等。学生心中的压力和压抑感慢慢地减少了，开始愿意跟班主任沟通交流了，学习的时候也有劲头了。

有一位学者说过这样的话："如果你和任何一个人都能连续谈上10分钟而且使对方产生兴趣，你就是一流的沟通人才。"要想使谈话内容适应对方的兴趣，就要多读一些书刊，将知识储存在你大脑中，一旦到应用的时候，就可以有选择地打开话匣子，与人对答如流。

案例2-8： 张先生因为生意失败，迫不得已变卖了新购的住宅，而且连他心爱的小跑车也脱了手，改以电动车代步。有一日，他和太太一起，约了几对私交甚笃的夫妻出外游玩，其中一位朋友的新婚妻子因为不知详情，见到他们夫妇共乘一辆电动车来到约定地点，便脱口而出："你们为什么骑电动车来？"众人都很惊慌，场面变得很尴尬，但张先生的妻子不急不缓地回应："我们骑电动车，因为我想抱着他。"

从这个故事中我们可以看到，有些尴尬的气氛不是人们刻意去制造的，对于这种情况，巧妙的回答可以缓和尴尬的气氛。这个朋友的新婚妻子因为不了解情况才问了一个无礼的问题，而张先生的妻子用了一个巧妙的回答，不仅化解了所有人的尴尬，还显示了他们夫妻恩爱，这就是语言的魅力。

(3) 恰当地问话与结束谈话。你如果具有一定的常识，那么即使你没有专长的学问，也足以应付日常生活中各种各样的人，关键在于掌握提问的技巧。问话是使对方开口的良策，但要问对方在行的问题。如果你不能确定对方是不是内行，那么就以不问为佳。

有些问题，当你得不到满意的答复时，是可以继续问下去的，但有一些问题就不宜再问。比如，对不太熟悉的人，不宜问衣饰的价钱；不宜问女子的年龄；不宜问个人的收入；不宜详问别人的家事；等等。

要在恰当的时候结束谈话。沟通时最糟糕的情形是，讲话人沉溺于自己的谈话中，而不知如何结束话题或做一个结论。他们讲起话来，就像打开了水龙头，让水一直流个不停。聪明的人懂得如何完美地结束话题。一个善于倾听并且能让对方有说话机会的人，更容易受到众人的爱戴与欢迎。

二、适当地讲话

语言的表达离不开具体的环境、条件、对象和需要，这就产生了一个表达是否适当的问题。这里所说的"适当"，意味着你的讲话符合一定的社会规则，你所采用的沟通方式符合听者的需要、兴趣和知识水平，能让听者喜欢和信赖你，从而使双方建立起和谐的沟通。

1. 选择恰当的沟通时间、地点

什么时间说什么话、什么话应当在什么时候说，也是有讲究的。当说的时候不说，往往坐失良机；不当说的时候乱说，达不到交际的效果，有时还会带来副作用。

商讨事情、解决矛盾，最好是在双方心平气和、镇定自如的时候，因为在这种心境中，人们能全面、客观地理解问题，发表比较正确的意见。一般来说，听者心境好，就会比较中肯地评价说者，从积极的方面理解对方的话，并且对说者比较热情和友好；否则，就会以怀疑或否定的眼光接受与理解信息，导致对说者态度冷淡，甚至不客气。在双方都十分兴奋或生气的情况下，也不适宜正式交谈，因为在非理智状态下，人们的情绪会不稳定，既不能客观地理解谈话内容，也不能冷静地对待对方，更不能发表正确的意见和看法，以至于造成种种误解。

我们在讲话的时候，还要考虑地点是否合适。比如，在教室上课的时候，你突然想起昨天遇到的一桩趣事，想告诉你的同学，但你最终没有说，因为你知道，这不是讲笑话的场合。

有些话，如果觉得在某个地方不好开口，就应该考虑换个地方。比如，可以在饭桌上边吃边谈事情，这比起在办公室里干巴巴地谈思想、提要求，成功的概率要大得多。

案例2-9：吴老板和老于是老朋友，吴老板卖抽水机。一次发大水，大家都在吴老板店前排队买抽水机，1.2万元一台。老于也来买抽水机，当众对吴老板说："我要买台抽水机，你给我便宜点吧！"吴老板说不能便宜。老于很生气地走了，到了另一家去买，没想到更贵，于是没买就回家了。一到家，妻子就高高兴兴地说："你交的朋友真够意思，派人送来了抽水机，只收成本费！"[①]

案例中，老于沟通的时间和地点不合适，那么多人在排队等着买，老于当他们的面说了这件事情，吴老板怎么应对那些排队的人？所以，在沟通中，应把握沟通的时机和地点，以免使对方陷入两难境地。

2. 注意沟通的气氛

讲话的话题和语气与讲话所在场合的气氛要协调，要注意沟通时的气氛是严肃的，还是轻松的；是正式的，还是随意的；是喜庆的，还是悲伤的。正式话题开始之前，可通过一段闲聊，营造气氛、激发情感、融洽关系。在喜庆的场合，如婚礼上和生日宴会上，不要说不吉利的话；在葬礼上不要说开心的事情，以免让人家产生误会。

案例2-10：新东方掌门人俞敏洪是个聪明又幽默的人，他很会活跃沟通气氛。

---

① 刘墉. 说话的魅力[M]. 南宁：接力出版社，2009：193-194.

在应邀来同济大学演讲时，俞敏洪看看大屏幕上自己的巨幅头像，微笑着戏谑："没想到同学们把我如此'高大的形象'放在大屏幕上，这就是理想与现实的差距(场下一片笑声)。我相信同学们看到我的第一眼一定感到非常失望。实际上，每一个人都是非常普通的，我们会发现生命中非常重要的东西跟我们未来的幸福和成功其实没有太多的联系，比如说相貌。如果说一个人的相貌和成功有关，那就不会有马云和阿里巴巴。如果在座的同学认为马云长得好看，那一定是审美出了问题(场下哄堂大笑)。当然，这并不意味着相貌好看的人就做不成事情。比如说，大家熟悉的百度老总李彦宏，他就英俊潇洒，所有的照片看上去都像电影明星一样，但是他也取得了成功。所以不管相貌如何，都能取得成功。只不过马云和李彦宏坐在一起吃饭的时候，他们通常不太愿意坐在相邻的椅子上，因为两个人的对照到了惨不忍睹的地步(场下掌声、笑声不断)，解决的方法就是把我放到他们两人中间，起到一个过渡的作用(场下又是一阵大笑)。"

这个开头一下就活跃了气氛，拉近了与学生们的距离，吸引了大家的注意力。

非正式沟通过程中，适当的幽默和玩笑可以调节气氛，但是开玩笑也要注意场合、对象。开玩笑之前，你先要明确所选择的对象是否能接受你的玩笑。一般来说，开玩笑不应该伤害到对方的尊严，如果你使对方感到难堪，那就失去了开玩笑的意义。

案例2-11：某公司进行除尘器的相关知识培训，来参加公司培训课的新职员分别做自我介绍。当轮到来自农村的牛广时，他刚说了一句："我姓牛，来自农村……"不知道是谁小声说了一句："看，乡下的小牛进城来喝咖啡了。"说完，大家都笑了起来。

牛广听了先是一愣，但是很快就镇定下来，说："不错，我是来自乡下的小牛，不过我是进城来'啃'知识的，以便回去后更好地工作。我吃的是草，挤出的是奶，我愿做公司的'孺子牛'。"话音刚落，大家就热烈地鼓起掌来，牛广用自己的机敏，顺着那位职员的玩笑话，不但摆脱了尴尬的局面，还表明了自己做人的准则，为自己赢得了喝彩。

当有人对我们开一些具有侮辱性质的玩笑，且开玩笑的人没有恶意的时候，我们可以顺着对方的话"借题发挥"，把他的"玩笑"变成赞美自己的话。这是一种比较机智的选择，不但可以避免自己难堪，还不至于把关系弄僵。

3. 沟通中要注意社会角色与交往角色

社会角色就是一个人的身份，由社会地位、职业、性别、年龄、经历等相对固定的特征共同构成。交际角色是指说话人在具体的交际情境中所处的地位。

一位教师在给学生上课的时候，他的交际角色就是他的社会角色，也就是说，他应当以一个合格教师的身份来给学生讲课。但是他回家后就是父亲或母亲，丈夫或妻子。社会角色是一个人固有的，而交际角色是随着交际情境而定的。例如，有些领导在日常人际交往中也打官腔，以吩咐、命令的口气说话，这是不合适的。

谈话要与对方的经验、知识面相适应，否则达不到交流的效果。卡耐基在《怎样赢得朋友和影响别人》一书中指出："如果你希望某人喜欢你，你就要对他露出笑脸，做出喜欢他的样子。对他感兴趣的事，你要做出也很感兴趣的样子，要慷慨地赞扬他，并且欣然同意他的意见。"在人际交往中，人们往往喜欢与和自己的价值观、信念一致的人交往，一个人与某人有相同的思想和行为，相当于支持这个人的思想和行为，这样会增加对方对自己的好感。

选择沟通语言还必须注意到沟通中双方的关系。人与人之间存在各种各样的关系，我们在说话和处理问题时应因人而异，学会"见什么人说什么话"。试想，一个姑娘指着自己的男朋友笑着说"你真坏"，这可能是一种亲密的表示；而如果这个姑娘在大庭广众之下指着自己的领导说"你真坏"，虽然是同样一句话，其含义却大为不同，很可能使这位领导感到尴尬。

沟通双方的关系主要有亲疏关系和尊卑关系。亲疏关系是指感情上的亲近或疏远。尊卑关系是指沟通双方在地位高低、职业优劣、年龄长幼、收入多少等方面存在差距。不同关系的人们之间的沟通方式、语言有所区别，如长辈劝晚辈喝酒，晚辈可以对长辈说："我喝了，恭敬不如从命。"反之，晚辈劝长辈喝酒就不能对长辈说："你喝了吧，恭敬不如从命。"

三、语言表达的技巧

语言沟通要表现出你的忠诚、智慧、果断、可信性、得体，目的是获得他人的好感，或者展示个人魅力以及能力。

1. "忠诚"的语言表达技巧

如果预先知道对方的意图、需求，只要顺着对方的意图、需求来说话，经过一段时间后，很可能会令对方欣赏你的为人，因为你们的想法与需求是如此的一致。回顾一下你周围的朋友，你觉得对你最忠诚的朋友是哪些？他们有什么样的特征？经过思考，你会发现，你认为对你最忠诚的朋友，一定是那些能理解你并总是和你的行事意图一致的人。他们凭什么获得了你的好感呢？很简单，他们的想法总是与你保持高度一致，很少违背你的意愿。

2. "智慧"的语言表达技巧

在论述、发表意见时，要表现出你知识渊博的特质。实际上，一个人的智慧程度与知识面并不等同，但是，具备广博的知识往往会给沟通对象留下有智慧的印象。智慧的表达技巧不是要求你就某个人生问题讲解得十分透彻，这样很难，而且你的大多数沟通对象也没有这个兴趣，他们中很多是普通人，只要平时能够表现出一定的知识储备，就可以给别人留下充满智慧的印象，并开始重视你的为人。

有智慧的人在与人沟通时，往往能够用幽默的语言化解矛盾。能够用幽默的语言与人沟通的人，大多是宽宏大度、心态良好的人，这样的人更容易受到大家的欢迎。

案例2-12：王姐是一个十分幽默的人，朋友们跟她在一起的时候总是充满欢声笑语。朋友与另一半闹矛盾都会跟她讲，她就会告诉朋友怎样用幽默的语言来解决问题。例如，夫妻吵架，丈夫气愤地说："早知道这样，我娶你还不如娶个魔鬼！"王姐的建议是，妻子可以笑着说："那不行！近亲结婚是不允许的！"两人可能就不会接着吵了。

大家都喜欢王姐，说她是大家的开心果。有一次，王姐跟随一个旅游团去南方旅游，团里面有来自不同地方的人，每个人的素质也不一样。每次吃饭的时候，有几个人只顾自己抢着吃，素质高的人不好意思跟他们抢，结果吃不到菜。有一天吃饭的时候，有位大哥不管别人是否在夹菜，不停地转桌子，把好吃的转到自己跟前，另外几个人就不太高兴，眼看着大家情绪不对劲，王姐就笑着说："大哥你是练过功夫吧？我也来练一下你看看怎么样！"说着转了一下桌子。大家都被逗乐了，那位大哥也意识到自己的问题，有点不好意思，以后吃饭的时候也有了些改变。

还有一次期末考试，几个男生坐得太近了，王姐作为监考老师，让一个男生调换座位。那个男生马上不高兴了，很强硬地问："为什么让我调出来？"王姐笑着说："我就看你长得帅呀！"结果男生态度马上变了，还说了声"谢谢"。这就是幽默的作用。

在日常生活中，我们要有意识地培养自己的幽默感，遇到事情不要斤斤计较，尽量以幽默的语言与人沟通。

3."果断"的语言表达技巧

果断是自信的表现，优柔寡断是不自信的表现。果断表现在：你的是非观念是否分明？你的判断依据是否符合逻辑？你的分析能力是否可以洞察问题的本质？等等。你平时与沟通对象交流时，如果所做的分析常常可以洞察事物的本质，并且针对这些分析可以做出较明确的判断，那么一段时间后，别人会对你留下行事果断的印象。

4."可信性"的语言表达技巧

你的观点是否可信，在于你的论据是否可信，你的论证是否符合逻辑。摆事实，讲道理，这是说服别人的有效办法。任何人都有精明、理智的一面，如果你能够通过有力的论据、有说服力的语言获得别人的认可，一段时间后，别人对你的信任度就会提高许多。

5.得体的仪式语言

小张见到小王，说："嗨！你吃饭了吗？"小王说："刚刚吃过。你吃了吗？"小张说："也吃了。"这种交谈规则我们大家都非常清楚，因为我们经常参与这种交谈。这种问候其实就是一种仪式语言。得体的仪式语言是由语言环境决定的。例如，参加葬礼时，我们应该对死者的家属说"请节哀，他是一个好人，我们会想念他的"；如果参加婚礼，我们就要祝福新郎新娘幸福，夸新娘美丽，还可以说"希望你们早得贵子"来表示祝愿。

6. 其他语言表达技巧

人们在沟通过程中，有些时候需要用委婉的语言来表达，不要直来直去，应尽量避免那些可能令人感到不愉快的语言，才能起到比较好的沟通效果。例如，在公共场所常常有"禁止吸烟"的警示语，但如果在自己的办公室里则可采用"请您协助保持一个无烟环境"，虽然都是一个意思，但后者看起来会让人比较舒服。

有些语言若应用得不恰当，可能会造成伤害别人的后果。例如，对胖孩子如果说"肥仔"就不好，可以说"胖乎乎的真可爱"；对于比较胖的成年人，要说"看你长得多富态"；对比较胖的女人，用"丰满"来形容比较顺耳，应避免用"肥"这个字。

我们要学会运用恰当的语言进行沟通，知道在各种特定的环境下用什么样的语言。在沟通中，我们必须选择适合语言环境的语言，在一种环境下使用的语言，放在另一种语言环境中就不一定能发挥应有的作用。

案例2-13： 有位男士挺吝啬的，但是他很会与人沟通，所以也有不少朋友。一次，他和太太去逛街，太太看上一件很昂贵的衣服，跟他商量要买，他心里觉得太贵，不舍得买，但是他对太太说："你喜欢吗？那就买吧！不过我个人认为这件衣服的颜色不适合你的肤色。"最后太太没有购买那件衣服。

案例中的男士没有直接说出自己的想法，而是设法让太太觉得是自己做的选择，实际上是按照他的想法去做，太太还没有感到他舍不得花钱，这就是语言表达的技巧。

本章小结

　　语言沟通是指以词语符号为载体实现的沟通，主要包括口头沟通、书面沟通和电子沟通等。作为一种重要的沟通工具，语言沟通在沟通的过程中起着至关重要的作用。在语言沟通中，要注意表达方式和使用恰当的语言，根据不同情境运用语言沟通技巧，使沟通更有效。

情景模拟与沟通训练

　　1. 每组选一名同学代表本组参与训练。代表面向其他同学，将老师给他的一张图用自己的语言描述出来。在这个过程中，其他同学和代表均不得提问。哪一组能正确描述图画的其他同学多，哪一组获胜。

　　2. 老师组织班级同学(不限制人数)，配合老师做一个游戏。

　　1) 前期准备工作

　　向参与游戏的每个同学发一张预先准备好的统一标准大小的白纸；

　　要求大家把眼睛闭上(游戏过程中不允许睁开眼睛，严格按照要求操作)。

　　2) 游戏规则

　　请参与游戏的同学把自己手中的白纸对折，折好不要动；

　　请参与游戏的同学再把自己手中的白纸对折，折好也不要动；

　　请参与游戏的同学把自己手中白纸的右上角撕掉，撕好不要动；

　　请参与游戏的同学把自己手中的白纸旋转180度，不要动；

　　请参与游戏的同学再撕掉手中白纸的右上角，不要动；

　　请参与游戏的同学再撕掉手中白纸的右下角(这时可能有的人已经撕掉了这个角，提前撕掉的就省略这一步)。

　　3) 游戏结束

　　请参与游戏的同学把眼睛睁开，打开手中撕出的图形。结果会发现，参与者手中所撕出的图形没有一样的，有的甚至不是按统一要求做出来的，相差甚远。参与人数有多少，就有多少种结果！

　　这个游戏说明，信息共享时，准确沟通的重要性。当语言描述不够准确时，由于每个人的理解不同，容易产生误解。所以在沟通过程中，语言表达要准确，对方在理解得不够清楚时，要及时反馈，才能避免产生误解。

案例分析

案例1：电信局与107位教授的投诉

2000年3月23日，某市电信局账户中心来了几个人，他们是某电视台新闻评论部记者李先生，当地某快报的记者范先生，以及两名电话用户等。他们到账户中心后，向工作人员递上了一份由该中心打印的、主叫号码不详的长话清单。在该清单上，不足1分钟的电话有9个，其中通话时长为2秒和4秒的各1个。他们认为用户不可能在如此短的时间内进行通话，推断电信局多收了电话费，要求账户中心做出解释。

账务中心业务科长接待到访人员并做出解释，答复的内容主要有：电信局交换机只有接到对方局的应答信号才开始计费，这些话单肯定是电话接通后才收费的。造成超短时通话的原因有多种，如对方线路上有未知的终端设备(如传真机、录音电话、服务器等)；或是对方电话办理了呼叫转移等业务；或是对方手滑，电话刚拿起来就掉线了，等等。

记者李先生等人对上述解释不能接受，表示当天要弄个明白，并要求账务中心提供相应资费文件。账务中心与该电信局市场经营部联系后，请他们到市场部进一步咨询。于是，以上人员来到了市场部。

在市场部，李先生等重复提问了有关超短时通话费的问题，并向局方出示了清单，同时表示，现在A大学107位教授正就此事联名投诉(未出示联名投诉书)，要对"不明不白"多付的钱讨个说法。市场部当时的答复与账户中心基本一致，这些到访人员对市场部的答复仍不满意。

于是，在3月27日那天，该市的快报和电视台等一些地方新闻媒体相继报道了题为"长话未接却收费，百名教授不理解""与教授一模一样，众百姓纷说长话收费"等新闻。在报道新闻的过程中，电信局得知记者已经采访过教授们，"百位教授的代表人之一M教授举着电信局账务中心打印的长话明细单说，我们有许多打通了但没人接听的电话，被电信局收了费……"；"这页单子上将近一半是超短时电话，谁会在3分钟之内连打4通只讲几秒钟的长话呢"。"投诉的100多位教授都有类似的情况，偶尔出现一次还说得过去，如此频繁就不好解释了。"一旁的N教授补充。但是，至此A大学的107位教授还没有向该市电信局提出投诉。

新闻播出后，引起了南方周末、中央电视台等多家媒体的关注，4月2日，中央电视台记者到A大学采访；次日，央视记者会同该市电视台记者李先生、快报记者范先生等到该市电信局对超短时通话单事宜进行跟踪采访，该市电信局S副局长接受了采访。

随后，中央电视台(新闻调查)、人民日报华东版、南方周末、该市地方报纸等媒体进行了大量报道，南方周末还刊出了有107位教授联合签名的投诉书。另有一些报刊的文章中出现了怀疑或暗示"对超短时通话的收费是不是故意操作行为"的内容。该市电信局的压力越来越大[①]。

案例讨论题

1. 你如何评价107位教授的投诉？有其合理性吗？

2. 如果你是电信局的有关负责人，面对这样的问题，应采取何种措施？各项措施的目标是什么？

3. 如何通过有效沟通化解矛盾？

案例2

南朝时，齐高帝曾与当时的书法家王僧虔一起研习书法。有一次，高帝突然问王僧虔："你和我比，谁的字更好看呢？"

王僧虔巧妙地回答："我的字臣中最好看，您的字君中最好看。"[②]

案例讨论题

1. 王僧虔是如何利用语言技巧的？

2. 你从上述案例中学到了什么？

---

① 道客巴巴网. 管理沟通基本策略[DB/OL]. http://www.doc88.com/p-34855087468.html.
② 许玲. 人际沟通与交流[M]. 北京：清华大学出版社，2007.

案例3

寒假期间，女儿从大学回到家，父母工作很忙，春节之前大清扫的任务就由女儿负责。还有半个月过春节，女儿准备过小年之后再彻底打扫卫生。

母亲："你明天就开始打扫吧。"

女儿："等一等吧。明天打扫，过年前还得再打扫一遍，腊月二十七、二十八打扫，我只要打扫一遍就行了。"

母亲(指责的语气)："早干完早放心，越到年底越忙，那两天哪有时间！你这样一拖就明年了！"

女儿(有点烦躁)："我一定会干完的，一定不会耽误事的！"

母亲(提高音调)："你闲着也是闲着，为什么老是把事情往后推？"

女儿(提高音调、极度烦躁)："明天我有事，我要做东西。"

母亲："你要做什么？"

女儿："我这么大人了，做什么都要向你汇报吗？"

母亲："你怎么回事呀？"

女儿："……你走开！"

案例讨论题

分析上面的母女对话，讨论一下她们在沟通方面存在什么问题。

案例4

小王和小李是大学同学，她们住在同一间宿舍，本来是很要好的朋友，后来产生了矛盾，相互之间就不再说话了。事情原委是这样的，小王嗓门大，性格开朗，为人热情、善良，说话直来直去。别人休息的时候，她有时也大声说笑，走路、拿东西声音都很大，为此小李提醒过她几次，但是小王有时候还是不注意，小李对此很不满。小王经常替小李买饭，有一天她卡里钱不够了，就大声对小李说："你就不能早点起来，自己去买饭吗？总让人家给你带！"结果两人就开始吵起来，以往积攒在心里的怨气也都爆发出来。从此两人同住一个屋檐下，却形同陌路。

案例讨论题

1. 分析一下两人在沟通和行为表现方面各自存在什么问题？

2. 目前的状况，如何解决小李和小王之间的矛盾？她们应该怎么做？

3. 你若是她们的室友，你打算如何帮她们缓和关系？

案例5

比较下面两段对话，分析两个丈夫在沟通上的优缺点及妻子和丈夫的心理。

第一段对话：

妻子：我跟你说，以后你晚上尽量回家吃饭吧。

丈夫：怎么了？

妻子：你不回来，你妈就不好好做饭，不是剩饭就是凉菜；你如果在家，就七盘八碗的。

丈夫：今天吃了什么？你吃饱了吗？

妻子：别提了，不吃又不好，吃又吃得不舒服。

丈夫：那我带你出去吃点吧！

妻子：算了，让老人知道多不好。你以后还是多回来吧。

丈夫：没问题，我实在不能回来的时候提前告诉你，你就买点自己喜欢吃的带回家。

妻子：那倒是个办法。

第二段对话：

妻子：我跟你说，以后你晚上尽量回家吃饭吧。

丈夫：怎么了？

妻子：你不回来，你妈就不好好做饭，不是剩饭就是凉菜；你如果在家，就七盘八碗的。

丈夫：那是偶尔有剩饭吧？

妻子：什么偶尔？上次你三天没回来，我就吃三天剩饭。

丈夫：太夸张了吧！我妈平时做饭还是挺讲究的。你认为她在针对你吗？不可能！

妻子：你在家当然讲究了。她什么时候心疼过我呀？

丈夫：你这话就过了，怎么不心疼你？当初你生孩子的时候……

妻子：行了行了，谁家儿媳妇坐月子不是这待遇啊？怎么到你这就成丰功伟绩了？

丈夫：再说，你想吃什么就跟妈说嘛，多大点事啊？

妻子：(很生气)说了有用吗？你妈总有理由，什么明天你回来一块吃吧，什么昨天剩的菜不吃就浪费了。算了，反正在你眼里，你妈做什么都对，懒得跟你说，以后我自己出去吃饭……

复习思考题

1. 什么是语言沟通？它包括哪几种类型？

2. 语言沟通有什么技巧？

3. 在沟通过程中，如果对方传递了反向的沟通信息，你该怎么做？

第三章　非语言沟通

本章素质培养目标：提高学生的非语言沟通能力，使学生学会用各种非语言表达方式，更清楚地表达自己的想法。

重点：正确地解读和运用非语言表达方式，掌握非语言沟通的类型。

引例

白领小刘自从戴上一块世界名表后，就觉得信心大增，尤其是今天，他要跟仰慕已久的王董事长见面，更觉得格外有光彩。他想，现在的大老板，哪一个不戴名表？虽然那表又大又重，而且厚厚的，一点现代感也没有，外面还加上一圈像齿轮一样的装饰，看起来好招眼，可戴名表不就是为了招眼、为了"秀"、为了显示自己有钱吗？

过去每次跟朋友见面，人家个个举起杯子来敬酒，腕上的"满天星"闪闪发光，只有小刘最寒酸。有一阵子，他甚至把平时戴的表藏在口袋里，假装自己忘戴了。今天，小刘跟王董事长约好来谈一个重要的投资项目，这个项目是小刘一手操办的，如果能得到王董事长的批准，他在公司中的威信就可以上几个台阶。因为王董事长特别忙，所以能得到王董事长约见一个小时，小刘异常兴奋。为此，他准备了好几天。

小刘走进王董事长的办公室后，就举起手看表。"你下面有急事？"王董事长一面请小刘入座，一面也看看手表，问小刘。"没事，没事。"小刘说，又举起手看了看表，还故意抖了抖手腕，让那金表链发出声音。接着他打开箱子，拿出准备许久的资料，双手举得高高，递给王董事长，左手举得更高些，露出那只新表。王董事长一页页地翻。小刘静静地看，想起手上的表，心又怦怦地跳，觉得好神气，心中暗想：像我这样贫苦出身，才工作三年的年轻人，有几个能戴得起这种堪称"表中之王"的表。小刘又故意理了理西装、伸了伸手，让金表从袖口里露出来，再托着自己的下巴，把手背向外转，使王董事长抬起头时能看到自己的新表。突然，王董事长不翻了，把资料还给了小刘，笑笑说："好构想！但是需要时间慢慢商量，我看你也很忙，咱们就改天再约吧！"接着，王董事长按下对讲机，叫秘书进来送客。小刘举着资料着急地说："我不忙，您可以慢慢看。"王董事长把资料挡了回去，说："我看你下面一定有事，我也很忙，等大家都有空的时候再说吧！"①

案例中，小刘频频看表，这个非语言动作不仅让王董事长误会他有急事，还感觉到对自己不够尊重，导致小刘失去了一次宝贵的机会。可见，非语言沟通的作用有多大。

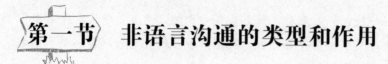

第一节　非语言沟通的类型和作用

我们平时都在自觉或不自觉地使用非语言沟通，如微笑、眼神、手势、点头、握手、拥抱、音调等。非语言沟通是相对于语言沟通而言的，是指通过肢体动作、面部表情、语气语调、仪表服饰等方式进行信息交流和沟通的过程。在人际沟通中，语言沟通一直是不可取代的方式，但是非语言沟通同样不可缺少，而且极为重要。例如，上课时，如果学生们出现无精打采的眼神及百无聊赖的表情，说明学生已有了厌倦之情。又如，一个人的衣着打扮、言谈举止，也能向别人传递某种信息。

一、非语言沟通的类型

非语言沟通不同于语言沟通之处在于信息交流渠道不同，非语言符号在非语言沟通中起着重要的作用，要想与他人建立良好的沟通，就需要对非语言符号及其使用意图有所了解。常用的非语言符号有以下几种类型。

1. 身体语言

身体语言是指通过人体各部分动作来传递信息、沟通交流的非语言符号。它既可以是动态的，也可以是静态的；可能是有意识的，也可能是无意识的。换句话说，你的身体任何时候都会"说话"。根据人体的部位，身体语言又可细分为眼神和面部表情、头部语言、手势语言、其他身体语言等。

---

① 郭台鸿. 高效沟通24法则[M]. 北京：清华大学出版社，2009.

(1) 眼神和面部表情。下面我们以一个具体案例来说明。

案例3-1：在飞往巴黎的航班登机口附近，一对青年男女一路飞奔过来。飞机尚未起飞，但登机通道已经关闭。登机口到机舱口之间的登机桥已被收起，工作人员正在平静地整理着票根。

女孩儿喘着气喊道："等等，我们还没登机！"

工作人员说："抱歉，登机时间已过。"

女孩儿说："可我们的转乘航班10分钟前才到。工作人员答应我们会提前打电话通知登机口的。"

工作人员说："抱歉，登机口一旦关闭，任何人都不能登机。"

两人走到玻璃窗前，简直无法相信这个结果。飞机就停在眼前，飞机引擎的轰鸣声越来越急促，一个工作人员拿着一根指挥棒不慌不忙地出现在机场跑道上。

女孩儿想了一会儿，然后领着男友来到玻璃窗正中间的位置，这个位置正对着飞机驾驶员座舱。他们站在那儿，把行李包扔在脚下。女孩儿全神贯注地看着飞机驾驶员，希望引起他们的注意。

一名飞机驾驶员抬起了头，他看到两人可怜兮兮地站在玻璃窗前。女孩儿直视着他的眼睛，眼里充满了悲伤和哀求。那一刻好漫长，时间仿佛都凝滞了。最后，那名飞机驾驶员的嘴唇动了几下，另一名驾驶员也抬起了头。女孩儿又紧盯着他的眼睛，只见他点了点头。

飞机引擎的轰鸣声渐渐缓和下来，登机口工作人员的电话响了。一位工作人员转向他们，眼睛瞪得大大的，说："拿上你们的行李！飞机驾驶员让你们快点儿登机！"

此案例中的女孩儿靠眼神交流打动了飞机驾驶员，最终如愿登上了飞机。在人际沟通中，恰当地运用眼神和面部表情进行交流，其作用有时候会超过语言。

人的面部神态和表情是重要的非语言沟通方式，可以跨越不同语言、文化和国界的障碍，传递相似的情感。微笑是人间最美好的语言，虽然无声，但是它能传达高兴、喜欢、同意、尊敬等很多意思，让人感到亲切、温暖、有信心，有助于建立彼此的信赖感，使人们觉得你和蔼可亲。延续时间极短的细微面部表情也能显露一个人的情感，并能立即被他人捕获。例如，真心的微笑(与之相对的是刻板的微笑，无法在眼神里反映出来)能使自己身心舒畅，这种情感能立即传递给对方。

在与人沟通的时候，可以没有其他的身体动作，但是眼神和面部表情是不可缺少的。一个人与他人谈话时如果面无表情、不会微笑，就会被认为不热情或冷漠无情。与人交谈时应该真诚、友好地与对方进行目光交流。如果不注视对方，或回避对方的视线，一般会传递出负面的信息，如不诚实、不自信、没把握、不感兴趣或厌恶等。如果长时间注视对方，一般有两种意思：一种是说明对对方本人比对谈话内容更感兴趣；另一种是向对方挑衅或施加某种压力，以起到震慑作用。若注视时间太短，则会产生对对方或者谈话内容都不感兴趣或厌恶的意思。人们在紧张、焦虑或惶恐不安的状态下，眨眼一般会频繁一些。

避免误用的目光：长时间直盯或怒视对方，这会显得不怀好意或不友好；眼神四处游离、飘忽不定，这会显得心不在焉；突然扫射对方，这会显得心怀鬼胎；与多人谈话的时候注意力总在一个人身上，容易引起误解或导致大多数人不满。

案例3-2： 一个英语很好的女同学上课积极发言。她的英语教师总是和她进行目光交流，而和其他同学只有较少的目光交流，提问题也多是这个女同学回答。这导致其他同学意见很大，甚至有流言蜚语。实际上这个教师是清白的，就是因为他不恰当地运用了目光交流，导致大家产生了误会。

(2) 头部语言。头部语言是指运用头部动作、姿态来交流信息。众所周知，点头和摇头是基本的头部动作。一般情况下，我们忘记事情时常拍打前额或脑后，点头表示同意、肯定或赞许，摇头表示反对、否定或批评，头部后仰给人一种高傲的感觉，而低头表示思考问题或者不自信。生活中，人们爱用摇头或点头来表示对某一事情的否定或肯定。但这也不是绝对的，在两人的谈话过程中，若对方点头的动作与谈话情节不符，则表示对方不专心。上课时，频频看窗外、看同学，或坐姿端正，两眼平视黑板或直盯着老师等，都可能是心不在焉、没有专心听讲的表现。异性之间谈话时，女性歪着头倾听的姿势，往往会引起男性说话者的表达欲。

与人沟通时，恰当地运用头部语言可以使沟通更顺畅，如对对方表示赞同可以轻轻点头，这样可以给对方带来愉悦感。

案例3-3： 一个5岁的小男孩正在餐桌前吃饭，他很想自己夹菜。这时，爸爸正好从厨房端来了一碗小男孩喜欢吃的鸡蛋羹。小男孩抬起头，看着爸爸把鸡蛋羹小心翼翼地放在桌子中央。然后，小男孩拿起调羹，用征求的眼光望着爸爸。爸爸明白小男孩的意思，微笑着向他点了点头。小男孩高兴地舀了一勺鸡蛋羹，津津有味地吃了起来[①]。

许多时候，对于孩子来说，得到父亲的点头认可，会比听到"你真乖"更令人高兴。这不仅能让孩子受到鼓励，还能让孩子感受到父亲对自己的浓浓爱意。在这个案例中，父亲和小男孩没有用一句语言，但是他们之间的沟通非常顺畅。这正是微笑与点头的魅力。

(3) 手势语言。手势语言是指通过手的动作、姿势表达信息、传递感情的非语言符号。沟通过程中，如果将掌心向上，会给人以诚实、谦逊或屈从的感觉，如果以这种方式与对方握手，也会表达出服从的意味；如果掌心向下，则会传达出抵制、支配、压制的信号，最好不要采用。比较合适的握手方式是手掌侧立与对方握手，并且是手掌相握，而不是只握指尖，这样能显示出平等友好且不会过于冷淡。如果只是轻抓一下指尖，会让人对你产生冷淡、高傲和拒人于千里之外的感觉。此外，手势语使用的频率不能过多、幅度不能过大，交谈过程中，过多的手势语和幅度过大的手势，往往会给人夸张和做作之感，而且过多的信息也容易被对方曲解。手势位置一般在脖子到上半身范围内。

在日常生活中，习惯性手势有：高兴时鼓掌、手舞足蹈；愤怒时握拳或拍桌子；后悔时拍大腿；忘记事情拍脑门；害怕时双手捂脸，等等。相同的手势在不同国家可能表示不同含义，例如，在中国，竖起大拇指表示赞美；而在希腊，竖起大拇指有挑衅的意味。恰当地运用手势语言，有助于双方的沟通和理解。

---

① 张振华，贺辉. 养不教，父之过(男孩版)[EB/OL]. http://book.cnxianzai.com/2/fuqin-1184.shtml，2012-07-02/2012-07-02.

(4) 其他身体语言。我国很重视交往中的姿态，传统观点认为这是一个人有教养的表现，因此素有大丈夫要"站如松，坐如钟，行如风"之说。

不同的身体语言表示不同的含义，例如，身体略微倾向于对方，表示热情和对谈话感兴趣；别人向他人介绍你时，你应微微欠身，表示谦恭有礼；身体后仰，会给人一种若无其事和傲慢的感觉；侧转身子，表示嫌恶和轻蔑；背朝人家，表示不屑理睬；拂袖离去，则是拒绝交往的表示；坐着或站立时挺直腰板，给人以威严之感；耷拉双肩或跷二郎腿，可能会使某个正式场合的庄严气氛荡然无存，但也可能使非正式场合更加轻松、友善；不由自主地抖动或移动双腿，能泄露从漠不关心到焦虑、担忧等一系列情绪；无论面部和躯干是多么平静，只要叉着双臂，或抖动双膝，都会显露出内心的不安；双臂紧紧交叉于胸前有几种含义，一般会产生拒人于千里之外的感觉，表达的是防御心理或傲慢态度，也有时表示自信；"一只手握住另一只手臂"或"局部臂交叉姿势"，是内心紧张并竭力掩饰自己的信号。

此外，肩部向上向前表明焦虑、惊慌；平举下垂表明沉着果断；向上突起表明愤怒或受惊吓；耸肩表示不知道、无所谓或无可奈何；拍拍对方肩部表示亲切或庆贺；张开双臂表示欢迎；高举双臂表示胜利。

2. 人际空间

刺猬法则说的是这样一个十分有趣的现象：在寒冷的冬季，两只困倦的刺猬因为冷而拥抱在一起，但是由于它们各自身上都长满了刺，紧挨在一起就会刺痛对方，所以无论如何都睡不舒服。因此，两只刺猬就分开了一段距离，可是这样又实在冷得难以忍受，最终它们就又抱在了一起。折腾了好几次，它们终于找到了一个比较合适的距离，既能够相互取暖又不会被扎。这也就是我们所说的人际交往过程中的"心理距离效应"。

人与人沟通时也需要保持一个恰当的心理距离，距离太近会有侵犯个人空间的感觉，距离太远又有过于疏远的感觉。与不同关系的人进行沟通时需要有不同的空间距离。人际空间就是人与人沟通时的空间距离。关系越密切，双方的空间距离就越近。对于人际空间，不同国家是有区别的，在西方国家，两人交谈时身体之间的距离应大些；不同性别之间距离也不同，一般异性之间的距离应大些。常见的人际空间距离有以下几种。

(1) 亲密距离。0～0.5米，与对方只有一臂之遥，适合进行较敏感的沟通。只有较亲密的人，才允许进入该距离范围内，如果陌生人进入，会有威胁对方、侵犯对方的意味，人们通常会感到不舒服，并设法拉开距离。

(2) 私人距离。0.5～1.2米，适用于关系友善，较熟悉的同事、朋友、上下级之间，一般不含亲昵或爱情的成分在内。

(3) 社交距离。1.2～3.6米，适合于一般商务及社交来往。例如，多数办公桌的设计，都是要人们坐在社交区的范围内。

(4) 公共距离。距离超过3.6米，是人们管不到，也是可以不理会的地方，通常分两种情况：3.6～7.6米，适合于不太正式的聚会；7.6米以上，适合非常正式的场合。

沟通中的空间距离不同，会直接导致不同的沟通效果，有些位置对沟通的影响力较大，有些位置影响力较小。例如，同样是发言，站在讲台上讲与在台下自由发言所达到的效果是不同的，高高在上的讲台本身具有某种权威性。再如，面试作为社交场合的一种，个人色彩比较淡薄，但当双方握手时，则可以采用私人距离。如果面试时人际距离过近，可能会给对方带来压力，从而产生戒备心理；距离太远又不利于面试的正常沟通。正常情况下，应聘者与面试官之间宜采用社交距离。

3. 辅助语言和类语言

(1) 辅助语言。辅助语言也称为副语言，包括发声系统的各个要素，如音质、音量、声调、语速、节奏等。它可以表达人的情绪和状态。从一句话的字面来看，往往难以判定其真实的含义，而它的弦外之音则可以传递出许多不同的信息。恰当的语气、音调和语速可以完整、正确地传递人与人之间的信息和情感，加深沟通的程度。

通过辅助语言可以赢得别人的注意，能创造有益的氛围，并鼓励他人聆听。一般来说，人在高兴、激动时，语调往往欢快；而悲伤、抑郁时，语调则黯淡、低沉；心情平静时，语调舒缓、柔和，如潺潺小溪；愤怒时，语调则高亢、急促，如出膛的炮弹。急缓适度的语速能吸引听者的注意力，便于接收信息。如果语速过快，听者无暇理解谈话内容；如果语速过慢，声音听起来会非常阴郁，让人不适。尖利或粗暴的声音给人的印象是反应过火，行为失控；如果说话吞吞吐吐、犹豫不决，听者就会不由自主地变得十分担忧、坐立不安。

适时改变重音能强调某些词语。一方面，如果没有强调重音，听者往往难以确定哪些内容更重要；另一方面，如果强调太多，听者会觉得不知所云、不知所措。同样的一句话，重音、语调和语气不同，表达的意思就不一样。例如，"我知道你会跳舞"这句话，重音位置不同，表示的含义不同，加点的字为重音。

我知道你会跳舞(别人不一定知道你会跳舞)；

我知道你会跳舞(我已经知道了你会跳舞，你别瞒着我了)；

我知道你会跳舞(别人是否会跳舞我不知道，但是我知道"你"会)；

我知道你会跳舞(你说你不会跳舞也没用，我知道你"会")；

我知道你会跳舞(我不知道你是否会别的，只知道你会"跳舞")。

(2) 类语言。类语言是指人体发音器官发出的类似语言的非语言符号，如笑声、哭声、叹息、呻吟、停顿等。谈话的双方通过适当采用"嗯""哦"等声音，可以向对方表示自己在注意倾听对方的讲话，也可以了解对方的反应。

二、非语言沟通的作用

案例3-4：一场大雨后，一位女士家的墙壁被水浸湿了，她联系了物业过来维修。登门的是一位上了年纪的维修工，从他大声叫门起，女士便能感觉到他的不情愿，之后进屋、检查墙体、准备工具、在暖气上系保险绳，这位维修工更是全程黑脸。而气氛的变化，是从女士的一个动作开始的。在维修工登上窗台之后，女士伸手抓住他的外套下摆。那是个下意识的动作，虽然有保险绳，但她很怕他会踩空。

维修工的表情迅速柔和起来，他开始主动和女士聊天，得意地说起自己的几个孩子都上了大学。修缮完毕后，维修工满脸笑容地和她告别，和之前冷若冰霜的样子判若两人。

案例中，两人之间一开始没有语言沟通，女士通过"抓住外套下摆"的动作表达了对维修工的关心，拉近了两人之间的距离，使维修工转变了态度。由此可见，非语言沟通的作用不可小觑。

非语言沟通是人际沟通的重要方式之一。沟通时，不同的面部表情、不同的动作，含义也不同。即使打电话不见面，对方也会感觉到你的面部表情。在本章的引例中，小刘不停"看表"的非语言动作，被王董事长误认为小刘有事不能专心研究，也使王董事长觉得这个人不懂事，使得小刘失去了一次难得的机会。可见，非语言沟通在人际沟通过程中起着十分重要的作用，概括起来有如下几方面。

1. 提供更大的信息量

非语言沟通领域的权威——艾伯特·梅拉比恩调查研究发现：在人类通过交谈获取信息的过程中，面部表情占55%，声音占38%，语言占7%。可见，高达93%的沟通是非语言沟通，在沟通中非语言信息占了绝大部分。如果我们单纯重视语言沟通，将无法保证沟通的全面性和正确性。例如，不同的身体姿势能使沟通的内容增色，提供更大的信息量；在不同的场合使用一种或多种非语言动作，可以加强自己的表达效果；用合适的视觉信号能够强化自己的语言信息。

案例3-5：罗斯福总统的专用轿车被送到白宫时，造车工人也被介绍给总统。当总统兴高采烈地与前来参观的人寒暄之际，这位生性腼腆的工人一直默默地站在一旁。最后，他们要离去时，罗斯福找到这位造车工人，叫出了他的名字，和他亲切握手、热情致谢。那位工人非常感动，这件事一度成为美谈[1]。

在沟通中，谈话的内容固然很重要，表达对对方的关心也是促进感情交流的方法之一。罗斯福总统在叫出这位工人名字的同时，通过兴高采烈的表情、亲切的握手、热情的致谢打动了那位工人。这些非语言信息传递了非常丰富的内容，可谓"无声胜有声"。

2. 非语言沟通能对语言沟通起到补充作用

相对于语言沟通来说，非语言沟通信息量大，能够进行多方面、多层次的信息交流。沟通双方的头部动作、面部表情、手势动作、臂部动作、服饰装束、空间距离等都能传递信息，从而在信息量上弥补了语言交流的不足，使沟通更有效。非语言沟通能够对语言信息起到强调和渲染作用，从而增加沟通的生动性和直观性。非语言沟通的这些特点，从数量上和生动性上对语言沟通起到了补充作用。

---

[1]　孙科炎，程丽平. 沟通心理学[M]. 北京：中国电力出版社，2012.

3. 非语言符号可以表达语言不能表达的感情

我们常说："感激之情无法用语言来表达！"有时候用语言难以表达的感情，可以用非语言来表达。比如，在淘汰赛中，当一个优秀选手被淘汰离开舞台时，其余选手会眼含热泪和他拥抱，没有任何语言，一个拥抱表达了许多情感：惋惜、鼓励、依依不舍等。再如，在你很忙碌的时候，有邻居来借东西。你给了他东西，他却仍然留在你家与你聊天，你内心肯定希望邻居赶快走，可是在表面上你只能礼貌、专注地听着。在这种情况下，你可以通过移动室内的摆设来暗示这位邻居"该是你离开的时候了"。除非这位邻居没有感觉或者太专注于自己的话题，否则谈话很可能因此而结束。

案例3-6： 贝多芬年轻时曾师从著名作曲家海顿，后来因故师生失和。有一次，年老的海顿听到自己的宗教剧《四季》在维也纳演奏，因感动而晕倒，贝多芬马上去扶他，并吻他的手。对孤寂和伤感的老人来说，没有任何言语能胜过这一关切的行为[①]。

4. 非语言"第一印象"的作用

初次见面时，可通过表情、眼神、穿着打扮、动作与姿势对对方有个基本的了解。当你与别人第一次见面的时候，对方的言谈、举止、表情、容貌、服饰等都会在你的脑海中留下鲜明又深刻的印象，对方的一个微笑、一个手势都会诱发你的某种情感体验，最初的好恶倾向也会影响你在与其交往中的情感投入，从而影响你们的关系。那么反过来看，你此时此刻的行为表现，也会在对方的脑海中留下一定的印象，同样影响到你们之间的交往。因此，在人际交往中，我们必须留意自己的形象，讲究动作与姿势。因为我们的动作和姿势，也是别人了解我们的一面镜子。在人际交往中，我们也可以通过别人的动作、姿势来衡量、了解和理解别人。当然，大部分人需要长期接触才能了解得更深，不能只凭第一印象就把一个人定性了。

---

① 周朝霞.人际关系与公共礼仪[M].杭州：浙江大学出版社，2009.

案例3-7： 一个人走进饭店要了酒菜，吃罢摸摸口袋发现忘了带钱，便对店老板说："店家，今日忘了带钱，改日送来。"店老板连声说："不碍事，不碍事。"并恭敬地把他送出了门。

这个过程被一个无赖看到了，他也进饭店要了酒菜，吃完摸了一下口袋，对店老板说："店家，今日忘了带钱，改日送来。"谁知店老板脸色一变，揪住他，非剥他衣服不可。无赖不服，问："为什么刚才那人可以赊账，我就不行？"店家说："人家吃菜，筷子在桌子上找齐，喝酒一盅一盅地喝，斯斯文文，吃罢掏出手绢揩嘴，是个有德行的人，岂能赖我几个钱。你呢？筷子往胸前找齐，狼吞虎咽，吃上瘾来，脚踏上条凳，端起酒壶直往嘴里灌，吃罢用袖子揩嘴，分明是个居无定室、食无定餐的无赖之徒，我岂能饶你！"一席话说得无赖哑口无言，只得留下外衣，狼狈而去[①]。

这个故事告诉我们，人的行为举止有多么重要。一个人的举手投足、站姿、坐姿等能反映出他是一个有教养、高素质的人，还是一个随随便便、放荡不羁的人，从而给人留下不同的最初印象。

5. 非语言信息能对语言信息起到验证作用

相对于语言信息来说，非语言信息，尤其是身体语言具有确定性和失控性的特点，从而使其比语言信息更真实、更可靠。身体语言的确定性是指身体语言多数具有先天性或习惯性，一般情况下较难改变。身体语言的失控性，是指身体语言多数是人们无意识或半意识状态下显示出来的，例如瞳孔变化、出汗、心跳加快等，往往不是意识可以控制的，因而身体语言常常是人们内心状态的真实反映。也就是说，语言信息可能会"言不由衷"，但非语言信息常常是"真情流露"。例如，害羞时脸色发红，紧张时嘴唇和声音颤抖。沟通中，如果某一方在表达出某种语言信息后，出现目光回避、频繁舔嘴唇、触摸鼻子等身体动作，则可能表明其语言表达的不真实或者心情紧张。特别是当谎言和这些表明说谎迹象的身体动作相伴出现时，就更有理由怀疑其语言信息的真实性。

---

① 许玲. 人际沟通与交流[M]. 北京：清华大学出版社，2007.

案例3-8：某商场一位顾客试了一件衣服，试完衣服没有脱下，摸着衣服说："这件衣服太贵了，够我半个月工资了。"但是说得又有点违心，还边说边照镜子，分明在说："贵是贵，但是我非常喜欢！"服务员把握住这种身体语言传递的信息，卖出了这件衣服。

第二节　正确运用非语言沟通

一、正确地运用目光

眼睛是心灵的窗口，人们灵魂深处的情感可以通过这个窗口表现出来。"眉目传情""暗送秋波"等成语形象地说明了目光在人们情感交流中的重要作用。所以，许多成功人士都很注重修炼自己的眼神。

目光接触，是人际交往中最能传神的非语言沟通。双方谈话时目光接触时间约占谈话时间的2/3。运用目光时，要注意目光注视的部位。如果想显示权威和居高临下，视线应向下，并用眼睛看着对方脸上以双眼为底线、上顶角到前额的三角形区域(商务式)。如果要营造平等气氛，则可采用平行的视线，用眼睛看着对方脸上以双眼为上线、以嘴为下顶角的三角形区域(社交注视)。和长辈、领导谈话，可以采用视线向上，表示尊敬、敬畏，也可以采用"社交注视"。注意避免不停地转移视线、眼神飘忽不定，或目光锁定一个地方、面无表情等。

在人们交往过程中，彼此之间的注视还因人的地位和自信程度而异。在日常生活中，我们可以观察到，往往主动者更多地注视对方，而被动者较少迎合对方的目光，下面的案例就说明了这一点。

案例3-9：推销学家在一次实验中，让两个互不相识的女大学生共同讨论问题。推销学家先告诉其中一个人，她的交谈对象是个研究生；而后告知另一个人，她的交谈对象是个高考多次落第的中学生。结果，那个自以为地位高的女学生，在听和说的过程中都充满自信地凝视对方，而自以为地位低的女学生说话就很少注视对方[①]。

二、合适的衣着打扮

衣着本身是不会说话的，我们也不能以貌取人，但在社会交往中，衣着是影响别人对你第一印象的关键因素。意大利影星索菲亚·罗兰说："你的衣着往往会表明你是哪一种类型的人，它代表你的个性，一个与你会面的人往往会自觉地根据你的衣着来判断你的为人。"

人们常在特定的情境中以穿某种衣着来表达思想和诉求。在销售情境中，人们总是恰当地选择与环境、场合和对手相称的衣着。出去玩可以穿休闲服，而在谈判中，衣着是谈判双方"自我形象"的延伸和扩展，应该穿正式些。在类似的正式场合，比如宴会、正式会见、招待会、婚丧礼、晚间的社交活动中，男士要穿西服，打领带，穿皮鞋，皮鞋和袜子的颜色最好与衣裤统一，衣服的颜色不要超过三种，要简约得体；女士可以穿礼服，一般要穿裙子，穿长袜，可以穿凉鞋与皮鞋，不能穿运动鞋。

美国有学者发现，职业形象较好的人，其工作的起始薪金比不太注意形象的人要高出8%～20%。下面的例子说明：同样一个人，穿着打扮不同，给人留下的印象完全不同，对交往对象也会产生不同的影响。

案例3-10：美国有位营销专家做过一个实验，他本人以不同的打扮出现在同一地点。当他身穿西服以绅士模样出现时，向他问路或问时间的人，大多彬彬有礼，而且基本上是绅士阶层的人；当他打扮成无业游民时，接近他的多半是流浪汉，或是来找火借烟的[②]。

---

①　道客巴巴网. 专升本管理学基础专用课件[EB/OL]. http://www.doc88.com/p-295946 999141.html，2012-06-17/2012-07-02.
②　水淼. 20几岁要懂得的处世心理学[M]. 北京：北京航空航天大学出版社，2009.

三、恰当地运用身体语言

达·芬奇曾说过，精神应该通过姿势和四肢的运动来表现。在人际沟通中，人们的一举一动，能体现特定的态度，表达特定的含义。采用正确的体态和面部表情，再适当地配合手势，有助于内容的表达，加强感染力，会达到更好的沟通效果。说话时，运用身体语言的主要目的是沟通感情，补充或加强语气，帮助对方理解。因此，要恰到好处。如果动作不当或过分就会令人生厌。例如，不间断地随便使用手势，或者多次重复使用同一个手势，就可能丧失它的功效，反而使人感觉眼花缭乱、心情烦躁。

要根据环境和对象运用各种身体语言。在长辈和上司面前不要用手指指点点，更不要勾肩搭背，否则会被看作失礼。在同辈和亲朋好友面前可以随便一点，但也要掌握分寸，切忌用手指点他人的鼻子和眼睛。要时刻注意你的各种姿态应与你的说话内容相契合，做到自然灵活、恰到好处。不恰当地运用身体语言会造成误会，下面的例子讲的就是头部语言运用的场合不当造成了误会。

案例3-11： 某医学院主任带学生到附属医院上临床实习课，大家来到某个病房前，主任说："大家进去看看这个患者的症状，仔细想想他患了什么病。知道的就点点头，不知道的就摇摇头。别说话，免得吓到病人，明白吗？"学生们连忙点头，很怕留给主任不良印象而影响实习成绩。

病房中的病人不知道自己的病情，本来只是轻微的脑积水，躺在床上看到一大群穿白大褂的"医生"走进来，心中就有几分紧张。

第一个实习医生看了病人一会儿，想了想，无奈地摇摇头。

第二个实习医生看来看去，不知道病人得了什么病，想到自己可能要重修学业，眼角含着泪摇摇头。

第三个实习医生看完病人，也不知道病人得了什么病，叹了一口气，垂头丧气地摇摇头。

第四个实习医生刚要看病人，病人满眼泪水地说："医生啊，请你救救我吧，我还不想死呀！"①

　　沟通中要自然、放松、大方，采取正确的姿势。在正式场合站着说话时，身体要挺直，挺胸、收腹，重心放在两腿之间，两臂自然下垂，形成一种优美挺拔的体态。坐着说话时，上身要保持垂直，可轻靠在椅背上，以自然、舒适、端正为原则。无论是站姿还是坐姿，都应避免坐立不安、扭动身子、随意摆弄身上的东西或其他物品、懒散地坐着、使用威胁性手势等。对于坐姿要注意以下几点。

　　(1) 切忌两膝盖分开及两脚呈"八"字形。

　　(2) 坐时不可两脚尖朝内、脚跟朝外。

　　(3) 当两腿交叠而坐时，悬空的脚尖应向下，切忌脚尖朝天和上下抖动。

　　(4) 双手可相交放在大腿上，或轻搭在扶手上，但手心应向下。

　　(5) 不要坐在椅子上前俯后仰。

四、恰当地运用语气语调

　　恰当、自然地运用语气语调，有助于人与人的顺利交往。说话时语调要平和，给人以亲切感；音量要适中，如果声音太大会让人觉得不舒服，声音太小别人又听不清；语速不要太快，尽量清晰流畅。一般情况下，柔和的声调表示坦率和友善；在激动时声音自然会有些颤抖；表示同情时声音略微低沉。不管说什么样的话，应避免阴阳怪气，否则会让人觉得你是在冷嘲热讽。用鼻音哼声会让人觉得你傲慢、冷漠、恼怒和鄙视他人，是缺乏诚意的表现，会引起他人的不快。

　　恰当地运用语气语调会达到意想不到的效果，尤其是打电话时，双方见不到面，语气语调发挥了更重要的作用。要让你的声音富有表情，这是比较难做到的，可以看看电视剧或舞台剧中的演员们，感受一下他们那种抑扬顿挫的声调和表情丰富的表达。

　　案例3-12： 有一次，意大利著名悲剧影星罗西应邀参加一场欢迎外宾的宴会。

① 邹晓春. 沟通能力培养全案[M]. 北京：人民邮电出版社，2008.

席间，许多客人要求他表演一段悲剧，于是他用意大利语念了一段"台词"。尽管客人听不懂他的"台词"内容，但是他那凄凉悲怆的声调和丰富表情，不由得使大家流下了同情的泪水。可一位意大利人却忍俊不禁，跑出会场大笑不止。原来，这位悲剧明星念的根本不是什么"台词"，而是宴席上的菜单①。

这个案例说明，使声音富有表情对人的感染力非常大，具有促进沟通的作用。

五、恰当地运用空间距离

人与人之间沟通时，一定要注意保持合适的空间距离。如果空间距离过近，可能会给对方以入侵或威胁之感，进而使对方建立防御心理。当你站着与人沟通时，如果发现对方本能地往后移，就说明你站的位置与对方的距离太近了，让对方产生了局促不安的感觉。而过远的人际距离则可能显得过于疏离，听者就会觉得你不在乎他。在与外国朋友沟通时，我们更要特别注意空间距离，具体分以下几种情况：

与很亲密的朋友、亲人之间沟通，采用亲密距离；

和关系友善的朋友、较熟悉的同事、上下级之间沟通，采用私人距离；

在社交场合，如谈判、访问中，个人色彩淡薄，采用社交距离；

不太正式的聚会，采用公众距离。

六、给对方留下良好的第一印象

在人际交往中，第一印象起着至关重要的作用。第一印象会潜伏在对方的意识中，无论是否客观，都会持续很长一段时间。专家认为，人们在日常交往中，对他人的第一印象主要来自动作、姿态、外表、目光和表情等非口头语言。案例3-13中的小李就是因为他的非语言动作给人留下了不好的印象。

案例3-13：保险业务员小李初次拜访潜在客户王先生，与王先生握手时左手

---

① 吴文辉. 销售中的沟通策略[EB/OL]. http://lililouyou.blog.sohu.com/115154710.html，2012-06-17/2012-07-02.

插兜。整个交谈过程中，小李要么双手交叉抱在胸前，要么不停地用手摸脸、摸脖子、弄头发，兴奋时还双手乱舞差点打到王先生，给王先生留下了素质差、不尊重人、不成熟和不职业的印象。从此以后，王先生再也不愿意和小李来往了[①]。

任何人都没有第二次机会去树立自己留给别人的第一印象。在日常交往中，我们往往会在与他人见面最初几秒的时间里，迅速对他人做出判断，这种第一印象对人的影响往往十分强烈，在心理学领域，将这种作用称为"首因效应"。虽然这些第一印象并不总是正确的，却是最鲜明、最牢固的，并且决定着以后双方交往的进程。所以一定要注意自己的个人形象，不要让"第一印象"毁了自己。那么，在非语言表达方面怎么做才能给人留下良好的第一印象呢？

1. 注意衣着，仪表得体

虽然我们竭力强调不能以貌取人，不能以衣着判断品行，但是，在社会交往的过程中，衣着无疑是影响别人对你第一印象好坏的一个重要因素。比如，在一次成功的面试中，得体的衣着就是招聘者对面试者产生良好第一印象的关键。当然，衣着、仪表得体并不是指用名牌服饰包装自己，更不是过分地修饰，而是穿着适合一定场合的衣服，衣服颜色搭配适宜，干净整洁，避免不修边幅，以免别人对你还不完全了解时产生误解，留下不良的第一印象。

2. 姿态优雅

在人际交往中，姿态的好坏能体现出一个人是否有教养。如果你在与人沟通过程中想给对方留下良好的第一印象，那么你首先应该重视与对方见面时的姿态表现。如果你和人见面时耷拉着脑袋、无精打采，对方会猜想也许自己不受欢迎；如果对方讲话时你不正视对方、左顾右盼，对方可能会怀疑你没有诚意。要在姿态上给对方留下良好的第一印象，应该注意以下几点。

(1) 热情诚恳、大方，忌大大咧咧、漫不经心，或紧张局促。

(2) 通常坐姿是两膝靠拢，忌叉腿或跷二郎腿。

---

① 李渤. 做非语言沟通的高手(三) [DB/OL]. http://xinguangbo.rbc.cn/08/43/200811/t20081112_477414.htm，2008-11-12 /2012-07-02.

(3) 谈话时友好地注视对方，忌东张西望。

(4) 说话音量柔和，不要高亢激昂，语速要适中。

(5) 偶尔加些恰当的手势，忌指手画脚、指人家鼻子。

测试一下你留给别人的第一印象如何？

1. 与人初次会面，经过一番交谈，你能对他(她)的举止谈吐、知识能力等方面做出积极、准确的评价吗？( )

　　A. 不能　　　　　　　　B. 很难说　　　　　　　　C. 我想可以

2. 你和别人告别时，下次相会的时间地点是( )。

　　A. 对方提出的　　　　　B. 谁也没有提这事　　　　C. 我提议的

3. 当你第一次见到某个人，你的表情是( )。

　　A. 热情诚恳，自然大方　　B. 大大咧咧，漫不经心　　C. 紧张局促，羞怯不安

4. 你在寒暄之后，能否很快找到双方共同感兴趣的话题？( )

　　A. 是的，对此我很敏锐　　B. 我觉得这很难

　　C. 必须经过较长一段时间才能找到

5. 你与人谈话时的坐姿通常是( )。

　　A. 两膝靠拢　　　　　　B. 两腿叉开　　　　　　　C. 跷起二郎腿

6. 你同他(她)谈话时，眼睛望向何处？( )

　　A. 直视对方的眼睛

　　B. 看着其他的东西或人

　　C. 盯着自己的纽扣，不停玩弄

7. 你选择的交谈话题是( )。

　　A. 两人都喜欢的　　　　B. 对方感兴趣的　　　　　C. 自己热衷的

8. 在第一次交谈中，你们分别占用的时间是( )。

　　A. 差不多　　　　　　　B. 他多我少　　　　　　　C. 我多于他

9. 会面时你说话的音量总是( )。

　　A. 很低，以致别人听得较困难

　　B. 柔和而低沉

C. 高亢热情

10. 你说话时的姿态是(　　)。

　　A. 偶尔做些手势

　　B. 从不指手画脚

　　C. 我常用姿势补充言语表达

11. 你讲话的速度(频率)是(　　)。

　　A. 相当高　　　　　　　　B. 十分缓慢　　　　　　　　C. 节律适中

12. 假若别人谈到了你兴趣索然的话题，你将(　　)。

　　A. 打断别人，另起话题

　　B. 表现得沉闷、忍耐

　　C. 仍然认真听，从中寻找乐趣

结论：

选项分值：A，0分；B，3分；C，5分。

分数为0～22：首因效应差。也许你感到吃惊，因为很可能你只是依着自己的习惯行事而已。你本心是很愿意给别人一个美好印象的，可是你的漫不经心或缺乏体贴，或言语无趣，无形中让别人对你做出错误评价。必须记住，人际交往是种艺术，而艺术应讲究美感。

分数为23～46：首因效应一般。你的表现存在某些令人愉快的成分，但同时又偶有不够精彩之处。这使得别人不会对你印象恶劣，但你对别人也不会产生很强的吸引力。如果你希望增加自己的魅力，应努力在"交锋"的第一回合显示出最佳状态。

分数为47～60：首因效应好。你做事有分寸，待人温和，给第一次见到你的人留下了深刻的印象。无论对方是你工作范围抑或私人生活中的接触者，他们都会有与你进一步接触的愿望。

本章小结

非语言沟通是指通过肢体动作、面部表情、语气语调、仪表服饰等方式进行信息交流和沟通的过程。非语言沟通能力是人际沟通中不可缺少的，人与人之间的沟通只有7%是通过语言实现的，高达93%的沟通都是通过声音、表情、身体语言等完成的。

作为一种重要的沟通工具，非语言沟通在沟通过程中起着十分重要的作用，主要表现在非语言沟通可以强化沟通效果，代替语言，反映事情的真相等。在人际交往中，具备解读和运用非语言信息的能力是非常重要的。通过正确解读非语言信息，理解对方非语言符号的含义，并能正确运用非语言符号表达自己，不仅有助于我们树立良好的形象，也有助于促进和改善沟通过程。

情景模拟与沟通训练

1. 同学两人一组，自行设计话题，自行确定角色身份和两人的关系，时间3～5分钟，在教室中公开表演。其他同学从专业角度对参与者的站姿、表情、手势、眼神、人际空间、辅助语言等进行分析与探讨。

2. 非语言沟通的角色扮演练习。大家分成小组，进行角色扮演，只能使用身体语言而不能说话。选择一个情景和一些角色，由组员们即兴创作其他内容，表演不要超出情景。观众们根据日常的非语言沟通经验来猜测或推测表演的内容。

3. 沟通训练游戏：一人比划一人猜

目的：学会利用各种非语言形式准确表达自己和理解他人。

方式：教师写出十个名词，两人一组，面对面站立，一人看名词后比划，不许讲话，另一人尽快猜出名词。

案例分析

案例1

刘新是新上任的总经理助理，平时工作积极努力，效率很高。一天早晨，刘新刚上班，电话铃就响了。为了抓紧时间，他边听电话，边整理有关文件。这时，有一位叫王立的员工来找刘新。他看见刘新正忙着，就站在桌前等着，只见刘新接了一个又一个电话。最后，他终于等到可以与刘新说话了。刘新头也不抬地问他有什么事，并且一脸严肃。当他正要回答时，刘新又突然想到了什么事，与同室的小张交代了几句……这时的王立已忍无可忍，他发怒道："难道你们这些当领导的就这样对待下属吗？"说完，他愤然离去。

案例讨论题
1. 案例中的问题主要出在谁身上？为什么？
2. 如何改进非语言沟通技巧？
3. 如果你是刘新，你会怎样做？

案例2
　　小罗经过笔试、面试，终于进入世界知名品牌代理店担任销售人员。今天她打扮入时，开开心心地进入购物中心二楼大厅左侧的店面内。衣架上的时装，件件吸引着靓女们的眼球，不少人乘兴而来，满意而归。尽管这些时装价格不菲，但销路不错。在实习的两周中，她发现进店观赏的顾客中超过三成的女士都到收银台付款，提着时装袋开心而去。

　　正式上班的第一天，直到下午四时，小罗仍然没有售出一件时装。她不得不反思自己存在哪些问题：自己曾热情地微笑，不厌其烦地介绍和推介，但——突然，她发现一位中年女士走近她的柜台，盯着她身边衣架上的时装。这几款套装有好多人试穿过，只是有的人腰胸围不符，也有的人没说什么就走了。面前的这位女士身材苗条，皮肤白嫩，真叫小罗羡慕。于是她聚精会神，向这位女士介绍，请她随意试穿，同时赞美女士的身材和皮肤。

　　当该女士换上一款套装出来，在场的另一位服务员也围过来，发出惊羡的声音。那位女士似乎也很满意这几款套装，特别是米灰色和草绿色这两套，她穿在身上反复照着镜子，走过来转过去，舍不得脱下，每件衣服她都仔细看，观察质地，看说明标牌。

　　小罗抓紧时机请她确认一套，那位女士却说："这套时装不适合我。"

　　小罗微笑着询问："哪儿不适合呢？您看这几款，款款都那么漂亮，这两天来试过的人如果像您穿得这么合身早就买了。您看，价格也不贵，只有4000元，如果有贵宾卡，可以享9折优惠，今天我们就给您9.5折优惠，补给您一张贵宾卡。以后您再买都可以打9折。一般购物5000元以上，我们才发卡的。"

女士看了看小罗，没有出声。在小罗的询问下，那位女士说："让我看看，还有没有更适合我的。"说完，她走向其他衣架，仔细摸摸，试试手感，看看标牌，最后还是走了出去。

小罗又陷入了沉思，刚才那位服务员说道："她那么好的身材给我就好了，我一定可以当上模特儿，哪用得着当售货员。"

案例讨论题

1. 小罗在推销衣服的过程中运用了哪些非语言沟通方式？传达了哪些信息？

2. 这么合适的时装，为什么没有成交？如何通过非语言沟通揣摩顾客的心思？

3. 要成为一名出色的销售人员，需要掌握哪些沟通技巧？

案例3

在一所高中学校，有一个班级的学生一直特别活跃，班级纪律不好，学生学习成绩也比其他班差。有一天，班主任的怒火爆发了，他踢门进来，站在讲台上，身体后倾靠在黑板边缘，脚搭在椅子上，双臂交叉，眼神略带杀气，训斥道："嗡嗡，还嗡嗡，都别嗡嗡了！一天天的，长得好看有什么用！除非你不要自尊！"他指着某个学生说："看看你，打扮得跟'小太妹'似的。"他又指着另一个学生说："是不是你天天带头讲话？告诉你，你那不是鹤立鸡群！你那顶多算个'鸡头'。"最后他对全班学生说："一到开家长会的时候，都像不是自己家孩子似的，还得求着你们家长来，我宁可回家遛狗，也不愿意给你们开家长会！"

案例讨论题

1. 班主任的身体语言传达了哪些信息？

2. 班主任在与学生沟通和语言表达方面存在哪些问题？

3. 讨论一下班主任这番话对改变班级现状是否会起作用，为什么？

案例4

某星期五下午3:30，经理助理李明正在经理办公室起草公司上半年的营销业绩报告。这时，公司销售部副主任王全带着公司销售统计材料走进来。王全问："经理在不在？"李明回答："经理开会去了。""这是经理要的材料。"王全边说边把手里的材料递给李明。"谢谢，我正等着这份材料呢。"李明拿到材料后仔细地翻阅着。"老李，最近忙吗？"王全点燃一支烟，问道。"忙，忙得团团转！现在正起草这份报告，今天大概又要加夜班了。"李明指着桌上的文稿纸回答道。"老李，我说你呀，应该学学太极拳。"王全吐出一个烟圈说道："人过四十，应该多多注意身体。"李明闻到一股烟味，鼻翼微微翕动着，心里想：老王大概要等这支烟抽完了才会离开，可我还得赶紧写这份报告呢。王全自顾自地往下说："最近我从报纸上看到一篇短文，说无绳跳动能治颈椎病。像我们这些长期坐办公室的人，多数都患有颈椎病。你知道什么是'无绳跳动'吗？"李明心里有些烦，可是碍于情面不便说，他看了一眼墙壁上的挂钟，已经4点了，李明把座椅往身后挪了一下，站立起来伸了个懒腰说："累死我了。"边说边开始整理桌上的文稿纸。王全抽着烟，继续说自己的话题。

案例讨论题

1. 李明用了哪些非语言沟通技巧？传达了哪些信息？

2. 王全在沟通方面有什么问题？应该怎么做？

复习思考题

1. 什么是非语言沟通？它的主要作用有哪些？

2. 非语言沟通有哪些类型？如何恰当地运用非语言沟通？

3. 分别找出一个沟通失败和沟通成功的例子，分析其中非语言沟通方面的内容，说明参与者成功和失败的原因。

4. 如果你是下列情况中的当事人，你该怎么办？

(1) 不管是在现实生活中还是在网络上都有以貌取人的人，假如现在有人声称自己是贵族或者是上层社会的人，你相信还是不相信呢？要依据什么进行判断？怎么和这样的人进行沟通？

(2) 在面试的过程中，你要如何表示你已经做好了工作准备？怎么让面试官对你有个良好的第一印象？

5. 在沟通过程中，如果对方通过语言沟通所传递的信息与非语言沟通所传递的信息产生矛盾，你会相信哪种信息？为什么？

第四章 日常沟通与倾听

本章素质培养目标：提高学生的沟通与倾听能力，使学生认识到日常沟通和倾听技巧的重要作用，掌握各种常用的日常沟通与倾听技巧。

重点：日常沟通与倾听技巧。

测测你的日常沟通技能

针对下列15个问题给出你的观点，并按照以下评价标准打分。

非常不同意/不符合(1分)　　　　比较同意/符合(4分)

不同意/不符合(2分)　　　　　　同意/符合(5分)

比较不同意/不符合(3分)　　　　非常同意/非常符合(6分)

测试问题：

1. 我能根据不同对象的特点提供合适的建议或指导。

2. 当我劝告他人时，更注重帮助他们反思自身存在的问题。

3. 当我给他人提供反馈意见，甚至是逆耳的意见时，能坚持诚实的态度。

4. 当我与他人讨论问题时，始终能就事论事，而非针对个人。

5. 当我批评或指出他人的不足时，能以客观的标准和期望为基础。

6. 当我纠正某人的行为后，我们的关系常能得到加强。

7. 在我与他人沟通时，我会激发出对方的自我价值和自尊意识。

8. 即使我并不赞同，我也能对别人的观点表现出诚挚的兴趣。

9. 我不会看不起比我力量小或知道得少的人。

10. 在与观点和自己不一致的人讨论时，我会努力找出双方的某些共同点。

11. 我的回答是明确且直接指向问题关键的，避免泛泛而谈或含糊不清。

12. 我能以平等的方式与对方沟通，避免在交谈中让对方感到被动。

13. 我以"我认为"而不是"他们认为"的方式表示对自己的观点负责。

14. 讨论问题时我通常更关注自己对问题的理解，而不是直接提建议。

15. 我有意识地与朋友进行定期或不定期聊天。

测试结果

80～90分，你具有优秀的沟通技能。

70～79分，你的沟通技能略高于平均水平，有些地方尚需要提高。

70分以下，你需要严格地训练你的沟通技能。

选择得分最低的6项，作为技能学习提高的重点。

引例：火警对话

消防员：哪里着火了？

报警人：我家。

消防员：我是问在什么地方！

报警人：厨房。

消防员：我是说我们怎么去！

报警人：你们不是有消防车吗？

这是一个沟通失败的例子，双方都存在问题。消防员如果问"请问你家的准确地址"，回答就不会有问题了；报警人如果能结合当时的情境分析问话的含义，就会理解消防员问的是住址，一次就能回答准确。这个例子说明，听和说都存在技巧。日常生活中，如果说得不准确或者听得不全面，很容易造成理解错误，产生误会。

第一节 日常沟通的技巧

日常沟通过程中存在许多技巧，掌握这些技巧，会使你成为一个"会说话"的人，受大家欢迎的人。有的人很真诚，但是说话太直白，不会用别人容易接受的说法去表达，有时候容易伤害别人或者让别人误解自己。同样一件事情、同一个结论，以不同的说法表达，结果可能会完全不同，请看下面的案例。

案例4-1：古代有一位国王，一天晚上做了一个梦，梦见自己满嘴的牙都掉了。于是，他就找了两位解梦人。国王问他们："为什么我会梦见自己满口的牙全掉了呢？"第一位解梦人说："皇上，梦的意思是，在你所有的亲属都死去以后，你才能死，一个都不剩。"皇上一听，龙颜大怒，杖打他一百大棍。第二位解梦人说："至高无上的皇上，梦的意思是，您将是您所有亲属当中最长寿的一位呀！"皇上听了很高兴，拿出一百枚金币，赏给第二位解梦人[①]。

从这个案例中可以看出表达的方式和技巧是多么重要！在日常沟通中，我们想要受人欢迎，不仅要真诚、善良地待人，还要注意运用沟通技巧。如何展开话题对有些人来说是一种挑战，如何延续交谈和使人愿意和我们倾心交谈也是一种挑战，其中自有技巧。本章将逐一介绍展开话题、维持话题、赞美别人、拒绝、发问、批评等各方面的沟通技巧。

一、展开话题的技巧

有的人经常会在一些场合中感觉很尴尬，因为不知道说点什么，找不出合适的话题；而有些人在任何场合都能很快结识新朋友，总是能调节氛围，找到合适的话题，恰如其分地与人攀谈。我们要善于寻找话题，学会"没话找话"。例如，在乘火车时见到陌生的邻座，可先询问："老兄你是哪里人呀？"这就有了和对方继续交谈的机会。好的话题，是初步交谈的媒介和深入详谈的基础，也是纵情畅谈的开端。那么，如何展开话题？有哪些注意事项？

1. 展开话题前的注意事项

展开话题前要留意一下对方的行为和态度，这通常会给我们一些提示，知道现在是不是一个展开交谈的好机会。

(1) 正面的提示。如果对方愿意与我们交谈，就会发出正面的信号。例如，有眼神接触，微笑，面部表情自然；语调生动；用完整的句子回答，而不是仅回答一两个字。这些提示表明对方对话题感兴趣，可能愿意进一步交谈。当然我们要想和对方展开话题交谈，也得同样发出正面的提示，如果采取主动，跟别人先打招呼，说

---

① 郭鹏. 史上最强的沟通术[M]. 北京：机械工业出版社，2009.

声"你好",加上微笑以示友好,很容易获得别人的好感以及留下好印象,从而展开话题。

(2) 负面的提示。若遇到不想多交谈的人,也可以做出一些负面提示。负面提示包括:眼睛向下望或四处张望;只回应一两个字如"是""不是"等;对所问的问题常回答"不知道""不清楚";以很单调、低沉的语调交谈,且常没有眼神接触;不会主动提问或提出任何新话题;对方正在忙于某些事情或正在与别人详谈中,起身离开或赶往别处去等。也许是对方确实忙于各种事情,也许有些行为是对方不愿意与你交谈的借口,要善于根据具体情况结合对方的表情动作做出正确的分析。

不同的人可能会有不同的提示方式,有些人会因害羞或不善于交谈而变得沉默,不要误以为对方没有兴趣与你交谈下去,除非对方同时表现出许多负面提示。若发现真的不投机或言谈乏味,或对方对你无兴趣,则不宜勉强维持下去,但仍要有礼貌地离开。

(3) 避免谈论别人的短处。世间没有完人,凡人皆有他的短处,也必有他的长处。在与人谈话中,要尽量避免谈论别人的短处,否则不仅会使别人的声望受损害,而且也足以表明你心胸狭隘。

(4) 不要以自我为中心。没有人会喜欢一个谈话时只讲他自己而不关心对方的人。展开一个话题,要多听听对方的表述,不要自己一个劲地唠叨。很多人喜欢到处说自己对生活的不满,这样真的很令人反感。如果对方从你的言谈中看出你是一个消极、啰嗦的人,是不会想与你继续交往的,谁愿意听那些破坏心情的唠叨与抱怨呢?喋喋不休的抱怨只能引起别人的厌烦而不是同情。

2. 展开话题的题材

展开话题时,要想办法谈论对方感兴趣的话题。人们更愿意和那些与自己有共同话题的人交谈。如谈到锻炼身体,得知对方喜欢瑜伽,便可以此为话题,谈练习瑜伽的好处。如果你对瑜伽略通一二,那肯定谈得投机;如果你对瑜伽不太了解,那也正是个学习的机会,可静心倾听,适时提问,借此大开眼界。在生活中,当有人问你:"最近刚出道的某明星,你喜欢他吗?"如果你直接回答"不认识"或"不喜欢",其实就扼杀了对方展开话题的欲望。对方可能只是想寻找一个开启沟通之门的理由,但是你的回答让他瞬间失去了继续讨论下去的兴致。所以,在与人沟通的过程中，尽量对别人感兴趣的话题给予积极的回应，过于耿直的回答很可能会阻止进一步的沟通。大多数人感兴趣的话题有以下几方面。

(1) 饮食与保健。民以食为天，现在媒体经常报道各种添加剂问题，大家都很关注，因为这涉及自己的健康。一方面，看病不容易；另一方面，生病会有痛苦。因此，现代人对这个话题特别有兴趣，愿意参与讨论。

(2) 子女教育。现在中国人更加关注子女教育，如果能够理解为人父母的这种心情，讨论一些这方面的话题，对加强沟通会有非常重要的帮助。

(3) 生活常识。日常生活中有许多小知识、小常识，都有助于展开话题。例如，可以跟年龄大一点的人聊一些养生常识，跟年轻人聊手机、电脑等数码设备方面的常识。

(4) 业余爱好。任何人都会有一定的业余爱好，懂得越多，与人沟通的话题就越多，越容易有共同语言，能很快拉近彼此的关系。

(5) 其他，如天气、环境等。也可以从对方身上发掘话题，如衣着、外表、首饰等都是题材。例如，你穿的这件衣服真漂亮，是在哪里买的？

案例4-2： 小李跟同学小刘讨论篮球的话题，小李聊得兴致勃勃，而小刘却显得漫不经心。小李以为小刘不愿意跟他聊天，从此逐渐疏远了小刘，两人的矛盾越来越深，最后形同陌路。但实际上，小刘并不是不愿意与小李聊天，只是因为他不太关注和了解篮球，听不懂小李讲的是怎么回事，所以听得不认真，结果导致对方误会了自己。

其实案例中的误会是完全可以避免的。如果小李谈论篮球之前先问问小刘是否喜欢篮球，知道他不熟悉就不深谈这个话题，就不会出现后面的情况；或者小刘在听的过程中，找机会解释自己不懂，也可以认真听，同时适当地提问，让对方知道自己想听，但是不太了解篮球，也不会让对方误会自己。总之，两人的沟通和反馈都存在不足之处，才导致因一个话题出现误会。

3. 展开话题的方式

如何展开话题呢？下面谈谈常见的几种方式。

(1) 闲聊式。随便聊些当时的环境或日常的话题，例如，"你今天看上去状态不错呀"或者"最近天气凉了许多，要多穿件衣服"。也可以借助对方的姓名、籍贯、年龄、服饰、居室等，即兴引出话题，常常会取得好的效果。例如，"你是东北人呀？我也是"。双方可能就此引出许多共同话题。这种方法灵活自然，就地取材，其关键是要思维敏捷，能做到由此及彼地联想。

(2) 问题式。首先通过简单的问答寻找双方的共同点。一个人的心理状态、精神追求、生活爱好等，都会或多或少地通过他们的表情、服饰、谈吐、举止等方面表现出来，只要你善于观察，就会发现你们的共同点，进而提出合适的话题。交谈中注意应问一些开放性的问题，即没有局限性、可以扩展的问题，这样可以引起话题，能使对方打开话匣子。例如，"你最近忙啥呢""你最近怎样呀"或者"你看上去这么年轻！怎么保养的"。试想：同学们在大学中初次见面，大家互相都不认识，如何尽快展开话题，拉近彼此的距离呢？你可以主动询问"你来自哪个省"，若恰巧来自一个省，就有了共同话题。大学所在地也是一个不错的话题，你若是当地人，可以给对方介绍一下当地的风俗；你若是外地人，对方是当地人，你可以详细询问当地的情况。

案例4-3： 一位退伍军人乘汽车时，同一个陌生人相遇，他们都坐在驾驶员后面。汽车上路后不久就抛锚了，驾驶员车上车下忙了一通还没有修好。这位陌生人建议驾驶员把油路再查一遍，驾驶员将信将疑地去查了一遍，果然找到了原因。这位退伍军人感觉他的绝活可能是从部队学来的，于是试探道："你在部队待过吧？""嗯，待了六七年。""噢，算来咱俩还应是战友呢。你当兵时部队在哪里？"于是这一对陌生人就谈了起来，后来他们还成了朋友[①]。

案例中的军人通过观察，发现了两人都当过兵的共同点，以此为话题，拉近了彼此的关系。

(3) 赞美式。人们都喜欢听赞美的话，通过赞美别人很容易打开话题。用心去发现对方值得赞美的地方，并加以赞美，很容易让对方产生好感，沟通会顺利许多。

---

① 金领教育. 怎样才能找到自己同陌生人间的共同点[DB/OL]. http://www.jljy520.com/fanwen/readarticle.aspx？id=514，2011-11-30/2012-07-02.

例如，可赞美对方"孩子长得多可爱"，对方可能会针对孩子的话题展开谈话。

(4) 试探式。向河水中投一块石子，探明水的深浅再前进，有助于安全顺利地过河；与陌生人交谈，也可先提一些"投石"式的问题，略有了解后再有目的地交谈，谈话会变得更为自如。如在聚会时见到陌生的邻座，可先试探地询问："你和主人是老乡还是老同学？"无论问话的前半句对，还是后半句对，都可继续交谈下去；如果问得都不对，对方回答说是"老同事"，那也可以继续谈下去。探寻陌生人的兴趣，也能顺利地进入话题。如对方喜爱书法，恰好你对书法略通一二，肯定会谈得很投机；假如你对书法不太了解，那也正是个学习的机会，可认真倾听，适当地提问，不时地夸赞几句，你借此增长了知识，对方也会为自己在这方面的才华得到你的"崇拜"而自豪和开心。

引发话题的方法还有很多，诸如"借事生题"法——针对某个事件展开讨论；"借景生题"法——看到一个情景产生感想，进而评论；"由情入题"法——因某事动情有感而发等。请看案例4-4中，小张和王老板是如何展开话题的。

案例4-4：王老板是某地区的销售大户，小张就任销售代表以来就想结识王老板。于是小张打听到王老板的电话，约定了时间见面。按照约定的时间，小张来到王老板的办公室。

"王总，您的办公室布置得很别致，样品放在办公室里，天天就像看到自己的孩子一样。"小张看着王老板说。

"是呀，我们主要做代理，也有自己开发的产品。这间办公室是专门请广告公司设计的，既可用于办公，也可用于产品陈列，我们代理的产品都有样品在这里。"王老板边说边指着这些样品。

小张说："您的客户来您这儿，您就可以展示产品，您也是半个推销员。"

王老板若有所思地说："何止半个推销员，我10年前创办这个企业的时候，可是全职推销员，我们几个……"[①]

案例中，他们会继续谈论什么呢？一定是王老板的创业生涯。通过这次谈

---

① 百度文库. 理想的沟通步骤 [DB/OL]. http://wenku.baidu.com/view/d79f3f5e312b3169 a451a44f. html，2012-07-02/2012-07-02.

话，小张了解到对方公司的成长历史和王老板的奋斗史，同时王老板也认为小张是个"可造之才"，进而对他的产品感兴趣。人们都希望自己能被别人接受和认同，希望被别人赞美和崇拜。在商界，很多人面前都有"职业的坚冰"，谈论对方感兴趣的话题，有助于打破"坚冰"。案例中，小张就是通过谈论王老板感兴趣的话题，作为谈业务的开场，使王老板和他更亲近，为谈业务打下了基础。

但是，使用这个技巧的时候要分清楚对象、场合、气氛等条件。万一小张开口说办公室布置得别致，王老板打击小张，小张怎么办呢？这就是先开口说话的劣势，你先开口，可能受到对方的打击，有些人就依靠打击别人来建立自己的自信。假设发生如下对话，表明王老板不给小张面子。

"王总，您的办公室布置得很别致，样品放在办公室里，天天就像看到自己的孩子一样。"小张看着王老板说。

王老板皱着眉说："哪儿呀，我早就想换办公室了。我的一个朋友说这里风水不好。"

这时小张的心里是什么感受？是不是有点挫折感？很可能自信心受到了打击，可能想："他怎么这样？又不是听不出这是句客气话，是不是对我们公司有看法？还是对我有看法？"谁知道呢？可能王老板是直率人，有什么就说什么，那就是小张多心了；也可能王老板就是对小张有看法，因为小张到这个地区，不是最先来找他，所以他感觉不舒服。作为小张，在这样的场合下，就很难判断王老板到底是什么意思。所以在开场的时候尽量谈绝对正确的事情，让双方绝对有共同语言。比如，可以这样开始：

"王老板，早就听说您的大名了，没想到您这么年轻。"

"哪里，哪里。已经是快55岁的人了，老了，快退休了。"

"是吗？看不出来，您的身体很好，听说上次和××厂家搞促销，一周跑5个城市。"

"有时是这样的，生意不好做嘛，不拼命怎么行？"王老板微笑地说。

……

二、维持话题的技巧

打开话题以后，可以运用漫谈资料法、自我揭示法和找出共同兴趣及话题等方法来维持话题，还要在适当的时候自然地转换话题。

1. 漫谈资料法

所谓漫谈资料法，是指在回答问题时多透露点漫谈资料，使对方能发掘出更多的话题，否则谈话便会变得枯燥无味。

例如，"我不是常在那里买东西的，只不过是在北角上班，有一次无意中看到才买的。"

此外，我们也要小心留意对方透露的漫谈资料，以便发掘更多的话题。

例如："呵，原来你在北角上班啊，你做的是什么工作呀？"

又如："你看来好像知道很多有关药物的种类，你是不是做与药物有关的工作？你说话的语气很温柔，是否喜欢较文静的活动呢？"

2. 自我揭示法

自我揭示法即自行透露自己的资料，这种做法可以帮助对方更了解自己，并为对方提供谈话题材，起到平衡彼此谈话内容的作用。但应注意，自我揭示需与谈话内容有关，不宜过多或太长，视对方反应而定，具体内容包括三个层次。

(1) 与谈论话题有关的个人经验。

(2) 自己对谈论的事项的意见。

(3) 自己对分享事件中的感受。

3. 找出共同兴趣及话题

与人交谈时，可于漫谈之中，找出共同的兴趣及话题，有助于维持话题。

例如：小王说"我昨天去打羽毛球了，很好玩"，这时，小张可以说"我也喜欢打羽毛球，你通常在哪里打呢"，以此维持话题。

三、赞美别人的技巧

赞美别人是人际沟通中很重要的一个方面。一位年轻母亲曾讲过一个令人心痛的故事。她的孩子常常因做错事而受到她的责备。有一天，孩子一点错事都没有做。到了晚上，她把孩子放在床上，盖好被子，只见孩子把头埋在枕头上，在抽泣中问道："难道我今天没有做一个好孩子吗？""这一问就像电一样触动着我的全身，"年轻的母亲说，"当孩子做了错事时，我总不放过纠正她，但当她极力做得更好时我却没有注意到。我把她放在床上时，连一句表扬鼓励的话都没有。"她懊悔不已，从那以后，她开始赞美她的孩子，孩子也变得越来越懂事。

案例4-5： 有个青年想向一位老中医求教针灸技巧，为了博得老中医的欢心，他在登门求教之前做了认真细致的调查和了解。他了解到老中医平时爱好书法，遂浏览了一些书法方面的书籍。起初，老中医对他态度冷淡，但当青年人发现老中医案几上放着书写好的字幅时，便拿起字幅边欣赏边说："老先生这幅墨宝写得雄劲挺拔，真是好书法啊！"对老中医的书法予以赞赏，促使老中医升腾起愉悦感和自豪感。接着，青年人又说："老先生，您这写的是唐代颜真卿所创的颜体吧？"这样，又进一步激发了老中医的谈话兴趣。果然，老中医的态度转变了，话也多了起来。接着，青年对所谈话题着意挖掘、环环相扣，致使老中医精神大振，谈锋甚健。终于，老中医欣然收下了这个"懂书法"的弟子[1]。

从案例4-5中我们可以看到赞美的作用有多大。你可能会想：每个人都喜欢听赞美的话，赞美别人还要什么技巧吗？的确，如果你穿了一件新衣服，早上上班听到同事夸赞"这件衣服真漂亮"，你可能会高兴一天；如果领导表扬你"昨天的报告写得不错"，你工作会更有劲头。这些都是赞美带来的好处。但是要注意，赞美别人一定要实事求是、恰到好处，过度的赞美会让人家觉得你虚情假意，比如你说"你是世界上最漂亮的女人"，就太虚假了。另外，一定要赞美对方自认为是长处的地方。例如，某女士有点罗圈腿，她为此很烦恼，你却说"你的腿真漂亮"，对方一定会认为你是故意讽刺她。

在沟通过程中，适当地赞美对方可能收到意想不到的效果。例如，我们在买衣服或其他消费场所常常听到人家赞美自己，有时候会因此使得沟通愉快，进而达成

---

① 郭鹏. 史上最强的沟通术[M]. 北京：机械工业出版社，2009.

了交易。每个人都有缺点和优点，任何事情也都有利有弊，无论面临什么情况，只要我们用心去分析，就能找到好的一面和值得赞美的地方。请看下面案例中的理发师是如何赞美顾客的，可以想象，他会是一个很受欢迎的人。

　　案例4-6：有个理发师带了个徒弟，徒弟学艺三个月后正式上岗。他给第一位顾客理完发，顾客照镜子说："头发留得太长。"徒弟不语。

　　师傅在一旁笑着解释："头发长，使你显得含蓄，这叫藏而不露，很符合您的身份。"顾客听罢，高兴而去。

　　徒弟给第二位顾客理完发，顾客照照镜子说："头发剪得太短。"徒弟不语。

　　师傅笑着解释："头发短使您显得精神、朴实、厚道，让人感到亲切。"顾客听了，欣喜而去。

　　徒弟给第三位顾客理完发，顾客一边交钱一边笑道："花时间挺长的。"徒弟不语。

　　师傅笑着解释："为'首脑'多花点时间很有必要，您没听说过'进门苍头秀士，出门白面书生'吗？"顾客听罢，大笑而去。

　　徒弟给第四位顾客理完发，顾客一边付款一边笑道："动作挺利索，20分钟就解决问题了。"徒弟不知所措，沉默不语。

　　师傅笑着抢答："如今，时间就是金钱，'顶上功夫'速战速决，为您赢得了时间和金钱，何乐而不为？"顾客听了，欢笑告辞。

　　晚上打烊，徒弟怯怯地问师傅："您为什么处处替我说话？我没一次做对过。"

　　师傅宽厚地笑道："每一件事都包含两重性，有对有错，有利有弊。我之所以在顾客面前鼓励你，作用有二：对顾客来说，是讨人家喜欢，因为谁都爱听吉言；对你而言，既是鼓励又是鞭策，因为万事开头难，我希望你以后把活做得更加漂亮。"

　　徒弟很受感动，从此，他越发刻苦学艺。日复一日，徒弟的技艺日益精湛[①]。

　　"遇物加钱"与"逢人减岁"是日常沟通中赞美别人常用的技巧，该技巧针对

---

①　郭鹏. 史上最强的沟通术[M]. 北京：机械工业出版社，2009.

人们的普遍心理投其所好，适当运用可使自己讨人喜欢、广受欢迎。

"遇物加钱"是指对方买的东西物超所值。买东西是普通人的一种日常生活行为，在我们的心中，能买到物美价廉的东西，那是善于购物者所具有的能力，我们都希望自己的购物能力得到别人的认可。所以，当我们购买了一件物品后，如果自己花100元，别人却认为只需60元时，我们就会有一种失落感，觉得自己不会买东西；但当我们花了60元，别人认为需要100元时，我们就会很开心，感觉自己很会买东西。

案例4-7： 朋友甲买了一双新款品牌运动鞋，乙知道市场行情，这双鞋400多元，但是他却说："鞋子不错啊，恐怕得五六百元吧？"朋友听了很开心地笑了，高兴地说："你没想到吧，我花460元就买下啦！"

在朋友面前，乙虽然心里有谱，却佯装不知，故意说高鞋子的价格，使朋友产生成就感，令对方十分愉悦。但是，应用此技巧时要注意：需对商品价格心里有底，不能过分高估，否则就收不到最佳效果。

"逢人减岁"是指夸对方看上去比实际年龄要年轻。小时候都觉得称呼大人叔叔、阿姨是尊重长辈，但由于成年人普遍存在怕老心理，实际上到了30岁以上，就不希望被人叫叔叔、阿姨，希望别人觉得自己看上去比实际年轻。所以对那些即使看上去比自己年龄大二三十岁的人，也要称呼哥哥、姐姐，会让他们心情愉快。

案例4-8： 一天，丈夫从早市买菜回家，看上去很生气，妻子问他怎么了，他气呼呼地说："今天碰到一个讨厌的老头子，跟我聊天，问我多大年龄，让他猜，他竟然说'你不到70'吧？太不会说话了！我才60岁而已！"

正常情况下，如果聊天谈到年龄，要猜别人的年龄，一定要往少了说，等于变相夸人家年轻。比如对一个三十多岁的女人，你要说她看上去只有二十多岁；对一个六十多岁的女人，你要说她看上去只有四五十岁。说出这种美丽的谎言，对方是不会认为你缺乏眼力的；相反，她们会对你产生好感，对你更加宽容。

四、拒绝的技巧

日常生活中，我们经常需要拒绝别人。如别人的请求不符合你的心愿，别人的要求是你力所不能及的，别人的好意你不能接受等。如何拒绝别人，又不伤害彼此的感情？要学会一些拒绝的技巧。

1. 话不能说绝

拒绝别人时态度要和蔼，要尊重和理解对方。不要在他人开口提要求时断然拒绝，尽可能婉言拒绝，说话不能伤害他人的自尊心。对他人的请求迅速采取反驳的态度，或流露出不快的神色等，都是不当的。

假如在一个极度繁忙的下午，一位女职员突然要求请假两小时回家，因为家具店将送一批家具到家里，她必须回家开门并点收。你作为上级领导，如何拒绝她的请假？以下是比较好的拒绝方式：管理者应向她说明，此工作只有她才能完成，强调她的重要作用。再向她提出建议：可以打电话给家具店，请他们明天下午再送出家具，到那时工作已完成，公司可以给足够的时间回家处理私事。这种拒绝方式具有下列五个好处：第一，表明管理者郑重其事地考虑女职员的要求，而非不假思索；第二，表明管理者理解女职员的苦衷，了解家具的输送对女职员是多么重要；第三，管理者耐心解释，有助于获得女职员的理解；第四，肯定女职员的重要作用，有助于提高女职员的士气；第五，为女职员提供了解决家具输送问题的其他可行途径。

另外，拒绝对方，要给对方留一条退路，也就是给对方留面子，要让对方自己下台阶。可以婉转一些，别马上回答行或不行，答应考虑一下，说明自己尽力了。也可以采取转移话题、答非所问、寻找借口等方式暂时把对方的焦点转移开，从而达到间接拒绝的目的。

2. 幽默拒绝法

在日常生活中，幽默的人非常受欢迎。拒绝别人时更需要幽默和智慧，有时候直接拒绝别人，自己不好意思，也可能使被拒绝的人感到尴尬，此时采用幽默的语言或语气拒绝，对方可能一笑了之，避免尴尬，比直接拒绝要好得多。

案例4-9：有一次，马克·吐温向邻居借阅一本书。邻居说："可以借，但我定了一条规则，从我的图书室借的书必须当场阅读。"一个星期后，这位邻居向马克·吐温借割草机，马克·吐温笑着说："当然可以，毫无问题。不过我定了一条规则，从我家借的割草机只能在我家的草地上使用。"①

3. 先肯定再否定拒绝法

在拒绝之前先表示同情、理解甚至同意，而后再巧妙地拒绝，可使拒绝显得委婉、含蓄。例如，在故宫博物院，一批美国客人纷纷向导游提出摄像拍照的请求。导游员诚恳地说："从感情上讲，我非常愿意帮助大家，但在严格的规章制度面前，我又实在无能为力。"游客虽然被拒绝了，但在心理上还是容易接受的。如果朋友邀请你参加聚会，你不想去，可以说："你能邀请我真的很高兴，对你的聚会也非常感兴趣！但是我今晚安排好别的事了，不过我对你的邀请表示非常感谢！"这样既表明了自己的观点，同时还不会得罪人，给足了对方的面子。

4. 请君入瓮拒绝法

拒绝别人时不是直接拒绝，而是让对方自己得出拒绝的理由。例如，美国总统罗斯福当年在军界服务时，一位朋友想从他那里打听一项机密。罗斯福悄悄地问："你能保守秘密吗？"那位朋友连声说："当然，我一定保守秘密，不告诉任何人！"这时罗斯福说："你能保守秘密，我也能！"对方自然知道这件事情是保密的，罗斯福不能告诉自己，也就不好意思再问了。

五、发问的技巧

掌握发问的技巧能够引导对方的谈话，同时取得更明确的信息。发问时必须使听者有这样一种强烈的印象，即你是认真诚恳的。要做到这一点，只需在声音和视觉两方面表现一致就行了，我们来看一个案例。

---

① 道客巴巴. 马克·吐温幽默故事集锦[DB/OL]. http://www.doc88.com/p-84656892507.html，2012-07-02/2012-07-02.

案例4-10：某条街上有两家面条店，一位顾客来到了第一家，说："给我来碗面条。"服务员问："加不加鸡蛋？"顾客说："不要加。"服务员没有卖出鸡蛋。

后来这位顾客来到另一家店，说："给我来碗面条。"服务员问："请问您是加一个鸡蛋还是加两个鸡蛋？"顾客说："加一个吧。"这个服务员在卖面条的同时也卖出了一个鸡蛋。

这个例子说明，有时候你问的问题会使对方产生心理变化，问的方式不同，得到的回答就不一样。所以我们要了解在不同场合下如何发问，这样才能得到你想要的、真实的回答。

1. 从对方的立场出发提问

我们强调有效的沟通要站在对方的角度去思考，才能加深理解，减少误会。我们经常会遇到许多不明白的事情，需要问清楚，这时候就需要注意提问方式。当朋友之间、上下级之间或者夫妻之间发生矛盾或有不理解的事情时，提问题时要站在对方的角度，不能以自己的理解去责问对方、批评对方，否则不但不能弄清楚事情的原委，反而很可能使误会加深。

案例4-11：妻子发现丈夫最近晚上总出去喝酒，但是从来都不告诉她在外面干了什么。有一天，妻子问丈夫："你最近怎么老不着家？都干什么去了？"丈夫感觉自己在被质问，就发火说："你管不着，自己做好自己的事就行了。"妻子很伤心。后来她用另一种方式提问，问丈夫最近是不是遇到了什么烦心事，压力比较大。丈夫感觉到妻子对自己的关心，就告诉妻子，原来是单位的事情不顺心，又不想让妻子为他担心，心烦就去喝酒了。

2. 应聘时的提问技巧

应聘时，求职者不要问一些自己能够获得的公司信息，这会让招聘者觉得你对公司根本不了解，因而怀疑你的面试目的是否明确。此外，所问的问题要简单明了。不论你应聘的是何种工作，在没有把握对方会录用自己的时候，不要问一些与工作无关的问题。因为招聘者的思路是：先决定用谁，然后才谈条件。

应聘者应该把提问的重点放在雇主的需求以及自己如何满足这些需求上。通过提问题的方式进行自我推销是十分有效的，但应该注意这些问题必须是紧扣工作任务、紧扣职责的。

根据以上这两点要求，求职者可以询问以下问题：应聘职位所涉及的责任以及所面临的挑战；在这一职位上应该取得怎样的成果；该职位与所属部门的关系以及部门与公司的关系；该职位具有代表性的工作任务是什么，等等。

六、批评的技巧

批评就像一把双刃剑，适度的批评可以挽救一个人，而错误的批评有可能令对方陷入情绪的低谷，犯更大的错误。所以，批评他人的时候要讲究方法，具体问题具体分析，不要讽刺、训斥、责骂，否则容易伤害他人的自尊心，造成叛逆心理，达不到应有的效果。在批评他人的时候，首先要考虑他人的自尊心，让对方感受到你的尊重，这样他才有可能乐于接受你的批评。

有些人总是抱着挑剔的眼光指责和批评别人，殊不知这种做法有时候会起到相反的效果。例如，父母对孩子大吼大叫，这会加剧孩子的逆反心理，形成恶性循环；若以称赞代替唠叨和责骂，可能会使孩子更快地改掉坏毛病。批评别人之前先问自己三个问题：这是真的吗？这次批评是善意的吗？这次批评是有必要的吗？那么，如何批评教育孩子、批评下属？发现同事、朋友、夫妻的缺点和错误怎么办？批评别人有许多技巧，恰当地运用这些技巧，能够收到很好的效果。

1. 私下批评

无论批评的对象是谁，如孩子、下属、朋友或是其他人，都要注意别让被批评的对象下不来台。因此，不要当着多人的面批评某个人，要在私下批评，还要注意说话的方式，认真去思考如何能使批评达到应有的效果。

据《资治通鉴》记载，丁谓任中书官职时，对寇准非常恭敬。一次会餐，寇准的胡子不小心沾了汤汁，丁谓站起来慢慢地替他擦干净。寇准讽刺说，你身为国家大臣，就是替领导擦胡须的吗？丁谓自此记恨寇准。

寇准的话看上去是玩笑，但实际上是一种当众的批评、讽刺与挖苦。官场中下级拍上级马屁本是平常事，但是如果上级不领情，甚至当众讽刺、挖苦，下级便会觉得没面子。寇准所犯错误就是如此。自此，丁谓全力诋毁寇准，并且和王钦若等同样受过寇准谩骂、讽刺、挖苦的大官结成同盟，共同对付他，经常在皇帝面前说寇准的坏话，最后连皇帝也觉得寇准不会讲话了。寇准的政治生命随之结束，一而再再而三地被流放，直至客死雷州①。

案例4-12：某高中高三的一次模拟考试后，当时排名第二的同学觉得自己的成绩应该更高，就仔细检查自己的答题纸，果然发现有一道5分的题因为他字迹潦草，导致老师误判。这本不是一件大事，成绩还没正式公布，跟老师好好沟通是可以改过来的。但是他当时很生气，就当着全班同学的面找老师理论。他说："老师你怎么回事？这么不认真！我明明写对了，你还不给我分！小李根本没有我学习好，因为这5分让她排第一名了！"结果可想而知，不但老师没有给他改成绩，同学也与他产生了隔阂。

遇到事情应该冷静地对待、理智地分析。老师要判那么多张卷子，因学生字迹潦草，误判也正常。该同学应该私下跟老师好好解释。他现在这样做，不仅让老师陷入尴尬，还伤了无辜的同学，很难达到自己的目的。

2. 暗示式批评

这种批评方式不是直接指出对方的错误，而是很委婉地让对方自己发现错误。例如，炎热的夏天，一个领导走进房间说："空调开这么大，多费电呀！关小点！"屋内的人可能会不太高兴；而一个会沟通的领导进入房间后会说："屋里好冷啊，空调开太大容易得病，现在可是强调低碳环保呀！"可能马上就会有人去把空调调小点。

案例4-13：一天下午，一位老总经过他的钢铁厂，撞见几个雇员正在抽烟，而

---

① 风清扬. 开口说话的四种境界[EB/OL]. http://club.ebusinessreview.cn/blogArticle-107616.html，2011-11-11 /2012-07-02.

在他们头顶上方明明贴着"请勿吸烟"的标。遇到这种情况，有的人可能会指着标说："你们不认识字吗？"可是这位老总并没有那么做，而是走过去给每人递一支烟，说："兄弟们，如果你们到外面抽烟，我会很感谢。"员工怎么会不敬重这样的人[①]？

案例4-14：在一辆公交车上，一位五六十岁的老妇人站在一个座位旁边，座位上坐着一个十几岁的小女孩，老妇人的身旁站着一位妙龄少女。几站之后，小女孩准备下车了，就在她起身的瞬间，妙龄少女迅速将手中的皮包越过老妇人的肩膀放到了座位的上面。老妇人一边为她让地方，一边平静地说："别着急，等我挪一下。"抢到座位的妙龄少女嘟囔着："谁着急了？"妙龄少女坐下后，发现老妇人总是看她，便有些不耐烦："你总看我干什么？""我在欣赏你的美丽。"老妇人平静地说："你很漂亮。"妙龄少女白净的脸上泛起了红晕，但是表情中流露出一种不耐烦。老妇人继续平静地说："我下一站该下车了，这个座位原本就是你的。"妙龄少女脸上的红晕面积越来越大，但嘴上依然在撑着面子："下就下呗。"老妇人的脸上泛起了一丝笑意，依然平静而温和："姑娘，你知道吗？有的时候一个座位很容易得到，但是做人却不那么容易。"老妇人说完下了车，妙龄少女的脸上流露出羞愧的表情。

在生活中，人们常常因为一些琐事而发生争吵。双方为了各自的利益会用辩解、驳斥甚至怒骂来解决矛盾，但是结果却使冲突升级，导致双方结怨。车上的老妇人没有指责、没有抱怨，只是温和而平静地让妙龄少女从中获得了教益。相信老妇人的话语和态度会在妙龄少女的心中留下难以磨灭的印象，并影响她以后的行事方式。试想，如果老妇人为了这个座位与她发生争吵，又会是一个什么样的结果呢？

3. 先扬后抑式批评

卡耐基曾说："当我们听到别人对我们的某些长处表示赞赏后，再听他的批评，我们的心里往往就会好受得多。"通俗点讲，先表扬优点再指出缺点，就是"先扬后抑"。在肯定的基础上局部否定，可顾全被批评者的自尊心，对方听到表扬后会心情

---

① 戴尔·卡耐基. 沟通与人际关系[M]. 海口：海南出版社，2004.

愉悦，再指出不足之处，这样比直接批评更容易让人接受。这是一种很好的办法。

案例4-15：老板有一位漂亮的女秘书，工作时经常出错。一天早晨，秘书走进办公室，老板说：“今天，你穿的这身衣服真漂亮，正适合你这样年轻漂亮的小姐。”这几句话出自老板之口，简直让女秘书受宠若惊。老板接着说：“但是，你也不要骄傲，我相信，你的公文也能处理得和你一样漂亮。”从那天起，女秘书在工作中就很少出错了。一位朋友知道了这件事，就问老板：“这个方法很妙，你是怎么想出来的？”老板得意洋洋地说：“这很简单，你看过理发师给人刮胡子吗？他要先给人涂香皂水，为什么呢？就是为了刮起来使人不痛。”[①]

4. 理解式批评

有时候，处于成长阶段的年轻人会因为思想不成熟，或者其他各方面的原因犯错误。批评者应首先表示理解对方为什么会犯这种错误，然后再提出改进意见，希望今后不要再犯，这样对方更容易接受。比如，孩子有早恋倾向，父母若是不分青红皂白就大发雷霆，可能会使孩子产生逆反心理。如果父母心平气和地说：“像你这个年龄情窦初开，有喜欢某个异性的想法，是青春期的正常表现，但是不能像成年人那样去约会……”这样说，孩子有什么事就不会背着父母，有什么心里话也会告诉父母。再如，爸爸对儿子说：“我像你那么大的时候由于好奇开始抽烟，结果现在咳嗽得厉害，伤害了身体，现在想戒掉都很难……”这样沟通，就比命令孩子不许抽烟的效果要好得多。以理解代替批评，可能会收到更好的沟通效果。

案例4-16：一个女孩刚从护校毕业，来到医院工作。第一次打针是给一个患了白血病的小伙子扎滴流，扎了几次都没成功，病人家属把她赶出了病房，护士长也批评她：“你怎么学的？打针都不会！”她很苦恼，不敢再给病人打针了。后来那个患病的小伙子主动找到她，说：“上次你第一次扎针，因为紧张扎不上很正常，我不怪你，今天我家人不在，你还给我扎针。”她这次一次就扎上了，从此女孩又敢给病人扎针了，最终成为一名优秀的护士。

---

① 奕良. 巧妙的批评[J]. 企业管理，2011(5).

案例中，小伙子的理解使护士打消了顾虑，获得了勇气，从而取得了职业生涯的进步。可见，理解式批评能够达到更好的沟通效果。

5. 鼓励式批评

鼓励式批评类似先扬后抑式批评，只是肯定之后不是"但是"，而是以鼓励代替批评。例如，先扬后抑式批评："小强，你这次成绩进步了，我们很高兴！但是，你如果数学再加强些，就更好了。"鼓励式批评是将后半部分改为："而且，如果继续努力，数学也会这么好。"

6. 以赞美代替批评

有时候批评起不到应有的作用，赞美却可以解决问题。对方做得不够好，本以为会受到批评，反而受到赞美，会出现两种效果：一是他会觉得不好意思，会主动变得更好；二是人人都喜欢赞美，他受到鼓舞，会变得更好。请看下面的案例。

案例4-17：在同一家公司上班的李小姐和苏小姐合不来。有一天，李小姐忍不住对另一位同事王先生说："你去告诉苏小姐，我真受不了她，请她改一改她的坏脾气，否则，没人愿意搭理她！"

王先生说："好，我会处理这件事。"

后来李小姐遇到苏小姐，苏小姐既和气又有礼貌，和从前比，简直判若两人。

李小姐向王先生表示谢意，并且好奇地问："你是怎么说的？竟会有如此神奇的效果。"

王先生笑着说："我跟苏小姐说：'有好多人称赞你，尤其是李小姐，说你既温柔，又善良，而且脾气好，人缘更佳！'如此而已。"

可以想象，王先生如果不这样做，而是转述李小姐的原话，两人的关系只会更僵。可见，以赞美代替批评可达到更好的效果。有许多优秀教师就是通过发现学生身上点滴的优点来赞美学生，最终把那些"差生"教育、培养成为国家的栋梁之材。

7. 换个说法不批评

有时候批评的效果不好，不如换一种说法，巧妙地解决问题。能做到这一点并不容易，一是需要有宽广的胸怀，二是懂得使用智慧的语言。我们不妨多向书本学习，向生活中那些"会说话"的人们学习。请看案例4-18中的主人公是如何在不批评的情况下解决问题的。

案例4-18：一级上士哈里·凯撒训练后备士官时，发现后备士官们不愿意理短头发。按照旧时的管理方法，哈里会对他们吼叫、威胁。如今，他却采用迂回战术："诸位，你们都是未来的领导者，你们现在如何被领导，将来也要如何去领导别人，诸位都知道军中对士官头发的规定，我今天就要按照规定去理发，虽然我的头发比你们的还短。诸位等一下去照照镜子，如果有需要，我们可以安排理发时间。"①

可以想象，后备士官们听了哈里·凯撒的话，就会意识到自己应该理发了，也不好意思不去理发。

案例4-19：某个初三班级，同学们晚上复习到很晚，每天都很疲惫，上课时会有很多人打瞌睡。语文老师发现上课睡觉的同学后，就会严厉地批评，并让他们到后排罚站，不给学生留情面，但打瞌睡的情况并没有改善。而英语老师则采取不同的方式，他把同学们当朋友，当同学们上课打瞌睡了，她就说："你们看我呀！我一天天为你们打扮得这么鲜艳，你们还不看我！"随后大家都哈哈大笑，困意也没有了。

可见，在有些情况下，采取幽默的方式比批评更有效。

---

① 核桃. 方法对了每个人都是天才[EB/OL]. http://www.17k.com/list/270889.html，2012-07-02/2012-07-02.

8. 对事不对人

批评别人是指出他所犯的错误，便于其以后改正错误，而不是要否定整个人。因此，批评人时要想收到应有的效果，首先要尊重别人，不要指责、讽刺、挖苦、贬低犯错误的人，那样只会使被批评的人反感。而有些人恰恰喜欢指责人，结果批评变成了争吵，达不到应有的效果。尤其作为单位的领导，常常面临的沟通问题是：下属有缺点，如何批评下属才能既不伤害下属，又能使他改正？如果对人不对事，比如，说下属"你还能学会吗？怎么那么笨"，就会伤害下属的自尊心。朋友之间、夫妻之间也是一样，要特别注意批评一定是对事不对人。

案例4-20：有一对夫妻早上吃饭的时候谈到吃鸡蛋和胆固醇的关系问题，结果因为丈夫说话对人不对事，导致讨论变成了一场"战争"。对话如下：

夫：吃鸡蛋胆固醇高。

妻：报纸上说鸡蛋含有卵磷脂，可以抵消胆固醇，所以吃鸡蛋胆固醇不会增高。

夫：那我去年一天吃一个鸡蛋，胆固醇就高了。

妻：那和吃鸡蛋没关系，我也一天吃一个，胆固醇怎么没高啊？

夫：(大吼)你怎么不尊重人？那么死教条，蠢透了！

妻：我怎么不尊重你了？不同意你的观点就是不尊重你呀？

夫：(大叫)和你沟通怎么那么费劲！难怪你书记的职位被撤掉了，你真是缺心眼！

妻：(气愤极了)是我自己不干的，不是撤掉的！你才缺心眼，不和你说了！

9. 批评要针对可以改变的事实

批评人的目的是使对方改正错误，因此应该针对能够改变的事实，如果事实是无法改变的，就没有必要批评。比如，朋友带孩子到你家花园玩，孩子把花弄折了。既然花已经折了，无法恢复，你不如说："没关系，我正想给你折一枝花呢！"这样朋友就不会感到不安；朋友的孩子把你心爱的瓷瓶打碎了，也不能复原，既然如此，你不妨问："看看孩子受伤没有？"朋友会感激你的大度，回家自会教育孩子下次小心。

案例4-21：有这样一个家庭，遇到任何事情，父亲都习惯于严厉地指责别人。有一天，孩子骑车不小心摔伤了，回到家，严厉的父亲生气地说："你骑车就不能小心点儿？毛手毛脚的！"而慈祥的母亲说："快来，妈妈看看伤得怎么样，疼吗？以后骑车要小心啊！"

案例中，父亲不必指责孩子，这次受伤了，下次他自己会小心的。父亲的埋怨、指责无法改变他已经受伤的事实，只能使孩子觉得父亲不关心他。长期如此，会造成孩子有事情不对父亲讲，和父亲心里有隔阂。

第二节　日常倾听的技巧

要想真正实现有效的沟通，先要学会倾听。研究沟通的技巧，首先要学会做一个有耐心的听众。能聆听别人见解的人，必是个富有思想、心思缜密和性格谦虚的人。这种人在人群中，起初也许不大受人注意，但最后则必是最受人敬重的。真诚地倾听，不随意打断别人的话，是对说话人的尊重，更是做一个好听众的必要条件。

有人可能会想："倾听有什么技巧？只要去听就行了！"其实不然，比如一位老师在上课，学生似乎都在全神贯注地听，但听的效果其实是有差别的。与人沟通时，倾听有以下四种基本境界。

(1) 心不在焉地听。这是很多没有教养的人，在听人讲话时的状态。

(2) 专注地听。也就是说，你在认真地听对方讲话，对方通过语言将词汇传达到你的大脑中，大脑会根据你原来对词汇的定义将它组合为新的意思。比如，在课堂上，大家都专注地听，为什么结果却大相径庭呢？原因就是每个人对词汇的定义不同，自然理解也不同。有的同学跟老师的定义一样，他就能听懂。

(3) 设身处地地听。想象自己是一个说者。你需要换到对方的位置上，然后根据对方的语言习惯、出生背景、知识层次(包括知识结构),分析他说这些话是什么意思,这样你才可能听懂对方说的是什么话。

(4) 创造性地听。这是最深层次的听,即通过说者使用的前后语句、用词特点、动作表情,在听的过程中加入你的主观创造,进行逻辑分析,通过他描绘的现象和透露出的信息,用准确的语言再把说者的意思描述出来。只有创造性地去听,你才能真正听出来对方到底说的是什么意思。

作为一个好的沟通者,在听的时候不是被动的,而是主动的。你要在大脑里不断地探究对方真正要表达的意思,才能真正听懂对方所说的话。通过下面一个简单的测试,可以测测你的倾听能力如何。

倾听能力小测试(每题回答的选项有:经常、有时、很少)

1. 听别人说话时,注视着他的眼睛。

2. 通过对方的外表和讲话内容及方式来判断是否有必要继续听下去。

3. 说服自己接受讲话人的观点或看法。

4. 着重听取具体事例而不注意全面陈述。

5. 不但注意听取事实陈述,而且还参考事实背后别人的观点。

6. 为了澄清一些问题,要经常向讲话人提问。

7. 直到别人结束一段讲话,才对他的发言发表看法。

8. 有意识地去分析别人所讲内容的逻辑性和前后一致性。

9. 别人说话的时候,预测他的下一句话,一有机会就插话。

10. 等到别人说完后才发言。

2、4、9、10题,回答"经常"得1分,回答"有时"得2分,回答"很少"得3分;

1、3、5、6、7、8题,回答"经常"得3分,回答"有时"得2分,回答"很少"得1分。

得26分以上,具备很强的倾听能力,但在某些方面或许还有提高的余地;

得20~26分,具备一定的倾听能力,但有待进一步提高;

得20分以下,倾听能力较差,有待全面提高。

古希腊有一句民谚："聪明的人，借助经验说话；而更聪明的人，根据经验不说话。"每个人都希望获得别人的尊重，受到别人的重视。当我们专心致志地听对方讲话时，对方会有一种被尊重和重视的感觉，双方之间的距离必然会拉近。倾听在沟通过程中会起到很重要的作用，概括起来有如下几点。

(1) 倾听可以使他人感受到被尊重和被欣赏；

(2) 倾听能真实地了解他人，增加沟通的效力；

(3) 倾听可以解除他人的压力，有利于帮助他人理清思绪；

(4) 倾听是解决冲突、矛盾，处理抱怨的最好方法；

(5) 倾听可以取他人之长，补己之短；

(6) 少说多听，还可以保守自己的秘密。

懂得如何倾听的人更有可能受人欢迎、取悦上司、赢得友谊，并且能把握住别人得不到的机会。倾听不仅是耳朵听到相应的声音的过程，而且是一种情感活动，需要通过面部表情、肢体语言和话语来回应，以此向对方传递一种信息——我很想听你说话，我尊重和关心你。

案例4-22：韦恩是罗宾见到的广受欢迎的人士之一，经常有人请他参加聚会、共进午餐。他还担任基瓦尼斯国际或扶轮国际的客座发言人。一天晚上，罗宾碰巧到一个朋友家参加一场小型社交活动。他发现韦恩和一个年轻女士坐在一个角落。出于好奇，罗宾远远地注意了一段时间。罗宾发现，那位年轻女士一直在说，而韦恩好像一句话也没说。他有时笑一笑、点一点头，仅此而已。几小时后，他们谢过男女主人，起身离开。第二天，罗宾见到韦恩时禁不住问道："昨天晚上我在斯旺森家看见你和最迷人的女孩在一起，她好像完全被你吸引住了。你是怎么抓住她的注意力的？"韦恩说："很简单，斯旺森太太把乔安介绍给我，我只对她说'你的皮肤晒得真漂亮，在冬季也这么漂亮，是怎么做的？你去哪儿了？阿卡普尔科还是夏威夷'。她说，'是夏威夷，夏威夷永远都风景如画'。我问她'你能把一切都告诉我吗'。她回答'当然'。我们就找个安静的角落，接下去的两个小时她一直在谈夏威夷。今天早晨乔安打电话给我，说她很喜欢我陪她，很想再见到我，因为我是最有意思的谈伴。但说实话，我整个晚上没说几句话。"看出韦恩受欢迎的秘诀了吗？很简单，韦恩只是让乔安谈自己。他对每个人都这样，这就是人们喜欢韦恩的重要原因之一[①]。

会倾听，是促使人际沟通成功的重要因素。在与人交往时，能够站在对方的角度考虑问题，就会很容易受到别人的欢迎。学会倾听，要注意以下几个方面。

一、表示兴趣、专心、尊重别人

良好沟通的基础是相互尊重，缺少了这一重要基础，沟通就无法顺利进行，也就无法建立和谐的人际关系。在人际沟通中，用心倾听他人讲话比你做任何事情都能更好地表示对他人的尊重。

倾听时，必须看着对方的眼睛，不要有心不在焉的举动与表现，还可通过点头或者微笑来回应对方。你可以练习如何排除使你分心的事物，以培养专心的能力。倾听时可以把使人分心的东西(如铅笔、钥匙串等)放在一边，以免于分心。人们总是把乱写乱画、胡乱摆弄纸张、东张西望或看手表等解释为心不在焉，这些应该引起我们的重视和注意。如果听话的人态度开放，对你谈论的话题很感兴趣，那就表示对方愿意接纳你，很想了解你的想法。下面两个例子都是关于推销的，一个成功，一个失败。成功的原因是推销员认真倾听，而失败的原因是推销员没有认真倾听，让客户感觉不受重视，被冷落。

案例4-23：一名推销员去深圳拜访一个保险客户。那个客户不会说普通话，只会说上海话。推销员听了半天，也不太明白对方在说什么，唯一听明白的是：他的子女对他不太好。对方从表情上也看得出推销员听不懂他的方言，但仍然自顾自地说个不停，他只是想满足自己倾诉的欲望。这位推销员刚进入保险行业，什么都不会，面对这个客户，他唯一能做的就是倾听。没想到，谈话结束的时候，他签到了职业生涯中的第一份保单[②]。

---

① 思想品德[M]. 济南：山东人民出版社，2004.
② 郭鹏. 史上最强的沟通术[M]. 北京：机械工业出版社，2009.

　　案例4-24：乔·吉拉德向一位客户销售汽车，交易过程十分顺利。当客户正要掏钱付款时，另一位销售人员跟吉拉德谈起了昨天的篮球赛，吉拉德一边跟同伴说笑，一边伸手去接车款，不料客户却突然掉头而走，连车也不买了。吉拉德冥思苦想了一天，不明白客户为什么突然放弃已经挑选好的汽车。晚上，他忍不住给客户打了一个电话，询问客户突然改变主意的理由。客户不高兴地在电话中告诉他："今天下午付款时，我同你谈到了我的小儿子，他刚考上密歇根大学，是我们家的骄傲，可是你一点儿也没有听见，只顾跟你的同伴谈篮球赛。"吉拉德明白了，这次生意失败的根本原因是自己没有认真倾听客户谈论自己最得意的儿子[①]。

二、听完整，不能想当然

　　案例4-25：某商场售货员正在向一位女士推销洗发产品，她说："这位女士，我们家的洗发精很好用，而且正在做促销，价格实惠。"女士说："那我问一下，这种牌子的洗发精——"

　　售货员立刻说："这种牌子的洗发精销路特别好！是回购率最高的商品！"女士说："我不是要说这个，我想说的是——"

　　售货员怕客人走掉，更迫切地说道："您的意思我明白，是不是担心洗发精会伤害发质？放心！我们的产品质量绝对没问题！"

　　那位女士有些不悦，皱着眉头说："不是，我的意思不是这个，我是想说——"

　　售货员再一次打断那位女士的话："您真的不用担心——"话还没说完，这位女士终于失去耐性，转身离开。

　　在我们与人交谈的时候，不能急于揣测他人的心思。每个人都有自己的想法，打断别人的话，或者帮他说完，或者急切地发表自以为是的见解，都是很无礼的行

---

① 职业修炼. 高效沟通的三大技巧[EB/OL]. http://www.zhixiaoren.com/news/article.asp? newsid=7989&Page=2，2007-9-17 /2012-07-02.

为，会让对方很尴尬，感觉不受尊重。

与人沟通时，听和说都要注意"三个一半"：不要听一半，不要让别人讲一半，自己不要讲一半。别人讲话时不要打断别人的话，听完整再发表意见，免得存在个人偏见，想当然地误会别人；自己讲话时要讲清楚，别讲半句话就省略掉，以免别人理解有误。生活中有许多误解或矛盾常常是因为没有听完整对方的话造成的，下面两个例子都是这种情况。

案例4-26： 巴顿将军为了显示他对部下生活的关心，突然造访士兵食堂。在食堂里，他看见两个士兵站在汤锅前。

"让我尝尝这汤！"巴顿将军向士兵命令道。

"可是，将军——"士兵正准备解释。

"没什么'可是'，给我勺子！"巴顿将军拿过勺子喝了一大口，怒斥道："太不像话了，怎么能给战士喝这个？这简直就是刷锅水！"

"我正想告诉您这是刷锅水，没想到您已经尝出来了。"士兵答道[①]。

如果巴顿将军善于倾听，就不会做出这样令人捧腹的事！

案例4-27： 一对夫妻是大学同学。有一次，妻子要去南方出差，这对夫妻有一位共同的老同学两年前从本地调到南方工作，妻子要顺便看看她。他们去超市想给同学买点东西，选了东北特产木耳。选完后，妻子觉得同学家也是东北的，这种特产也不是什么新鲜东西，还不如送她一条丝巾，就对丈夫说："不给她带木耳了——"没等妻子说下一句，丈夫指责妻子说："你怎么那么小气！这点儿木耳能值几个钱！"妻子很委屈，丈夫还不承认错误，两人因此闹得很不愉快。如果丈夫不那么自以为是，听妻子把话说完，就不会因此事闹矛盾了。

在倾听时要保持高度的警觉性，随时注意对方谈话的重点。每个人都有自己的立

---

① 管理资源网."巴顿尝汤"等管理小故事三则[EB/OL]. http://www.m448.com/filelist/library/clause_101619.html，2008-8-15 /2012-07-02.

场和价值观，你要站在对方的立场去理解对方说话的含义，仔细地倾听他所说的每一句话。不要用自己的价值观去指责或评断对方的想法，要与对方保持同步。

阿庆嫂说："听话听声，锣鼓听音。"听者要分析说者话语中的含义，围绕所处的环境来理解听到的内容，注意弦外之音，注意没有说出来的话、没有讨论的信息或观念，以及答复说者没有表达完整的问题。请看下面的一段对话：

"出租车公司吗？我要叫车。"

"你在哪儿？"

"在北二马路和兴华街的交叉口。"

"你穿什么？"

"红裙子。"

"到哪里？"

"到膝盖。"

产生误会的原因有两个：一是出租车司机说得不完整，应该问"你到哪里去"；二是叫车的人理解错误，应该站在司机的角度去想，会想到司机问的是目的地。

三、鼓励对方先开口

为什么要鼓励对方先开口？首先，倾听别人说话本来就是一种礼貌，愿意倾听表示我们愿意客观地考虑别人的看法，这会让说话的人觉得我们很尊重他的意见，有助于建立融洽的关系，彼此接纳。其次，鼓励对方先开口可以降低谈话中的竞争意味，倾听可以营造开放的气氛，有助于彼此交换意见。说话的人由于不必担心竞争的压力，也可以专心掌握重点。最后，对方先提出他的看法，你就有机会在表达自己的意见之前，掌握双方意见的一致之处。倾听可以使对方更加愿意接纳你的意见，让你更容易说服对方。特别是在处理顾客的投诉时，如果你在他没有说完的情况下打断他，跟他辩解，可能会使情况变得更糟。从下面的案例可以看出，应对满脸怒气的顾客的最好办法是先听他说够、发泄完。

案例4-28：纽约电话公司遇到一个对接线员大发脾气的用户，他说让他付的那些费用是敲竹杠。这个人满腔怒火，扬言要把电话线连根拔掉，并且到处申诉、告状。最后，电话公司派了一位最干练的"调解员"去见那位用户。这位"调解员"静静地听那位用户说了3个小时，让他尽情地发泄怨气，不时说"是的"，对他的不满表示同情。

这位"调解员"后来对别人说："我先后见过他四次，每次都对他的观点表示同意，第四次会面时，他说他要成立一个电话用户保障协会，我立刻赞成，并说我一定会成为这个协会的会员。他从未见过一个电话公司的人用这样的态度和方式讲话，他渐渐变得友善起来。前三次见面时，我甚至连与他见面的原因都没有提过，但是在第四次见面的时候，我把这件事情完全解决了。他把该付的费用都付了，同时还撤销了向有关方面的申诉。"①

四、边听边沟通，积极反馈

当我们和别人谈话的时候，应该先在心里回顾一下对方的话，整理出其中的重点所在，删去无关紧要的细节，把注意力集中在对方想说的重点和对方主要的想法上，在心中熟记这些重点和想法，并在适当的情形下给对方以清晰的反馈。

对对方精辟的见解、有意义的陈述或有价值的信息，要给予诚挚的赞美，如"您的意见很有见地"或"这个想法真好"，这样可以激发对方说出更多有用和有意义的话。沟通中要偶尔说"是""我了解"或"是这样吗"，告诉说话的人你在听，你对当前的谈话有兴趣，不断对听到的信息进行确认，以表明自己正确理解了信息发出者的意思，但不要轻易得出结论。如果需要确认自己所理解的是否就是对方所讲的，可以在对方讲完一个观点后，挑重点复述对方所讲过的内容，以确认自己所理解的意思和对方一致，如"您刚才所讲的意思是不是指……""我不知道我听得对不对，您的意思是……"。

脑筋急转弯的问题通常有多个答案，就是因为人们只按照自己的思维习惯去理解题意导致回答错误。如果像下面例子里的学生那样反馈、确认听到的信息，就不会答错了。

---

① 戴尔·卡耐基. 沟通与人际关系[M]. 海口：海南出版社，2004.

　　案例4-29：某日，老师在课堂上想看看一个学生的智商怎么样，就问他："树上有10只鸟，开枪打死1只，树上还剩几只？"

　　学生反问："是无声手枪吗？"

　　"不是。"

　　"枪声有多大？"

　　"80到100分贝。"

　　"树上的鸟有没有听不见的？"

　　"没有。"

　　"您确定那只鸟真的被打死了？"

　　"确定。"老师已经不耐烦了："拜托，你告诉我剩几只就行了，OK？"

　　"OK，有没有残疾的或者饿得飞不动的鸟？"

　　"没有。"

　　"打鸟的人眼睛有没有花？保证是10只？"

　　"没有花，就是10只。"

　　老师已经满头是汗，下课铃声已经响了，学生还在问："有没有傻到不怕死的鸟？"

　　"都怕死。"

　　"所有的鸟都可以自由活动吗？"

　　"完全可以。"

　　学生满怀自信心地说："如果您的回答没有骗人，打死的鸟要是挂在树上没掉下来，就剩一只；如果掉下来，就一只都不剩。"

　　老师当即晕倒……

本章小结

　　要想在人际沟通过程中做到游刃有余，就要掌握各种常用的沟通技巧。其中，倾听技巧非常重要。学会倾听是加强人际沟通、促成良好人际关系的有效途径。本章介绍了沟通和倾听的常用技巧，通过对本章的学习，掌握这些常用的技巧，并运用到日常的沟通过程中，可以不断提高自己的人际沟通能力。

情景模拟与沟通训练

1. 你向朋友借500元钱并已还清，但他忘记你已经还他了，向你要钱，如何解决？

2. 沟通训练游戏

游戏目的：倾听者容易误解对方的意思，必须边听边想，不能只是被动接受。

请大家在一张纸上由上至下标出7个数字，教师念7道题，每道题念一遍，学生写下答案。教师查看答案，再念一遍题，逐题询问，请答对的学生讲解答案。

(1) 我国法律是否规定成年男子不得娶其亡妻的姐妹为妻？

(2) 有人造了一幢四面墙的房子，只是每面墙上都开了一个面向南的窗口。有一只熊敲门，它是什么颜色的熊？这个房子在什么地方？

(3) 我国每年都庆祝10月1日国庆节，英国是否也有10月1日？

(4) 如果你只有一根火柴，当你走进一间冰冷的房间，发现里面有一盏油灯、一个燃油取暖器、一个火炉，你会先点燃哪个？

(5) 一个人一生平均可以过几次生日？

(6) 根据国际法规定，如果一架飞机在两个国家边境失事，那些不明身份的幸存者应当被安葬在他们准备坐飞机去的国家还是出发的国家？

(7) 一位考古学家声称发现了公元前48年标有4B.C.的钱币，可能吗？

答案：

(1) 否；(2) 白色，在北极；(3) 是；(4) 火柴；(5) 一次，其余是纪念日；(6) 不能埋活人；(7) 不可能，公元前的钱币上不会标出B.C.。

案例分析

案例1

婷婷是个很孝顺的女孩，每次学校放假都去外婆家陪外婆住几天。外婆每次见到婷婷都非常高兴，拉着她唠家常，兴致勃勃地把她最近听到和看到的新闻跟婷婷讲一遍。这些新闻婷婷大多听过，但她还是会耐心地听外婆讲完，然后装作一副很惊讶、仿佛没听过的样子，跟外婆继续谈论新闻里的事情。而弟弟小虎却相反，每次外婆跟他讲这些，他就不耐烦地说："我早就知道了，您说的不是新闻了！"所以，外婆特别喜欢婷婷。

案例讨论题

分析婷婷和小虎的做法，讨论一下平时应该如何跟长辈进行沟通。

案例2

小尹和小王是非常要好的朋友。大学第一个暑假正好赶上小尹的20岁生日，几个朋友约好出去玩，通宵狂欢。

小王跟妈妈请示："妈，今天是小尹的20岁生日，我们约好出去玩，晚上就不回来了。"

妈妈很吃惊："什么？你晚上不回来？白天过生日不行吗？一个女孩子，夜不归宿像什么样子！不行！"

小王："怎么不行？都是好朋友聚在一起，再说我都是成年人了，别再把我当小孩了！"

妈妈："不行，晚上出啥事咋办？别说了，这事我坚决不同意！"

这时小尹说："阿姨，您就让她去吧，我们难得聚在一起，求求您了。"

妈妈说："出去聚会我不反对，可是大晚上的多危险呀！"

小尹说："阿姨我知道您担心，但是我们人多，而且只是吃饭、唱歌，都是安全场所，您要是不放心，等我们唱完歌就把她护送回来，您看行不行？"

妈妈最终同意了，说："那你们别玩太晚，一定要注意安全呀！"

案例讨论题

1. 比较小王与妈妈的沟通和小尹与妈妈的沟通有什么不同？分析一下她们的心理。

2. 子女与父母之间进行沟通容易出现哪些问题？应该注意哪些事项？

案例3

在某高校教室里，前后桌几个人在聊天，不知不觉聊到了"胖"这个话题。坐在前排的女生体型微胖，平时性格大大咧咧，对别人开玩笑的话也不放在心上。这时候，坐在后排的男生用"胖"这个字眼来打趣她，开始还没什么，后来这个男生一直说个不停，女生的脸色有点不好看了，男生还在说，女生一气之下拿起桌上的书扔向男生，两人便吵了起来。经过大家的劝说，两人才停止争吵，但是之后两人不再说话了。

案例讨论题

1. 这个男生和女生在沟通方面有哪些问题？

2. 发生矛盾后两人应如何做才能改善关系？

案例4

约翰·霍尔盖特是一家化工厂的部门经理，有几名工程师需要向他汇报工作。作为工作的一部分，霍尔盖特每天都和他的几个初级工程师及小组以外的人一起参加会议。偶尔，公司更高层的人(如技术指导或副总裁)也会参加一些检讨会。

为霍尔盖特工作的工程师们认为，他经常误解他们，没有倾听他们说话，还经常打断讲话人，自以为是地帮他们把剩余的话说完。由于工程师们不想在老板面前公开反对霍尔盖特，所以他们在更高管理层面前没有反驳他。

但是，霍尔盖特的这一习惯引起了混乱，造成了时间和精力的浪费以及员工士气的低迷。当高管成员再次来参加检讨会时，他们通常发现自己要求的任务没有完成，而有时没有要求的任务却得到了实施。管理层倾听霍尔盖特做项目状况回顾时，也不明白到底发生了什么，只知道下属的士气和生产效率都在下滑[①]。

案例讨论题

1. 霍尔盖特为什么要替讲话人说完剩下的话？

2. 霍尔盖特应该如何改善他的倾听技巧？

---

① 郝红，等.管理沟通[M].北京：科学出版社，2010.

复习思考题

1. 沟通的技巧有哪些？

2. 倾听过程中应该注意哪些问题？

3. 认真倾听在沟通中起什么作用？

第五章　职场沟通

本章素质培养目标：使学生掌握职场沟通的技巧，学会应用面试技巧，学会将来在工作中与上下级及同事沟通的方法。

重点：正确地解读和运用职场沟通技巧，掌握面试的应答技巧。

出学校，进职场，举目四望心茫茫；

多少鲤鱼龙门志，却不同，挑灯夜半读书忙；

天地从此大不同，免不了，忐忑心慌！

苦寒来，梅花香，人生大道都一样；

闻鸡奋起舞，努力学新岗；

一声长啸精气在，以终为始莫相忘；

天道酬勤，莫等闲，人生正道是沧桑！

——记12月4、5、6日苏泊尔新入职大学生素质训练有感

这首《初进职场》词是武汉大学商学院和北大EMBA总裁班的特邀培训专家张良波老师对苏泊尔两期新入职大学生训练营的培训感言，从校园走向社会，真正开始工作，这是大学毕业生人生中最重要、最困顿的转折点。大学毕业生要成功通过面试，获取就业机会；要沟通协调好与领导和同事的关系，做个职场好手；要把握好升迁的机会，实现自己更高的人生理想。

引例

《杜拉拉升职记》——职场达人杜拉拉初入职场时还是只"菜鸟"，在一家拥有严格"丛林法则"的外企中，她小心翼翼地摸索着自己的生存之道。她的职场准则就是：找一家好公司，选一个好方向，有一个好老板，锻炼自己360度的职场沟通能力。至于这360度的职场沟通能力如何获得，就得看自己的能力了。

《穿普拉达的女王》——同样是一部职场电影，影片中Andy的职场经历更为经典。想当记者的Andy阴差阳错地进了时尚圈，虽然如愿得到了工作岗位，但是日子过得苦不堪言，Andy的上司对她有偏见，处处为难Andy。如果你在工作中遇到这样

的上司，你该如何应对呢？如何与上司、同事进行沟通呢？

第一节　职场沟通的意义

当你身处瞬息万变的职场之中，只有学会沟通、善于沟通才能立足于职场。现实题材的影视剧中或多或少地都会体现一些职场生存法则，要想做个职场达人，你必须掌握职场沟通技巧，多看、多学、多做、多说。职场沟通是一门学问，也是一门艺术。

一、良好的沟通能力是成功就业的保障

从1999年开始，高校大幅度地扩招，我国高等教育进入了一个新阶段，毕业生人数大增。近几年来高校毕业生人数增长情况如图5-1所示。

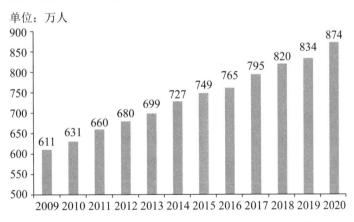

图5-1　近几年来高校毕业生人数增长情况

面对如此快速的大学毕业生增长率，摆在大学毕业生面前的就业压力也越来越大。社会上曾流行一句话："大学生就业难，难于上青天。"那么，造成这种社会现象的原因是什么呢？除了人力资源市场需求增长放缓、人力资源供需结构失衡这些客观因素的影响外，大学生自身能力结构出现短板也是一个主要原因。大学毕

业生的能力结构包括知识水平、专业技能、工作态度、抗压能力、团队协作及沟通能力等，往往很多学业优秀的大学生毕业后发现，自身能力结构中的沟通能力是短板，影响自己的职场生活。因此，拥有良好的人际沟通能力是大学生成功进入职场的必要保障。

二、良好的沟通能力是成功晋升的前提

大学生成功获得职场机会后，需要面对种种工作考验。一个人的职场沟通能力、工作量及工作技巧，到底哪个更有利于产生绩效、赢得上司的好评呢？许多研究人员深入职场调查发现，沟通能力强的员工晋升机会更多。有人说，干得好不如说得好。这句话虽然有些偏颇，但是在职场中，如果会做事又会说话，这样的员工更容易受到领导的青睐和重用。在职场中，做事能力差不多的两个人，沟通能力不好的那一位，升迁机会往往要比那个既会办事又会说话的人少得多。

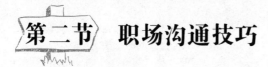

第二节　职场沟通技巧

职场沟通的重要性不言而喻。职场专业人士认为，积极而有效的职场沟通技巧能帮职场人建立良好的人际关系，还能为个人职业生涯带来很多好处。

一、大学毕业，求职面试的沟通技巧

在求职面试时，大多数面试考官会要求应聘者做一个自我介绍，一方面以此了解应聘者的大概情况，另一方面考察应聘者的口才、应变、心理承受、逻辑思维等能力。

俗话说得好："知己知彼，百战不殆。"对于没有任何求职经验的大学毕业生来说，面试是一个很大的考验。面试前的准备工作，面试时的应答对策，方方面面都需要做好充分的准备，做到心中有数，不打无准备之仗。

(一) 面试前的准备工作

(1) 明确目的，做好面试准备。面试前要明确你应聘的单位，了解你要应聘单位的基本情况，了解你要应聘的职位及职位的要求。

(2) 自我检测，做到适才适所。面试前看看自己所具有的专业才能和应聘职位所需要的技能之间有没有职能落差，对照应聘的职位认真思考自己有哪些优势和劣势。

(3) 制作简历，获取各种证书。制作简历时要包含以下必备的重点资料：基本资料、本人照片、应聘职位、专长兴趣、学历经历、专业技能、语言能力。

(二) 面试时的应答对策

语言是求职者在求职面试中与面试官进行沟通、交流思想感情的工具，更是求职者展示自己的知识、智慧、能力的一条渠道。恰当得体的谈吐无疑会增强你的竞争力，并助你获得成功；反之，不适宜、不恰当、不得体的语言会损害职场形象，削弱竞争力，甚至导致求职面试的失败。一般的大学毕业生接受的面试内容包括3分钟的自我介绍和回答面试官临场提问。

1. 自我介绍的基本要点

如何精彩地介绍自我？很多求职者最怕的就是自我介绍。要想在众多的应聘者中脱颖而出，自我介绍就要与众不同，应能突出自己的亮点。美国有一个求职者做过一个很有亮点的自我介绍，他把自己的经历用一套踢踏舞和歌曲来表达出来，让面试官很惊讶，最终录用了他。那么，在自我介绍之前需要做哪些准备、增加哪些亮点呢？

(1) 技巧一：切忌复述自己的简历。有些求职者的自我介绍就是把自己的简历详细地复述一次，面试官在面试的时候会认真看你的简历，如果只是重复简历的内容，会让面试官产生倦意，没有新鲜感，所以要介绍简历上没有的内容来吸引面试官。

(2) 技巧二：把自己的特长当亮点，选择锻炼团队精神的爱好。某大学中文系的应届毕业生在介绍自己时说："其实别看我是学中文的，我打篮球也很好，我是我们学校篮球队的后卫，我投球不是很准，但是我抢球很凶狠，每次我抢了球之后都能及时传给我的队友。我们学校的篮球队在市里举行的多次比赛中取得了好成绩，这些比赛我都参与了。"

通过这位中文系应届毕业生的自我介绍，面试官能很快总结出三点：第一，面试者有一定专长；第二，有团队意识；第三，协调能力强。通过这样一个小小的爱好，面试者把自己的优点全部展示出来了。因此，要在自我介绍时把自己的特长当亮点，这样才能创新，才能给面试官留下深刻的印象。

2. 回答问题的基本原则

面对面试官的提问，毫无社会经验的大学毕业生有时真的会防不胜防，被问个措手不及。但实际上，面试官的提问并没有那么可怕，按照下面的技巧和原则来应对，有助于面试取得成功。

(1) 自然应对。在面试中，无论是回答问题，还是提出问题，面试者的每一句话都可能改变面试官的看法，因此面试时要做到自然地应对面试官提出的问题，表述清晰明白，说话时语速适宜、音量适中、语调得体，切忌使用方言及口头语。

(2) 针对性强。当毕业生参加招聘会时，会发现招聘会上的招聘单位很多，即便是同一种性质的单位也有几十甚至上百家，不同的面试官会存在差异，去不同的单位面试，会遇见不同性格的面试官，对待不同的面试官，要采用不同的应对策略，做到有针对性地回答。

① 按照履历表顺序提问者。这类面试官大多缺乏经验或缺乏激情，面试过程平淡乏味，似乎成了履历复述课。对此，按章回答即可。

② 喜欢从工作经验提问者。这类面试官大多经验较为丰富，他们认为，面试应有的放矢，因此，要提供从履历表中难以获知的信息。

③ 似乎漫不经心的提问者。这类面试官大多"老奸巨猾"，他们为"套"出求职者的真实情况，往往从一些看似同面试主题不太相关或较为轻松的话题切入，如"昨天的排球赛你看了吗"，以打乱你原先准备好的"套话"，引导你一步一步按照其设下的"路线"前进。

④ 喜欢标新立异的提问者。这类面试官大多好卖弄学问，他们的兴趣是把你逼入"死角"，因此会提出一些不着边际的问题，以此难倒求职者。对此，你最好尽快"认输"，否则会遇到更大的难题。

⑤ 喜欢大谈本单位的提问者。这类面试官最容易对付，他们对本单位有强烈的自豪感，总想让求职者了解自己的成功之处，因此，总是在"推销"自己的单位。

对此，你只要多吹捧，大多能成功。

(3) 慎提问题。在面试过程中，求职者也和面试官一样拥有提问的权利，面试官常常会对求职者说："你对本单位还有哪些方面需要了解吗？"这时，求职者要小心谨慎，认真思考，不可随口就问，要尽可能提出一些有价值、能为自己求职成功加码的问题，具体应注意以下几点。

① 提问要以对方为中心；

② 不提会难倒面试官或面试官不愿、不能回答的问题；

③ 不提含糊不清、有歧义、会使自己陷于不利局面的问题；

④ 最好采用开放式提问，避免答案为"是"或"不是"之类的封闭式问题。

(4) 巧避陷阱。面试官经常被称为"聪明的打猎者"，他们经常在面试时出难题、怪题来考验求职者，最终"猎"到自己最满意的员工。因此，求职者在面对面试官设下的诸多"陷阱"时要做到灵活应对，巧避陷阱。

陷阱之一：激将式。"激将式"是面试官用来淘汰大部分应聘者的惯用手法。采用这种手法的面试官，往往提问之前就会用怀疑、敏锐、咄咄逼人的眼神逼视求职者，先令求职者心理防线步步溃退，然后猝不及防地用一个明显不友好的发问激怒求职者，以此来考验求职者的心理承受力和自信心。例如：

"你的经历太单纯，而我们需要社会经验丰富的人。"

"你的性格过于内向，这恐怕与我们的职业不适合。"

"我们需要名牌院校的毕业生，你并非毕业于名牌院校。"

上面三句话是面试官经常说的，语气中带有否定意味，很容易打击求职者的自信，很多大学生就失败在这种问题上。回答这类问题时要自信，并找到恰当的例子或语言来"回击"面试官的话，让面试官觉得你真的行。例如：

"我确信如果有缘加盟贵公司，我将会很快成为社会经验丰富的人，我希望自己有这样一段经历。"

"据说内向的人往往具有专心致志、锲而不舍的品质。另外我善于倾听，我懂得应把发言机会多多地留给别人。"

"听说比尔·盖茨也未毕业于哈佛大学，但他却取得了令世界震惊的成就。"

陷阱之二：诱导式。面试官往往设定一个特定的背景条件，诱导求职者做出错误的回答。这时求职者可以用模糊的语言来回答。例如：

"依你现在的水平，恐怕能找到比我们企业更好的公司吧？"

如果你回答"是的"，那么说明你也许正脚踏两只船，"身在曹营心在汉"；但如果你回答"不是"，又会说明你缺少自信，或者你的能力有问题。

对这类问题，可以先用"不可一概而论"作为开头，然后回答："或许我能找到比贵公司更好的企业，但别的企业或许在人才培养方面不如贵公司重视，机遇也不如贵公司多；或许我能找到更好的企业，我想，珍惜已有的更为重要。"如此，就把一个"模糊"的答案还给了面试官。与此类似的还有一种误导式。面试官早有答案，却故意说出相反的答案。若你一味讨好，顺着面试官的错误答案往上爬，面试的结论一定是：此人无主见，缺乏创新精神。

陷阱之三：挑逗式。这类提问的特点是，面试官往往从求职者最薄弱的地方入手。对于应届毕业生，面试官会问："你的相关工作经验比较欠缺，你怎么看？"对于女大学生，面试官也许会问："女性常常会对自己的能力缺乏自信，你怎么看？"

如果回答"不见得吧""我看未必"或"完全不是这么回事"，那么你已经掉下陷阱，因为对方希望听到的是你对这个问题的看法，而不是简单、生硬的反驳。对于这样的问题，你可以用"这样的说法未必全对""这样的看法值得探讨"或者"这样的说法有一定的道理，但我恐怕不能完全接受"作为开场白，然后婉转地表达自己的不同意见。

陷阱之四：引君入瓮式。面试官可能会问"你作为财务经理，如果我(总经理)要求你一年之内逃税100万元，那你会怎么做"，或者"你们的老板是不是很难相处啊？要不然，你为什么跳槽"这类问题。

上面的问题是"引君入瓮式"的典型问题，比如第一个问题，如果你当场思考逃税计谋，或立即列出一大堆逃税方案，那么你就上了圈套，掉进了陷阱。因为提出这个问题的面试官，正是以此来测试你的商业判断能力和商业道德。要记住，遵纪守法是对员工行为的基本要求。

对于第二个问题，也许面试官猜到了你要跳槽的原因，即使这样，你也切记不要被这种同情的语气所迷惑，更不要顺着面试官的引导说，如果你愤怒地抨击你的前任老板或者义愤填膺地控诉你的前公司，那么你基本失去了这个机会，因为这样做暴露了你的狭隘，很容易让面试官联想到以后你也会非议现在的公司。

3. 面试官易提出的问题及应答技巧

面试过程中，面试官会向应聘者发问，而应聘者的回答将成为面试官考虑是否聘用他的重要依据。因此应聘者要"悟"出回答面试问题的思维方式和规律，做到"活学活用"。常见的问题及应答技巧如下所述。

(1)"谈谈你的家庭情况。"

简单地罗列你的家庭成员，强调温馨和睦的家庭氛围以及家庭成员对自己工作的支持。

(2)"你有什么业余爱好？"

不要说自己没有业余爱好，不要说爱好是读书、听音乐、上网，这样可能会令面试官怀疑你性格孤僻，最好能说一些户外或是需要团队合作活动的业余爱好来"点缀"你的形象。

(3)"你最崇拜谁？"

不宜说崇拜一个明显具有负面形象的人，所崇拜的人最好与自己所应聘的工作能"搭"上关系，最好说出自己所崇拜的人的哪些品质、哪些思想感染着自己、鼓舞着自己。

(4)"你的优点是什么？"

这是为了解求职者如何客观分析自己，并测试其表达与组织能力而提问的。这与"请做一段自我介绍"的意义是相同的，不光是说话内容，连礼貌也会列入评分项目内，最好加入"朋友曾这样说"等周围的人对自己的看法，这样不但可增加说服力，而且可避免抽象的陈述，且以具体的体验及自我反省为主，可使内容更具吸引力。

(5)"谈谈你的缺点。"

不宜说自己没缺点，更不宜把那些明显的优点说成缺点。可以说出一些对于所应聘工作"无关紧要"的缺点，甚至是一些表面上看是缺点，从工作的角度看却是优点的缺点。

(6)"你为什么选择我们公司？"

如果你有丰富的工作经验，可以说"我来应聘是因为我相信自己能为公司做出贡献，而且我的适应能力使我确信我能把这项工作带上一个新的台阶"。应聘者为了表明应聘原因及工作意愿，回答时最好能与应征公司的产品及企业相关，最好不要回答"因为将来有发展""因为稳定"等答案，要表现出充分研究过企业的样子。

(7) "我们为什么要录用你？"

这个问题主要是测试你的沉着与自信。可以给面试官一个简短、有礼貌的回答："我能做好我要做的事情，我相信自己，我想得到这份工作。"根据自己的实际情况，好好想想，看怎么说才具有最有效的说服力。

(8) "最能概括你自己的三个词是什么？"

可以根据情况这样说："适应能力强、有责任心、做事有始有终。"结合具体的例子向面试官解释，会使他们觉得你具有发展潜力。

(9) "你有什么问题吗？"

一定要提问，你必须回答"当然"。你要通过你的发问，了解更多关于这家公司、这次面试、这份工作的信息。假如你笑笑说"没有"(心里想着终于结束了，长长吐了口气)，那才是犯了一个大错误。这往往被理解为你对该公司、对这份工作没有太浓厚的兴趣。此外，从最实际的考虑出发，你难道不想通过面试官的回答，推断一下自己入围有几成希望？

(10) "告诉我三件关于本公司的事情。"

这是公司想测试应聘者对公司的兴趣及进公司的意愿有多强的问题，如果回答"完全不了解"，那就没有必要再说下去了，最好要稍稍记住公司简介的内容及征聘人事的广告内容，最好的回答就是"因为对该公司的××点相当有兴趣，所以来应聘"。你应该知道十件和公司有关的事情，他问你三件你回答四件，他问你四件你回答五件。

(11) "你选择这份工作的动机是什么？或者这个职位最吸引你的是什么？"

这是一个表现你对这个公司、这份工作看法的机会。回答时，应使面试官确认你具备他要求的素质，具有对这份工作的热忱及理解度。如果是无经验求职者，可以强调"就算职种不同，也希望有机会发挥之前的经验"。求职者可从对工作的研究与个人兴趣的角度，加以发挥。

(12)"你希望待遇是多少？你最低的薪金要求是多少？"

这是必不可少的问题，因为你和你的面试官出于不同的考虑都十分关心薪金。

对于这样的问题，应聘者最好能诚实回答。对某些企业而言，这也是评论应聘者的能力及经验的参考条件。如答复"依公司规定"，可能被误认为缺乏自信而非谦虚。回答时，客观归纳个人年龄、经验、能力，再依产业类别、公司规模等客观资料，提出合理的数字，而附带说明提高待遇的理由是必要的。一般要求比前一工作薪水高出百分之十是合理范围。聪明的做法是：不正面回答，强调你最感兴趣的是这个机遇和挑战并存的工作，避免讨论经济上的报酬，直到被雇用为止。

(13)"何时可以到职？"

大多数企业会关心就职时间，最好回答"如果被录用的话，可按公司需要上班"。但如果还未辞去上一份工作，上班时间又太近，似乎有些强人所难，因为交接至少要一个月的时间，应进一步说明原因，录取公司应该会通融的。若是应届毕业生，"录取即可上班"是最理想的回答，但一边工作一边做转业打算的情形相当普遍，在这种情况下，应综合考虑说服上司批准离职、工作交接等问题，以留出较充裕的时间为宜。若时间拿捏不准需延后报到，应说明现况，将报到时间定在一个月之内应不为过。

4. 回答面试中的"地雷式"问题的技巧

面试中，面试官会提出很多问题，有些问题是带有"地雷"性质的。如何巧妙地回答才能避开"雷区"呢？

(1) 巧妙地回答薪金问题。面试官常会问道："你希望我们公司给你多少钱？"其实仔细剖析这个问题，面试官在问求职者的时候，自己心里头已经有一个打算了，他是想看求职者用什么样的方式回答。因为现在的公司一般会有相关的薪酬制度，面试官想透过薪酬看求职者对钱和物质奖励的一个态度，因此对于应届毕业生来说，薪酬问题的确难以回答，但是仍然有一些回答技巧。

技巧一：探听虚实，主动询问对方可以提供的薪酬幅度是多少？

求职者可以让面试官先介绍一下他们公司的薪酬体系，本公司和同行业的其他公司相比的薪酬水平等。求职者依据面试官的回答，再对照市场行情，就可以给出一个应聘单位认为合理的工资水平。

技巧二：反踢皮球，把不好回答的薪酬问题抛给面试官。

求职者如果对自己期望的薪资把握不准的话，可以把问题抛给对方。比如，求职者可以反问面试官："以我现在的经验和学历，您认为我应该属于贵公司的哪个薪酬等级呢？"这种方法最大的好处在于求职者不仅可以侧面了解工资标准，还可以了解这家公司对自己的评价。

(2) 如何应对面试官提及的私人问题。有的面试官会问一些私人问题，如"你有男朋友吗""你男朋友是本地的吗""你们准备很快结婚吗"等，往往令求职者措手不及。很多女性应聘者出于害羞避而不答，有的甚至说出了"善意的谎言"，明明有男朋友，却告诉面试官没有。其实诸如此类的私人问题，面试官的提问目的是想从你的回答中寻找某种信息。比如说，你和你男朋友身处两地，这个时候面试官就会考虑如果你们结婚，你很有可能离开这个地方，就会考虑公司将来对你的培训成本的收益以及公司保住你这个人才的可能性。所以对于这样的私人问题，求职者在认真把握好工作和家庭的情况下，要诚实地回答，坦然地对待，因为这是双方互相了解的过程。一定要诚实地告诉面试官你的情况，因为任何公司都不会录取一个不诚实的员工，即使在不知情的情况下录取了，当有一天你露出破绽时，下场往往是很难堪的。

二、录取到岗，初入职场的沟通技巧

求职面试通过，顺利步入职场后，新员工所接触的人群就是顶头上司和同事。那么，如何与他们搞好关系呢？

(一) 与同事沟通的原则

大多数刚入职的员工在事业上是竭尽全力的，与同事之间相处的时间可能会超过与家人相处的时间。想在职场中获得发展和成功，领导的支持很重要，而良好的群众基础对刚入职的人来说更为重要。因此，与同事沟通应讲求技巧。

1. 嘴巴要紧，度量要大

办公室里总会有闲言碎语，比如说领导喜欢谁、谁在单位最吃得开、谁又有绯闻……这些闲言碎语会影响同事之间的关系和工作情绪。所以，不要在同事背后说三道四，不该说的绝对不要乱说，所谓祸从口出，不管是泄露自己的私事，还是转述听来的是非，都可能让自己陷入言多必失的危险境地，更不要以成为八卦中心为荣，到处打探小道消息，当心变成被利用的对象还不自知。

2. 与同事保持适当的距离

同事之间可以是比较好的朋友，但是同事之间存在竞争关系，有时候是竞争对手，所以要保持适当的距离，不能什么话都说。同事之间可以多聊一些日常生活等方面的话题，少聊单位和同事的事情。

案例5-1：小林的同事刘姐比小林年长几岁，小林一直把她当大姐看待，在单位什么心里话都对刘姐说。没想到，年终评选先进时，一直自以为表现非常优秀的刘姐竟然没有评上，于是刘姐就怀疑是当人事主管的小林做了手脚，无论小林怎么和刘姐解释她都不信，从此刘姐与小林形同陌路。这件事在公司引起了一些谣言，小林十分生气，每天工作都无精打采的，不知道如何澄清自己。后来小林经不起大家的风言风语，只好换了一家单位。现在小林与公司的同事只谈工作，不谈生活，同事们谁都不了解小林的私生活，但每一个人都很尊重她。小林终于明白，同事是不适合成为讲知心话的朋友的，同事之间应保持一定的距离①。

3. 待人宽容

宽容能够化干戈为玉帛，避免不必要的纷争。在与同事相处的过程中，要多一些宽容和理解，少一些斤斤计较。

(二) 与同事沟通的技巧

同事之间如果关系不好，那的确是一件非常苦恼的事情，不仅影响心情，还会影响工作，所以一定要妥善处理同事关系。若想在事业上获得成功，在工作中得心应手，掌握同事间相处的技巧则非常重要。如何才能建立良好的同事关系？有人感

---

① 丽婕. 人人都是杜拉拉[M]. 北京：人民日报出版社，2010.

到迷茫，他们往往抱怨自己运气不好，认为自己工作的单位好人太少，无法与人顺畅地沟通与相处，却不去找自己的原因，不妨自省：自己说错了多少话？误听了多少话？错过了多少与同事之间及时沟通的机会？是否掌握了与同事沟通的技巧？

1. 经常赞美你的同事

我国人力资源专家刘彦斌说："我赞美别人从不吝啬我的语言。我在赞美别人的同时，自己心里也是非常舒服的；相反，我在骂别人、说别人的时候，我自己的心里往往也很难受。"在与同事相处的时候，经常地赞美有助于关系融洽。那么，在赞美同事的时候应该注意哪些问题呢？

(1) 从生活和工作的细节赞美同事。赞美同事不要过于笼统，例如"你真的很漂亮""你真的很优秀"，诸如此类的赞美往往让人觉得很假，印象不深刻。赞美同事要注意捕捉日常工作和生活中的细节，从细节处赞美对方，才能让对方甜在心里。

案例5-2：王志是一家软件公司的员工。一天，他的同事刘冰与他闲聊："我家孩子昨晚摔倒了，我还以为他能哭呢，结果那小鬼立马爬起来，一点儿也没哭，又开开心心地去玩儿玩具了。"王志就同事刘冰的这个话茬接着说："你看你家孩子多乐观、多坚强，这么小的年纪，就这样勇敢，说明你家教育得好，你们做了很好的榜样。只有和谐的家庭氛围才能让小孩拥有坚强、勇敢的品质。"刘冰听了王志的话，心里美滋滋的，有种说不出来的喜悦[1]。

(2) 赞美同事的家人和朋友。赞美同事的家人和朋友比赞美他本人更让同事高兴。比如，很多公司都会在年末或假期举办一些大型的聚会或晚会，这时同事的家人或朋友都可能会出席，适当地赞美同事的妻子、孩子、朋友等，更有利于促进同事之间的关系。例如：

"你的爱人真年轻，小儿子也聪明可爱，看你们一家三口可真让人羡慕呀！"

"你的朋友性格都这么开朗，球打得也这么好，和你们出去玩可真是享受啊！"

---

[1] 周志轩. 实效沟通[M]. 成都：成都时代出版社，2008.

（3）学会在背后夸奖同事。职场中经常会出现这样的话语："××当面一套，背后一套，当面装好人，背后做坏人。"当面夸奖同事很容易，而背后夸奖人却具有很大的难度，这就要求一个人本身具有很高的精神境界。当面的赞美使人喜悦，但背后的赞美却更显得真实。例如：

"小王昨天可真够意思，他生病了还自己把活都干了，有这样的同事我们可真是幸福呀！"

"小刘昨天歌唱得特别好听，简直就是我们单位的女歌王，真希望每次晚会都能听她唱歌。"

2. 注意同事的语言习惯，避免误会

一个规模很大的单位不可能只由本地人组成，一定还会有来自各地的同事，不同的地方，语言习惯不同，要特别注意这一点。

案例5-3：小齐是西北某地区人，而小秦是北京人。一次，两人在业余时间闲聊，谈得正起劲儿，小齐看见小秦头发有点长了，便随口说："你头上毛长了，该理一理了。"不料小秦听后勃然大怒："你的毛才长了呢？"结果两人不欢而散[①]。

案例中的问题出在一个"毛"字上，小齐家乡的人都称头发为"毛发"，他来北京时间不长，言语之中还带有方言，因此不自觉地说了出来。而北京人却把"毛"看作一种侮辱性的骂人的话，比如"杂毛""黄毛"，所以小秦勃然大怒也在情理之中。由于各地的风俗习惯不同，说话的忌讳也各异。在与同事的交往过程中，必须留心对方的忌讳语。一不留神，脱口而出，很容易伤害同事间的感情。

3. 不要展示自己的优越感

有些人动不动就提到自己或家人的辉煌业绩和显赫地位，向同事炫耀，这将造成对同事自尊心的伤害，引起大家的不快，从而导致同事的厌恶和反感。例如，"我在北大当学生会主席的时候……""我在国家经贸部的舅舅……"等。久而久之，同事也会觉得你"高人一等""异于常人"，就会把你摒弃在他们这些"常

---

① 白桦. 成功步骤详细分解[M]. 北京：人民日报出版社，2010.

人"的圈子之外，孤立你。

案例5-4： 在某高等院校的某学院，有一个科研课题小组，院长是课题负责人，课题组成员经常一起开会研究问题。因为没有办公室、没有电脑，大家就常常在院长办公室研究工作，经常需要用院长的电脑。组内一位成员是电脑高手，涉及用电脑的任何问题都找他，所以学院的老师经常见他在院长办公室用院长的电脑。有时候，他会觉得自己跟院长关系比较近，因而有些得意，也不注意低调些，结果引起一些人的嫉妒，在各种关键的时候，这些人采取各种措施打击他，导致他不得不调离该单位。

4. 避免敏感话题

工作中，不要去探究别人的年终奖金之类的问题，一来触及他人隐私，二来违反规章制度。不要随意对同事发牢骚，诉说对公司制度的不满，否则一旦传到老板的耳朵里，连申辩的机会都没有。雄心壮志要藏好，大张旗鼓地告诉同事你要坐上××职位，这无异于向同僚乃至于上司宣战，小心"壮志未酬身先死"。

案例5-5： 王小姐是一家广告公司的总经理。年初，公司与电视台签订了合同，承办了电视台半个小时的某个专栏。为了更好地开办这个栏目，公司引进了一个新合伙人，新合伙人非常有能力，但王小姐与新合伙人在工作中产生了一些摩擦，有时会因为一些小事情发生争执。一天，因为王小姐修改了新合伙人的方案，两个人产生了争执。王小姐随口说出："不行就散伙吧。"合伙人听了之后没有再说什么，但是，从那天起，两个人的矛盾逐渐加深。后来，合伙人对王小姐讲述了自己的看法，觉得"散伙"两字听起来特别刺耳。王小姐才知道，这个合伙人几年前离了婚，所以对"散伙"特别敏感。其实王小姐也不是真的想"散伙"，只是随口说出，她也没有想到对合伙人会造成这样大的伤害。

在沟通前应该认真思考对方能够接受什么样的语言、什么样的方式，要选择对方能够接受的方式方法进行沟通，这是沟通获得成功的第一步。如果和同事在工作上有了分歧，可以温和地告诉对方："我倒是有一个想法，也许不对，我们来一起讨论一下吧。"绝对不要直接指出对方的错误，否则一场争辩将不可避免。例如，你发现他的方案有些疏漏，希望他能将你的意见补充进去，可以说："看内容，就知道你为这个方案付出了很多，现在，我能不能说一些自己的想法？你看，如果这些方面能再完善一些，这个方案就更完美了。"同事就会考虑你的建议。如果不注意语言表达，即使你的观点本身很有道理，能给对方带来莫大的好处，也只能引发对方的抗拒，会不欢而散。请看如下对话：

甲："你没发现你的方案有很多问题吗？简直漏洞百出！"

乙："你凭什么这么说？"

甲："不信的话，你看看我做的这份。"

乙："不必了，我不想和自大狂合作！"

(三) 与上级沟通的技巧

上下级的沟通和相处在社交中是十分重要的。作为下属，不仅要服从上级的管理，还要注意学会与上级沟通。许多时候，怎么说要比说什么更重要，在与上级沟通过程中，要体会上级的处境，理解上级的难处。假如经理正与一位重要客户联络感情，宾主尽欢之际，突然冲进来一个员工，慌慌张张地说："经理经理，不好了，A客户刚才打电话说，他们今年不想和我们继续合作了，想找一家新的供货商合作，这怎么办啊？真要这样，我们会损失四分之一份额的！"也许经理在还没有被这个坏消息震惊前，先被这位员工的举止惹恼了。

向上级汇报坏消息，如果能以一种相对委婉的表达方式将它传递出去，对听说双方都会有利无害。比如上文中那个消息，如果这样说也许会更好："经理，客户那边刚刚出了点状况，A客户打电话过来......"这里的措辞用的是"状况"，技巧在于弱化了信息的负面刺激，给上级缓冲情绪的时间。如果再配合你本人镇定自若的语调、泰山崩于前而面不改色的神态，上级会更高看你一眼。

由此可见，与上级沟通的技巧十分重要。那么，与上级沟通时，下属应采取怎样的态度和气度？如何才能做到不辩而明？与上级沟通有哪些方面的技巧呢？

1. 对上级领导要时刻表示尊重

任何时候都要尊重领导，要照顾领导的面子。每个人都需要别人的尊重，作为领导者，由于所处的地位，更希望得到下属的尊重。下属如有什么想法、建议，不要当众"进谏"，要私下说才不失上级的面子。对上级有意见，要通过正常途径反映，不要轻易怀疑上级的能力或背后议论上级。不要低估上级的能力，上级能坐到他的位置，必定在某方面有过人之处。

案例5-6：孙磊是一家公司的副总，做起事来雷厉风行，绝不拖泥带水，手下人都很怕他，背地里叫他"孙老虎"。一次，孙磊给下属小李打了一个电话，布置了一项重要且复杂的任务，并要求小李三天后给出结果。对于孙磊的指示，小李自然是唯唯诺诺，满口答应下来，可一挂电话，他就开始嘟囔起来："孙磊还真是个孙扒皮，这个任务怎么可能三天就做完，真不是人做的，简直是个神经病。"

小李刚嘟囔完，一转头突然发现孙磊就站在自己背后看着自己。原来，孙磊布置完任务之后，觉得有些细节说得不够清楚，于是就想直接过来当面向小李嘱咐几句，结果刚好碰上小李抱怨。小李心里顿时感觉像腊月里被浇了一桶冰水，呆呆地看着孙磊，很是尴尬。孙磊只是对他笑了笑："小李，我刚才电话里没法讲得特别细，这里刚好有我以前研究过的一些材料，你拿去看看，有什么问题再来找我。"说完，孙磊转身就走出了办公室[①]。

在这个案例中，孙磊表现出了郑板桥所言的"难得糊涂"。小李的这番话对孙磊的权威造成了一定的威胁，对团队的凝聚力也是一种伤害。作为团队中的一份子，非常忌讳这种背后的多言。

尊重上级也体现在遇到关键问题时要多请示。作为下级应该掌握请示的一些技巧，不能凡事不论大小都请示。工作中的关键地方是上级最关注的地方，应该在这些地方多征求上级的意见。在请示时，要根据不同的情况采取不同的方法，如当面请示、书面请示等。在向上级寻求帮助时，应选择在上级空闲时前去请示。最好事先想好几种解决方法，请上级选择，这样，既可以体现下属的思考过程，也不至于

---

① 黑暗中的鲨鱼."白骨精"养成记：我在职场的日子[M].南京：江苏文艺出版社，2010.

让上级花费过多的时间与精力。也许有人会觉得自己能力强，完全可以独立完成，不用麻烦上级，殊不知，在关键问题上，下属的选择不一定与上级的想法一致，请示上级是尊重他的观点。

2. 不要忘记赞美上级

人们都喜欢听赞美的话，上级也是一样。但是赞美上级要恰当和自然，不能让旁人感觉到是阿谀奉承。那么，如何赞美上级领导才是恰当的呢？

(1) 赞美中表示羡慕。羡慕会增加赞美的效果，赞美可能只是表面之辞，羡慕则能流露出下属对其所赞美的上级领导的心理认可，更显示出自己的真诚。

例如，你可以说："赵局长，听说您的儿子考上了一所名牌大学，真是有其父必有其子呀，我要是有这么个有出息的儿子，我这辈子也就满足了。"这样的赞美肯定会让领导感到十分得意和满足。

(2) 赞美中表示钦佩和理解。赞美领导是"同甘"，而表示钦佩则带有某种"共苦"的意味。它更能深入领导的内心，打动他的情感。因为几乎所有领导的成功，都要付出超出常人的艰辛和无奈，而这些艰辛和无奈却常为下属所忽视。我们对领导的赞美往往是赞美他所收获的东西，如权力、地位、名誉等，而往往忽略了其本人的价值，很少能说到上级领导的心坎上。因此在赞美中表示钦佩和理解，一个很好的方法就是赞美和同情他的奋斗历史。

例如，你可以说："这些年您真的很不容易呀！""凭您工作的那股认真劲儿和这些年的成绩，不提您提谁呀？提谁都难服大家的心。"这些话会让领导感到你是真正理解他的人，言语之间，你的钦佩之情也油然而生。

(3) 赞美中表决心。赞美，往往是针对过去的；而表决心，是面向未来的。较之赞美，对领导表决心是更加积极的做法，确切地说，它是对领导表忠诚的一种方式。

例如，你可以这样说："跟着您，我们觉得工作的劲头儿更大了！"这表明了你承认领导的权威，并愿意保持对他的忠诚，这是领导者最希望看到的局面，这种表达是十分受领导欢迎的。

案例5-7：赵亮刚进一家公司不久，同事间尚不熟悉，与领导更是连面都很少见。那天上班，赵亮正好和老总一起乘电梯。与老总打过招呼之后，赵亮对老总说："王总，听说公司刚成立时很艰苦，只有一桌一椅，还有和您一起打拼的刘总，这是真的吗？"

"确实是这样的，当年的条件跟现在可是没法比的，生活非常困难，但是那个时候也是有胆识就能拼事业的年代……"没想到一句话，就让王总打开了话匣子，他自豪地谈起了自己早年创业的经历，甚至离开电梯的时候，王总还是意犹未尽。

"王总，您的创业史真的是非常让人敬佩，很励志也很令人感动，希望以后有机会能够听您继续说说您的故事，感觉很受教。"

"哈哈，好，年轻人，你在哪个部门？你叫什么名字？"

"我叫赵亮，在策划部。"

"那好，我知道了，去上班吧。"

"好的，王总您忙，有时间我去请教您。"

自那以后，王总记住了赵亮这个名字。后来，赵亮发现王总明显照顾自己，很多时候王总都会带着赵亮一起出门，因为他的口才非常出众，总是能博得大家的喜欢。

3. 上级发火时，如何与上级沟通

当上级发火的时候，下属要虚心地接受批评，切勿当面顶撞上级，也不要过多地解释。可以告诉上级，你已经做好听的准备了，请他坦诚地说好，这样反而能扭转局面。如果是你的错误，请你恳切地道歉，弥补自己的过失；如果是你被误会了，也要先让上级的火气发出来，事后做好解释工作，拿出实际行动来。

如果对上级所做的某项决定有不同意见、不满情绪，要采取适当的方式，冷静地与上级讨论这个问题，但在上级发火时应暂停讨论。

4. 掩饰自己的锋芒

俗话说"枪打出头鸟"。在职场中，那些喜好表现、锋芒太露的人，往往会受到别人的排挤和打压、陷害和污蔑，结果事事不顺，万事不成。而那些看似普普通通、对别人构不成威胁的人，常常能在激烈的竞争中胜出，受到领导的青睐、同事的信任、下属的拥戴，低调和谦恭反而成了制胜的法宝、生存的武器。

此外，有一些领导者心胸狭隘，可能会担心某个下属能力过强，有一天取代自

己的地位。所以作为下属，在上级面前不要锋芒太露，才能很好地发展。

5. 了解上级的风格，按照他的行事方式工作

在职场中你需要经常跟上司打交道，想要实现良好的沟通效果，首先应充分了解上级。上级也是普通人，也有七情六欲，也有脾气、个性和偏好等性格特点。下属要学会根据上级的个性和处事风格有针对性地进行沟通，作为下属，要头脑聪慧、反应灵敏、做事爽快，才能赢得上级的赏识。全面细致地了解上级，才能与上级步调一致，及时预测职场的风向。

一般情况下，上级的类型分为三种：控制型、互动型和实事求是型。只有了解上级的特点后，再充分准备，才能做到有效沟通。

控制型的上级权力大，态度强硬，他们求胜心强，易急躁，对琐事不感兴趣。对待这种上级，与其沟通时要简明扼要，要多服从，不要争辩，可以赞美他的能力、工作成就。互动型上级善于交际，喜欢交流，喜欢赞美，很注重过程。与这样的上级沟通，可以不隐瞒想法真诚地与其沟通，适当地赞美。实事求是型的上级讲求逻辑原则，不感情用事，很在意问题的实质。他们逻辑分析能力强，对数字敏感。与其沟通时，要特别注意实事求是，避免因过分的吹捧或不实的语言引起上级的反感。

6. 与上级交谈要简练，突出重点

上级领导往往工作繁忙、分秒必争，所以，在向上级汇报工作或者在与上级交谈时，一定要简单明了，不要说一些无关紧要的话，以免让上级厌烦。对于上级最关心的问题要重点突出、言简意赅。比如，对于设立新厂的方案，上级最关心的还是投资的回收问题，他希望了解投资的数额、投资回收期、项目的盈利点、盈利的持续性等问题。所以，下属在交谈的过程中，一定要把最重要的问题用精简的话语讲清楚，毕竟上级的时间有限，也许还有许多更重要的事情等着他去决策。

如何突出重点？例如，下属想要增加一个助理，正确的沟通方式是直接跟上级说"我需要增加一个助理"，然后再说原因"因为工作量快速增加，有些需要及时处理的事情很容易被耽误，每天加班也很难完成……"如果反过来先铺垫原因，上级听完前几句话可能会先入为主地猜测下属的想法："你是不是想要更多的加班

费？"他还会担心："被耽误的事情造成了多大的损失？"他可能会因为这些想法而立即打断下属的陈述，从而无法真实、完整地理解下属的意图，导致沟通障碍，影响正确决策。

但是要注意，并不是所有的事情都适合这样表达。比如下属认为上级的某个方案行不通，不能直接说"这方案行不通"，而应说"此方案的A处稍做修改，能减少20%的间接成本"，然后观察上级的反应，如果上级同意，下属可以接着说"此方案的B处……"，待下属把要修改的地方依次讲完后，再征求上级的意见，最终让上级自己思考并形成结论：这方案要推翻重来。

三、获得晋升，与下属的沟通技巧

当一个人的业绩突出、表现优秀时就会迎来晋升的机会，从而进入领导层，这时在职场中主要接触的就是下属。那么，与下属沟通要注意哪些原则、掌握哪些技巧呢？

(一) 下达任务的技巧

给下属发布命令是上级领导的工作之一，很多领导在给下属布置任务时，口吻往往很强硬，甚至带有呵斥、威胁的意味，这样会使下属的工作积极性受到压制。虽然上级领导与下属员工在工作级别上有一定区别，但是在日常工作的沟通交流中官本位思想不要太浓重，上级领导融洽和谐地处理与下属的关系，更有助于工作的顺利开展。

1. 正确地传达任务和意图，不要经常变更任务

上级在给下属布置任务时要注意任务表述的准确性，应避免任务多次变更而导致下属无效率地重复工作，使下属无所适从，具体可采用5W2H法，即Who(给谁布置工作)，When(完成工作的时间)，How to do(如何做工作)，Where(在哪里工作)，What(做什么工作)，How many (much)(工作的数量或价格)，Why(为什么工作)。

例如，下面的一段话就是按照5W2H法布置的任务，非常清楚准确。

"张秘书(Who)，请你将这份调查报告(What)复印两份(How many)，今天下午下班前(When)送到我办公室(Where)，请你留意一下复印的质量(How to do)，我明天要带给客户做参考(Why)。"

2. 提升下属接受任务的积极性，避免下属带情绪工作

很多下属在接受上级布置的任务时很不情愿，甚至带着情绪去完成任务。这样的工作态度显然很影响工作完成的效率和质量。下属员工的情绪有时源于自身，有时来自上级领导的态度。上级在与下属员工沟通时，要尽量提高员工接受任务的积极性，保证其高质量地完成工作。

(1) 尊重下属，用词礼貌。上级不要打官腔，不要给人高高在上的感觉，要平易近人、态度和善，并使用礼貌用语。尊重是互相的，不仅下属员工要尊重上级领导，下属员工也同样需要上级领导的尊重。例如：

"小王，(请)你把这个文件拿去复印一下。""小李，(请)进来一下。"

上述例子中，如果不加"请"字，会让人觉得语气很生硬，带有强制命令性；如果使用礼貌用语"请"字，就显得友善多了，会让下属有种被尊重的感觉。

(2) 让下属明白工作的重要性。在布置任务时要传递给下属一种关怀和信任，并强调任务的重要性，让下属听后能认真谨慎地去完成任务。例如：

"小王，这次项目投标能否成功，关系着我们今年在总公司的业绩排名，这对公司来说至关重要，希望你能竭尽全力去争取成功。"

3. 给下属适当的自主权

任务的下达者是上级领导，而完成者是下属员工，因此在布置任务时不能完全放手让下属干，但在一定范围内要给予下属适当的自主权，必要时还要给予协助，辅助下属共同完成任务。例如：

"这次会议都交给你负责，关于会议的主题、时间、地点还有预算等问题，请你做一个详细的策划，下个星期你选一天，我听取你这方面的计划。另外，财务部门我已经协调好了，他们会给你提供必要的报表和帮助。"

4. 让下属及时提出疑问

在下属完成任务的过程中，上级要时刻表示关心，营造一种民主的氛围，经常给予下属提问的机会，并认真解答，保证任务完成的质量。例如：

"关于这个项目你还有什么意见和建议吗？"

"关于这一点，你的意见很好，就照你的意见去做吧。"

(二) 赞扬下属的技巧

钢铁大王安德鲁·卡内基为什么付给他的助手史瓦伯一年100万美元呢？是因为史瓦伯是天才吗？不是。是因为他对钢铁制造比别人了解得多吗？也不是。史瓦伯自己曾经说过，在他手下做事的许多人，对钢铁制造了解得都比他多。而他之所以能得到这些薪金，大部分得益于他与人沟通的能力。"我认为我具有激发人们才能的能力，"史瓦伯说，"这是我拥有的最大资源，而充分激发一个人的才能的方法就是赞赏和鼓励。"

由此可见，赞美下属的作用有多大！但是赞美下属要讲究方法和技巧，只有恰如其分、发自内心的赞美才能达到应有的效果。

1. 赞美的内容要具体

赞美下属要注意赞美的内容不要过于笼统，诸如"你真行""你太棒了"这样的赞美就会显得很苍白无力，要针对下属对公司的具体贡献给予赞美。例如：

"你这次接待客户的态度非常好，自始至终婉转、亲切、诚恳而且还及时解决了客户的问题，这正是我们期望员工所能做到的标准典范。"

2. 注意赞美的场合

赞美下属要注意场合，不能随时随地赞美，对于被公司所有员工认同的优点可以公开赞美，比如，下属小王在本年度公司业务竞赛中取得了第一名的好成绩，那么就可以当着全体员工的面儿赞美小王的工作能力强，业绩突出。而对于仅仅是上级主观认为的优点只能留在私下里单独赞美，否则容易引起其他员工的不满。

3. 适当地运用间接赞美

赞美分直接赞美和间接赞美，面对面地赞美对方属于直接赞美，借助第三方来赞美对方属于间接赞美。日常工作中，上级可以适当地借助第三方的口来赞美下属，这样效果会更好。例如：

"前两天，我和刘总经理谈起过你，他很欣赏你的工作方法，还有你对工作的热心和细致值得其他人学习，好好努力啊，不要辜负刘总经理对你的期望。"

(三) 批评下属的技巧

批评下属用语要慎重，要能够使下属心悦诚服地接受批评，收到批评的效果。如果批评不当，会起反作用，或者导致下属破罐子破摔，一蹶不振；或者引起下属对上级的愤怒，视上级为敌人。批评下属时除了本书第四章讲过的批评技巧外，还要注意以下几个方面。

(1) 尊重客观事实。

(2) 不要伤害下属的自尊和自信。

(3) 要友好地结束批评，如"下次不要再犯了""今后你要注意了""我相信你会做得更好"等。

案例5-8： 某私企老板一贯独断专行，对下属员工十分苛刻。他常不分场合地批评下属，不给任何人留面子，甚至会因为极小的一件事情或者一句话就开除下属。有时候在全体员工大会上逐个点名批评下属，弄得大家都抬不起头来。企业气氛很压抑，大家对他都敬而远之，有才干、有门路的人都想办法跳槽走了，任何有利于公司的建议下属都不敢提出，整个企业都是老板一言堂。

比如，在楼道里，老板冲着一位打扫卫生的员工发脾气："你怎么拖地的？要从左到右拖三遍，从上到下拖三遍。"打扫卫生的员工看了一眼老板，委屈地低下头继续拖地。到了办公室，老板看到桌子上摆放整齐的文件和日程安排表，马上把女秘书叫了进来，冲着秘书大声吼道："我不是和你说了吗？今天我有其他安排，你的日程是怎么安排的？不能干就给我走人！"秘书眼里噙着泪退了出去。

有一天，老板把销售冠军小张叫到办公室，把一叠厚厚的报表扔在小张面前，说："你看小陈，刚来两个月，业绩就名列前茅。你以为我能让你拿这么高的薪水，就不能让别人拿的比你更高？再这样下去，你这个销售冠军还能坐多久？"

"不是这样的，您听我说，其实——"小张本想趁这个机会就此事与老板正面沟通，结果被老板打断了谈话。

"还有什么好解释的？做得不行就是不行，你回去好好想想吧！我再给你一个月的机会，要是下个月你的业绩还不能提升，那我就要扣你年终奖金了。我还有事要忙，你回去吧。"老板不耐烦地示意小张出去。

小张非常生气也非常难过，老板就这样劈头盖脸地训斥人，不了解原因，也不给自己沟通的机会。自己尽职尽责，拓展了公司近30%的现有市场，客户的投诉率一直保持在全公司最低，年年被评为优秀员工。这个月被分派到刚开发的新市场，客户数量不多，但与前期相比正以10%的速度扩充。再加上本月由于公司总部发货不及时，有很多客户临时取消了订货单，销售额与成熟市场当然不能媲美。而公司把小陈安排到老市场，老市场客户源稳定，客户关系网坚固牢靠，形势大好，业绩自然更好。小张惨遭老板不分青红皂白的训斥，内心感到很委屈，找机会跳槽到更好的公司了，这个老板从此失去了一个非常优秀的员工。

对于上级而言，要让员工尊重，靠的不是摆领导架子，而是尊重和关爱员工，对待下属员工要严爱结合。对于案例中这种动辄对下属发脾气、不讲究技巧、只是为了发泄不满的上级，没有几个人愿意忍受。想要留住人，就要尊重员工，不能总是用恶劣的语气训斥下属，即便是下属真的犯错了，需要批评，也要用恰当的语气和语言。在进行批评教育的时候，要懂得就事论事，对事不对人，切忌把问题扩大到对方的人品、态度、修养等方面，类似"你简直是愚蠢至极、没见过像你这样笨的人、你的人品真的是有问题、不要这么没素质、你也够窝囊了、你怎么一件事也做不好"等定论式评价，往往会带来不良后果。

第三节　职场沟通的禁忌及注意事项

一、职场沟通的禁忌

(一) 求职面试的禁忌

在面试时有时会碰到这样的情况，面试开始了，面试官对面试者说："说说你自己吧！"这问题看似简单，实则不好回答，怎么说？说什么？该注意什么？很多大学毕业生就在这个问题上栽了跟头，那么，这里面有什么要注意的吗？

1. 尽量少用"我"这个字眼

"我叫××，毕业于××校××系，我的特长是……，我的爱好是……，我……"一连串的"我"！说着说着，你会发现面试官的脸色越来越难看。

人们一般讨厌把"我"字挂在嘴边，在自我介绍时如果连续三句都用"我"做开端，面试官一般会认为你是一个极端自私自利、自以为是的自我中心者。

较好的办法是，如果有可能，尽量把"我"字开头的话题，转为"你"字开头，如"你想了解我的个人爱好，还是与工作有关的问题""你说呢？你认为怎么样"等。

2. 把好事留在后面说

"我在大学四年期间获得了很多荣誉，连续四年获得学校一等奖学金，并连续两年获得学院优秀干部称号，还获得全国大学生英语竞赛二等奖……"

面试一开始，许多面试者就迫不及待地历数自己的"光辉历史"，洋洋洒洒。这不是明智的做法，容易给面试官一种自吹自擂、夸夸其谈的感觉。

好事应该留在后面说，尽量给人留下诚实谦虚的印象；或者将取得的成绩转换为一个话题，以引起面试官的兴趣，使其主动提问。

3. 给自己留条后路

尽管面试者十分想得到应聘的职位，但也不要过分地吹嘘自己的能力。例如：

"我认为我有这个能力为贵公司实现500万元的年利润，请领导相信我，并给予我这个机会。"

为了证明自己对企业的价值，作为一个应届毕业生，夸下这样的海口，会使面试官非常反感。可能企业内经验丰富的市场人员一年的业绩能逾500万者也寥寥无几。面试官听后可能会进一步问"是否了解公司最近的动向""具体方案是什么"，应聘者往往张口结舌，使自己陷入尴尬境地。

所以对于有些没办法确定的话题，先不要夸口。就算对自己能力有充分的信心，也要有所保留，话不能说得太满。

4. 语言简洁，语气明快

有面试者做自我介绍时这样开场："我出生在海边，那儿风景优美，人杰地灵，青山绿水……"

面试者可能以为，这样的开头形象生动，会给面试官留下深刻的印象。殊不知，透过啰唆的语言，面试官会发现应聘者缺乏概括能力，并且连他提问的用意都理解不了。

面试官不会想要了解应聘者的成长经历，他想知道的是应聘者是否适合这份工作。所以，语言要尽量简洁明快，有条理性，千万不要采用"浪漫主义"的叙述方法。

5. 不要提问缺乏自信的问题

"你们要几个呀？另外你们要不要女性？"这种问法会突显应聘者的信心不足。对用人单位来说，招一个是招，招十个也是招，问题不在于招几个，而是招进来的人有没有竞争实力。强调"是否要女性"，首先就给自己"打了折"，是一种缺乏自信心的表现。

6. 切忌极度关心待遇

"你们公司待遇好不好？最低工资是多少？"关心自己应聘岗位的待遇并没有错，但不能一上来就问有什么待遇，这样会"心急吃不到热豆腐"。谈论报酬要看准时机，一般要在面试官流露出初步的聘用意向时再委婉地提出。

7. 不要套近乎、提熟人

"我认识你们单位的客户经理×××，他是我的中学同学。"类似这样的提熟人、套近乎的话会引起面试官的反感，如果这个"熟人"凑巧与面试官有矛盾，那相当于搬起石头砸自己的脚。

(二) 与上下级沟通的禁忌

经过几年的学习，大学生终于走出了无忧无虑的象牙塔，夹起公文包，开始为每天的生存而奋斗。这些"职场新生代"平时在家、在学校都不免有些养尊处优，大事做不好，小事不屑做。大学生应该了解，优秀学生不等于合格员工，大学生要想在职场立足，得到上级领导的赏识、单位同事的支持，必须学会有效地沟通，尽快给自己在职场上合理定位。

1. 没有礼貌

案例5-9：王芳大学毕业后的第一份工作是经理助理。刚上班，经理让她给于副总打个电话，请副总裁处理一项工作。于是，王芳就打了电话："是于副总吗？刘经理让我告诉你，你把×××事情赶紧处理一下，刘经理很急的。"刘经理在那里摇了几下头，办公室里的人听完她说的话都无奈地笑了[①]。

王芳在打电话时，言辞不礼貌，刘经理在职级方面并没有权利要求于副总去执行什么工作，这种命令式的语气虽然是转告，却显示出对于副总的不尊重。大学生在学校里自由散漫惯了，习惯性地以为这些都是理所当然的，忽略了职场与校园的区别。礼貌是多方面的，包括语言、行为、举止，甚至包括暗示性、职级性的礼貌。对于礼貌方面的考虑，有些大学生相当欠缺，然而这些却是影响职场升迁的重要因素。没有任何上级希望培养提拔一个不懂礼貌的职员。

2. 独来独往

案例5-10：汪洋担任某公司开发总工程师助理。总工经常要到下属企业去考察，了解下属企业的人员配置、设备配置、加工能力、工艺、交通、生产能力等情况，以便考虑如何组织产品生产。但是汪洋从来没有主动要求与总工一起下车间，也没有向总工请教或与他沟通，一直都是自己直接去下属企业考察，自己跟下属企业的负责人进行交流[②]。

学生在学校里强调的是"个性"，学校也鼓励学生的个性发展。但企业强调的是团队精神和严谨的工作纪律，在这里需要的不是一枝独秀，而是团队成员的默契配合，用集体的智慧和力量完成工作。新人应该了解，无论你在学校里学业成绩有多优秀、社会活动能力有多强，无论你的雄心壮志有多高，成功绝不会是孤立的，你所处的环境、你的机会都是影响成功的重要因素。认识到这一点，才能树立学习

---

① 付裕. 初涉职场大学生需注意5大问题 [N]. 凤凰网博报，2008-11-19.
② 付裕. 初涉职场大学生需注意5大问题 [N]. 凤凰网博报，2008-11-19.

的态度，走向人生的又一个起点。

3. 带着情绪工作

带着情绪工作多发生在刚刚步入职场的员工身上。职场新人还没有完全褪去学生气，没有找准自己在职场中的定位，所以依旧延续着上学时候的作风，凭着喜好做事。在职业生涯中，我们会遇到各种各样不顺心的事情，比如因为上手慢被同事指责，反应过度的人会觉得对方是在故意刁难自己，于是每天上班都板着脸，跟人说话时总是没有好态度。把情绪带入工作中，工作很容易出错，而且会让人觉得你态度不端正、做事不认真、抗压能力差，反而招致更多的批评。

4. 高傲自大

在工作中，骄傲自满会堵塞与同事之间交流的通道，阻断工作上的联系，严重的还会影响公司的发展。正确的做法是保持谦虚谨慎，与他人融洽地相处。

案例5-11：小刘刚进公司的时候，优势非常明显，不仅是名校毕业，而且具有丰富的从业经验。刚到公司没多久，他就升职了。大家对他很是敬佩，他便有些得意忘形，在同事面前端起了架子。当下属遇到问题时，他从来不和颜悦色地帮助解决，而是一味地批评、指责。慢慢地大家就开始疏远他了，遇到问题也不再向他汇报了。有一次，由于他的疏忽大意，导致工作出现重大失误。他这才发现，如果自己及时跟下属沟通，这样的失误原本是可以避免的。从那以后，小刘的态度发生了很大的转变，不再那么傲慢了。

案例5-12：小建是学机械设计的，毕业后到某加工公司做设计工程师，刚开始要到车间跟老师傅学习加工制作工艺，但小建在工作中认为自己的学历比老师傅高，所以对老师傅提出的一些加工建议总是不以为然，并且经常擅自做主改变工作流程，最终导致了严重的工作失误[1]。

进入企业后，应该尽快放弃"精英意识"，以平常心看待工作、看待同事。要

---

[1] 付裕.初涉职场大学生需注意5大问题 [N].凤凰网博报，2008-11-19.

时刻问自己"你可以为团队做什么贡献",而不是急于表现自己。另外,企业强调的是结果,谁能出成绩谁就是好样的,这与学历和来自什么学校无关。而且,越是名牌院校的学生,企业寄予的期望就越高,一旦达不到他们的预期,企业的失望与不满就会越多。

5. 说别人闲话

案例5-13: 小陈刚进入一家企业工作,总是害怕不清楚人际关系而无意中触雷,从而影响自己的前途,于是特别热衷于搜集小道消息。有一天,他跟同事聊天,得意洋洋地说:"你知道吗!人事部的张经理是老板的小老婆。"同事警告小陈不要瞎说,但小陈并没有吸取教训,在又一次的传话里,小陈说某人偷窃了公司的财产,在查无实据的情况下,公司开除了小陈[①]。

有些大学生习惯性地想到什么就说什么,很少认真地去想一想所说的话是否真实合理,尤其对一些小道消息,应该特别慎重。小道消息很有可能是某些人故意放出来的,如果盲目跟风,像小陈这样,实际上等于被人利用,充当了工具,害人又害己。此外,乱嚼舌头的人在企业里是不可能受到重用的,因为没有办法保证一个乱嚼舌头的人会严守企业秘密。

进入职场后要格外注意这些禁忌,注意学习职场沟通的技巧,不断提高自身素质和沟通能力,才能使自己在职场中游刃有余。

二、职场沟通的注意事项

(一) 求职面试的注意事项

成功的自我介绍既是打动面试官的敲门砖,也是推销自己的极好机会,因此一定要好好把握。应聘者具体应注意以下几点。

(1) 接到面试通知后,一般可以先准备好两份自我介绍,比如一份时长为一分钟的自我介绍和一份时长为三分钟的自我介绍。然后试着讲述几次,感觉一下。

---

① 付裕. 初涉职场大学生需注意5大问题 [N]. 凤凰网博报,2008-11-19.

(2) 面试时首先要礼貌地做一个极简短的开场白，应先向面试官示意，如果面试官在注意别的东西，可稍等一下，等面试官将注意力集中在你这个"焦点"上的时候再开始。

(3) 注意掌握时间，如果面试官规定了时间，一定要注意，既不能超时太长，也不能过于简短。

(4) 介绍时，不宜太多地停留在诸如姓名、工作经历、时间等内容上，因为这些在简历表上已经列明，应把重点放在简历没有列明的方面，更多地谈一些跟所应聘职位有关的工作经历和取得的成绩，以证明自己确实有能力胜任工作职位。

(5) 在作自我简介时，千万不要东张西望，显出漫不经心的样子，这会给人做事随便、注意力不集中的感觉。眼睛最好多注视面试官，但也不能长久注视、目不转睛。尽量少加一些手的辅助动作，不要经常变换姿势，可以保持一个姿势，毕竟面试时间很短暂。

(6) 在自我介绍完后不要忘了道声"谢谢"，礼貌待人会给面试官留下很好的印象。

(二) 与上下级沟通的注意事项

(1) 上级领导要经常对下属嘘寒问暖，以表关心，不要为鸡毛蒜皮的小事发怒。作为领导者，每天都要跟自己的员工打交道。你真心待人，人家也会真心待你，你所"取"如何，就看你所"予"如何。

职场沟通的黄金法则——你希望别人怎么对待你，你就怎么对待别人。

职场沟通的白金法则——别人希望你怎么对待他，你就怎么对待他——要学会换位思考。

(2) 无论是上级领导还是下属员工，工作时都要就事论事，不要进行人身攻击，不要触及敏感问题。不能当着众同事的面让上级下不来台，只要理在你这边，点到为止，见好就收。发怒以后，要主动与同事和好，用积极的态度唤起彼此的信任。

☆ 职场沟通能力自我小测试

与上级沟通能力小测试

1. 面对工作中的难题你怎样解决?

    A. 与上级沟通寻求支持　　　B. 与同事沟通寻求支持　　　C. 自己想办法

2. 你一般采取怎样的方式和上级沟通?

    A. 面对面沟通　　　　　　　B. 电话或电子邮件沟通　　　C. 定期书面沟通

3. 当你和上级意见不一致时,你会怎么表达自己的意见?

    A. 面对面沟通　　　　　　　B. 书面报告给上级　　　　　C. 通过其他方式

4. 面对不同性格的上级如何沟通?

    A. 从沟通对象角度　　　　　B. 注意沟通技巧　　　　　　C. 对事不对人

5. 面对强势的上级如何沟通?

    A. 思路清晰、逻辑缜密　　　B. 先赞同再提意见　　　　　C. 书面或电话沟通

6. 面对效率型上级如何沟通?

    A. 简单明了,直指问题　　　B. 尽量采用封闭式问题　　　C. 加强时间观念

7. 面对权威型上级如何沟通?

    A. 表示足够的尊重　　　　　B. 采用请教的方式　　　　　C. 书面建议

8. 面对指导型上级如何沟通?

    A. 请示汇报　　　　　　　　B. 书面建议　　　　　　　　C. 询问

9. 如何用电子邮件与上级沟通?

    A. 尽量简单,直指结果　　　B. 直接陈述观点　　　　　　C. 注意措辞

评分标准:选A,3分;选B,2分;选C,1分。

结果:

24分以上——与上级沟通能力强;

15~24分——与上级沟通能力一般;

15分以下——与上级沟通能力差。

与同事沟通能力小测试

1. 面对同事的缺点和错误你会怎样做?

    A. 委婉沟通,引导发现　　　B. 直言相告　　　　　　　　C. 跟我关系不大

2. 发现同事优点或其取得好业绩你会怎么做？

　　A. 及时赞美和祝贺　　　　B. 非常关心，想学习其经验　C. 羡慕

3. 当你听到同事在背后说别人坏话，你会怎么办？

　　A. 不传话　　　　　　　　B. 有时会加以制止

　　C. 在一定范围内告诉别人

4. 表达自己的观点时，你会注意语气语调吗？

　　A. 每次都非常注意　　　　B. 重要场合下注意　　　　C. 很少注意

5. 你在表达时，如何把握词语的使用？

　　A. 总能找到准确的词语　　B. 偶尔找不到合适的词语　C. 经常词不达意

6. 同事对你的工作提出意见时，你是什么态度？

　　A. 积极沟通，找出差距　　B. 接受意见，自我检查　　C. 表面接受

7. 你和同事出现误会，你怎么办？

　　A. 及时沟通，消除误会　　B. 通过第三方沟通　　　　C. 等对方找自己沟通

8. 当你进入一家新公司时，如何认识新同事？

　　A. 主动认识每个人　　　　B. 积极认识部门里的人　　C. 在工作中慢慢熟悉

评分标准：选A，3分；选B，2分；选C，1分。

结果：

18分以上——与同事沟通能力强；

12~17分——与同事沟通能力一般；

12分以下——与同事沟通能力差。

本章小结

　　在依循严格生存法则的职场中，良好的沟通能力是每个求职者成功就业的必要保障和实现人生价值的重要前提，关系到每个职场人在事业中能否成功。

　　职场沟通是一门学问，也是一门艺术。求职时，需要掌握灵活的自我推销和面试应变技巧；工作中，要与同事和谐融洽相处，与上级领导和下属搞好关系，需要掌握主要禁忌及处事原则。要正确解读和运用职场沟通技巧，应多看、多学、多做、多问，这样不仅有助于提高自己的职场生存能力，也有助于实现更高的人生理想。

情景模拟与沟通训练

1. 求职面试情境训练：面试时间5分钟，1分钟自我介绍(中文和英文即可)，4分钟由三位主考官问问题(大家自由表演)，5分钟内结束面试。

2. 职场沟通角色扮演：大家分成小组，自己挑选角色，角色包括经理、员工和同事等，情景自拟，每组表演时间不超过5分钟，表演时要注意正确运用职场沟通技巧。

3. 你将要参加一家企业的面试，这次面试可能会给你的前途带来新的转机。不幸的是，由于出门过于着急，你忘记换鞋，直接穿了一双拖鞋前去参加面试。距离面试开始还有20分钟，你没有时间回去换鞋。刚好这时你的眼前出现了一个人，他拎着一双高档皮鞋。你身上只有50元钱，你该如何用这50元钱换取这双皮鞋？对方明确表示这是一双新鞋，价格很贵，他很怕你穿走之后不还。在此情况下，你该如何从对方那里借到皮鞋？

案例分析

案例1

财务部陈经理每月都会按照惯例请下属员工吃饭。一天，他走到休息室叫员工小马，通知其他人晚上吃饭。快到休息室时，陈经理听到里面有人在交谈，他从门缝看过去，原来是小马和销售部员工小李在里面。小李对小马说："你们陈经理对你们很关心，我见他经常请你们吃饭。""得了吧，"小马不屑地说，"他就这么点本事来笼络人心，遇到我们真正需要他关心、帮助的事情，他没一件办成的。就拿上次公司办培训班的事来说，谁都知道如果能上这个培训班，工作能力会得到很大提高，升职机会也会大大增加。我们部门几个人都很想去，但陈经理一点都没察觉到，也没积极为我们争取，结果让别的部门抢了先。我真的怀疑他有没有真正关心过我们。""别不高兴了，"小李说，"走吧，吃饭去。"陈经理只好满腹委屈地躲进自己的办公室。

案例讨论题

1. 案例中的上级和下属在平时的沟通中存在哪些问题？

2. 案例中的上级和下属接下来应该怎样改善关系、解决问题？

案例2

小赵是公司销售部的一名员工，为人比较随和，不喜欢争执，和同事的关系处得都比较好。但是，前一段时间，不知道为什么，同一部门的小李老是处处和他过不去，有时候还故意指桑骂槐，他俩合作的工作也都有意让小赵多做，甚至还抢了小赵的好几个老客户。

起初，小赵觉得都是同事，没什么大不了的，忍一忍就算了。但是，看到小李越来越嚣张，小赵很生气，就直接告到经理那里。经理把小李批评了一通，从此，小赵和小李成了绝对的仇家。

案例讨论题

小赵和小李在沟通方面分别存在什么问题？他们当初应该怎样沟通才会避免出现今天的状况？

案例3

张先生是一位已有五年工龄的模具工，他工作勤奋，爱钻研。半年前，张先生利用业余时间独立设计制作了一套新型模具，受到设计部门的嘉奖。为了鼓励张先生的这种敬业精神，当时的生产部主任王先生特别推荐他上夜校学习机械工程学。从那以后，张先生每周有三天必须提早一小时下班，以便准时赶到夜校。这也是经原生产部主任王先生特许的，王先生当时曾说过他会通知人事部门。然而，上周上班时，张先生被叫到现任生产部主任陆先生的办公室进行了一次面谈。陆先生给了他一份处罚报告，指责他工作效率低，尤其批评他公然违反公司的规定，一周内三次早退。如果允许他继续这样工作下去，将会影响其他员工。因此，陆先生要对他进行处罚，并警告说，照这样下去，他将被解雇。当张先生接到处罚报告时，感到十分委屈。他曾试图向陆先生解释原因，然而，每次陆先生都说太忙，没时间与他交谈，只是告诉他不许早退，并要求他提高工作效率。张先生觉得这位新上司太难相处，心情十分沮丧。

案例讨论题

本案例中哪些环节存在沟通方面的问题？应该如何解决？

案例4

一家公司准备派两名员工去日本研修，公司有三位老员工，结果部门主管决定派A老员工和D新员工去。这一消息被透露后，B老员工和C老员工都不赞同，他们都想去。

案例讨论题

1. 部门主管应该采取什么策略与B和C进行沟通？沟通的目的是什么？在沟通的过程中要注意哪些问题？

2. 当部门主管把名单报上去后，没有被高层领导采纳，部门主管决定换B去日本。在这样的背景下，主管与A和C又该如何面谈？面谈的目的是什么？应采取怎样的沟通策略？主管与A和C面谈时，应如何安排沟通的信息内容？

复习思考题

1. 职场沟通有什么意义？

2. 职场沟通分为哪几个阶段？如何恰当地进行职场沟通？

3. 求职面试时与面试官沟通有哪些忌讳？如何正确地与面试官进行交流？

4. 如何巧妙应对面试官提出的"地雷式"问题？

5. 如何与上级领导和下属员工进行交流？

第六章 交友沟通

本章素质培养目标：通过对本章的学习，使学生学会交友，能与朋友更好地进行沟通。

重点：交友沟通的技巧。

引例：历史上著名的"管鲍之交"

管仲是春秋时齐国人，长得相貌堂堂，他博古通今，有经邦济世的才能。年轻时，他与鲍叔牙一起做生意，赚了钱分账时，管仲总是多拿一些，大家都很生气，鲍叔牙说："管仲不是一个贪小便宜的人，他多拿是因为家里穷，我是心甘情愿让他多拿的。"后来，管仲参了军，每次打仗都缩在最后面，撤退时又跑在最前面，别人都骂他是个胆小鬼，只有鲍叔牙说："管仲有老母亲需要他赡养，他不是那种贪生怕死的人，抓住机遇，他一定会取得很大成绩的。"管仲听了这些话，十分感动，说："生我的是我的父母，而能真正了解我的却是鲍叔牙！"从此以后，他们俩结成了生死之交。

齐襄公有两个儿子，大儿子叫纠，母亲是鲁国人；小儿子叫小白，母亲是莒国人。管仲对鲍叔牙说："齐襄公死后，继承王位的不是纠就是小白，我们俩现在分别去给纠和小白做老师，到时不管他俩谁做国君，咱们俩都相互推荐。"鲍叔牙觉得这主意不错，于是，管仲就做了公子纠的老师，鲍叔牙做了公子小白的老师。齐襄公是个昏君，被大臣杀了。当时公子纠在鲁国，公子小白在莒国，大臣们决定迎接公子纠回国当国君。鲁国派人送公子纠回国，莒国派人送公子小白回国，管仲怕小白先回国，就追上公子小白，射了他一箭。公子小白假装中箭，骗过管仲，然后与鲍叔牙快马加鞭先回到齐国，当了国君，即齐桓公。鲁庄公听说公子小白当了国君，十分生气，就派兵攻打齐国，结果大败而还。在齐国的压力之下，鲁国杀了纠，把管仲送回齐国。

齐桓公要鲍叔牙当丞相，鲍叔牙说："管仲这个人有经天纬地的才能，他比我强十倍，希望大王不要记恨他射您一箭，让他当丞相。"齐桓公想了想说："好，我先见见他，看看他有什么能耐。"齐桓公选了个日子，亲自把管仲接到宫里，管仲就向齐桓公谈起了自己的治国政策。管仲讲得头头是道，齐桓公听得津津有味，两人连续谈了三天三夜，齐桓公十分高兴，就把国家的大小事情都交给管仲去处理，称他为"仲文"。

这个故事对我们的启示：朋友相交，贵在知心。没有鲍叔牙的胸怀，管仲可能难以在历史上留名；而没有管仲的雄才大略，鲍叔牙也许永远只是一个商人。齐桓公如果没有管仲和鲍叔牙，也许就不会成就"九合诸侯，一匡天下"的伟业，成不了春秋第一霸主①。

第一节　交友的基本原则

一、选择朋友的原则

俗话说："益者三友，损者三友。"也就是说好朋友有三种，坏朋友也有三种。这三种好朋友的标准是什么，会给我们的生活、事业带来什么样的帮助？而那三种坏朋友又是什么样的？会给我们的人生带来怎样的影响？我们又该如何来分辨好朋友和坏朋友呢？

1. 挑选"好"朋友的原则

要选择如下三种人做朋友：正直的朋友，宽宏大度的朋友，能够雪中送炭的朋友。

(1) 正直的朋友。这种朋友为人正直、坦荡，刚正不阿，顶天立地。这种朋友会给你带来正面的影响，有助于你形成高尚的人格。

(2) 宽宏大度的朋友。我们会发现，当我们不小心犯了过错或者对他人造成伤害的时候，相较于苛责和批评，宽容更会让我们学会反省。宽宏大量的朋友更有包容心，会引导我们找到自己的缺点。宽容有助于交友，当你能以豁达光明的心去宽容别人的错误时，你的朋友自然就多了。

---

① 姜水. 管鲍之交. 人教网[EB/OL]. http://www.pep.com.cn/czls/xs/tbxx/ck/7s/201008/t20100827_805806.htm，2009-07-31/2012-07-02.

(3) 能够雪中送炭的朋友。在遇到特殊情况时，更容易鉴别谁才是真正的朋友。在你发达顺利的时候，他与你正常交往，不会趋炎附势、刻意奉承、出馊主意；在你落魄的时候他及时出现，不离不弃、嘘寒问暖、救危济贫，给你精神上的安慰、物质上的资助。这样的朋友，才是真正的好朋友。

案例6-1： 有一个男孩在初中阶段性格有些孤僻，很强势，认为自己总是对的。他还有些多疑，有时候大家一起打闹、开玩笑，他会觉得是人家有意攻击他，就会用恶意的话反击别人，经常会跟同学因一点小矛盾而大打出手，在老师眼里他是一个"问题"孩子。有一次，他又跟同学打架，老师在班级对大家说："以后谁也别跟他讲话，让他一个人玩，都别理他！"之后只有小林找到他说："我跟你玩！"从那以后他只有这一个真正的好朋友，但是他身上存在的一些不好的习惯让他们最终发生了冲突。他总是跟小林说其他同学如何不好，小林说："你为什么不想想自己有什么问题？"他觉得小林不够朋友，帮着别人说话，在他们大吵一架之后，他又回到一个人的孤独世界里。后来他经常回忆起跟小林在一起的日子，认识到自己有许多错误，终于鼓起勇气找到小林诚恳认错，两人又成了好朋友。受小林的影响，他逐渐改掉以前的一些坏毛病，开始懂得如何与人相处，朋友也渐渐多了起来。

2. 分辨"坏"朋友的原则

不宜深交的朋友包括：酒肉朋友，喜欢阿谀奉承的人，心怀鬼胎的人。

(1) 酒肉朋友。我们经常看到，一些有钱有势的人，总是有许多"朋友"前呼后拥。但是其中往往有太多的酒肉朋友，他们只会在他不需要帮忙的时候，做出愿意效劳的姿态，一旦他倒运或破产真正需要帮忙时，这些人就避而远之了。就像大浪淘沙一样，在你没权没势的时候，依然真心对你、不离不弃的朋友，才是值得你一生交往的朋友。

(2) 喜欢阿谀奉承的人。有些人总是喜欢顺从别人，处处想使对方高兴，讨好对方。这种人见风使舵、溜须拍马，做人无底线、做事无原则。他们会经常说一些阿谀奉承的话，使你飘飘然满足于现状，阻碍你进步；在你面临抉择的情况下，他们的阿谀奉承极有可能干扰你的正常思维，从而让你做出错误的选择。真正的好朋友是那类诤友，他们总是在关键的时刻直言不讳，向你提出忠告，虽然良药苦口，不过有了这样的朋友，你会避免犯许多错误，会不断进步。

(3) 心怀鬼胎的人。这种人做任何事情都有自己的私心，不真诚、不善良，为达到自己的目的不择手段，与之做朋友有一天会付出惨重的代价。

此外，要与志向远大的人交友，与兴趣相投的人交友，与见多识广的人交友，与正直善良的人交友，与诚实守信的人交友，与心态平和的人交友，与谦虚团结的人交友，这些都是重要的交友原则。

近朱者赤，近墨者黑。交上好朋友，一生幸福；交上坏朋友，一生祸害。哲人告诫："交友须谨慎。"交友是严谨的事，要谨慎认真对待，自己修身养性是交到好朋友的前提。

案例6-2：某高中一班的班主任去开会了，他让二班的班主任代替他照看班级自习。一班的班主任回来后，二班的班主任向他告状，说有几个男生讲话、疯闹、不听话。一班的班主任很生气，就把那几个男生狠批一顿。那几个男生觉得很没面子，就一起去找告状的老师理论。其中，一个男生的朋友小张没被批评，因为他讲哥们义气也跟去了。没想到去理论的同学没讲几句话，二班一位膀大腰圆的男生就冲了出来，一把抓住小张的朋友，打了一拳，大家赶紧拉开。小张的朋友没有还手，站在一旁的小张非常气愤，大喊："都被打成这样了，怎么还不还手？"结果这句话让小张的朋友大打出手，局面更加混乱，几个同学还受了伤。事后老师认为由于小张的怂恿导致事态更严重，小张的朋友也很后悔自己大打出手。如果没有小张这个不理智的朋友，也许事情不会发展到这么严重的地步。

二、与朋友相处的基本原则

"朋友"这个词是神圣的。人的一生是离不开朋友的，与朋友相处和交往，应该遵循以下基本原则。

1. 距离产生美

朋友需用心经营，讲究一定的艺术性。朋友之间需要保持一定的"距离"，无论关系多么密切，"距离"都是非常重要的。这种"距离"不是指对朋友留个心眼、不真诚，是指在交友之中要注意尊敬和尺度。再好的朋友之间也应该是有分寸的，不能什么话都说，要尊重对方，讲话要有礼貌，也要注意语气，不能随便训斥对方，否则朋友会受到伤害，会产生误会和矛盾。但是如果过于疏远，朋友之间又感受不到友情的温暖。只有把握好相处的距离及分寸，才能让友谊之树长青。

2. 真诚最可贵

交友需要真诚。诚实是力量的一种象征，它显示着一个人的高度自重和内心的安全感与尊严感。真诚待人是人际交往得以延续和发展的保证，人与人之间以诚相待，才能相互理解、接纳、信任。

李白和杜甫是同一时代的伟大诗人，当他们在洛阳相遇时，都有一种相见恨晚的感觉。之后，他们共同游览八方，相互学习，彼此尊重，但他们也指出了彼此的不足之处，加深了相互之间的理解并加固了他们的友谊。

多一份真诚，多一份相知，朋友之间要做到用真诚换取对方的信任。在生活中，有些人喜欢向别人炫耀自己，企图引起别人的注意。如果我们只是想引起别人的注意，想给别人留下深刻的印象，我们就不可能交到真实、诚恳的朋友。真正的朋友，不是用权力和地位结交来的。要想交到真正的朋友，我们首先要关心别人，让别人觉得自己很温暖，这样才能让人对你付出真诚，若只是一味地在别人面前吹嘘自己如何了不起，换成自己也不愿意多听。所以要真诚地去关心他人的感受，了解他人在乎的事情，让他觉得被重视，然后才能慢慢将你自己的事分享给他人。

3. 大度集群朋

大度集群朋，是指一个人若想广交朋友，保持深厚的友谊，就要宽厚待人。大度是指一个人要气度大、能容人。一个人有度量，不"小肚鸡肠"，他的身边就会集结很多知心的朋友。大度表现为对朋友(也包括对别的普通人)能求同存异，听得进逆耳忠言，能容忍朋友的过失，与朋友发生矛盾时能首先开展自我批评。总而言之，大度者，能关心人、帮助人、体贴人，能为别人设身处地着想，也能反躬自问。

宽宏大度的人和以自我为中心的人遇到事情时的处理方式不同，结果也不同。

比如，你在街上碰到朋友，当你向他打招呼时他却视若无睹，这时你会怎么办？

"以自我为中心"的人会这样想："这人怎么这样傲慢，有什么了不起的，下次见面，我也不会搭理你！""太没礼貌了，懂不懂怎么尊重人！"结果双方互相不理睬，好像陌生人一样，可心里又很别扭。而"宽宏大度"的人会这样想："他可能忘了戴隐形眼镜，没有看清楚是我吧。""也许他正在思考问题。"心中释然，下次见面还是朋友。

美国总统林肯对政敌素以宽容著称，正是他的大度与宽容，赢得了国民的支持与敬仰。林肯生命中的最后一天为他的一生做出了最好的诠释——用爱化解恨，用宽容大度消除敌意。正因为如此，林肯和他的理想更深刻地铭记在了人民的心中，而林肯则成为美国人心中神一般的人物。请看下面的案例。

案例6-3： 1865年4月14日是林肯总统遇刺的日子。令人感慨的是，就在遇刺的那天下午，他还签署了一道赦免令，宽恕了一个因擅离职守而被判死刑的士兵。"我想，"林肯说，"这小伙子在地上比在地下对我们更有益处。"与此同时，他还批准释放一个已发誓效忠国家的叛军囚徒的请求，从而使那个昔日的"敌人"变成了国家统一的支持者。在那个充满不确定性和火药味的年代，林肯所具有的胸怀并不多见，当时，就曾有人批评林肯总统对待政敌的态度："你为什么要试图让他们成为朋友呢？你应该想办法去打击他们，消灭他们才对。"林肯微笑着温和地回答："当他们变成我的朋友时，难道我不正是在消灭我的敌人吗？"[①]

宽容是一种强大的力量，它能化害为利，化敌为友。宽容往往能够使对方从错误中吸取教训，重新审视自己的行为。毕竟人心不是靠力量可以征服的，宽容大度可以感化心灵的坚冰。要使工作、学习提高到一个新的高度，应结集群朋，互通有无，共同进步，但这绝不是让你拉帮结派、勾心斗角，而是要与他人团结起来。人无完人，谁都有长处，也有缺点。和朋友相处应以价值观一致、道德品质高尚为准绳，要发展和维护友谊，就应该看到对方的优点，学习对方的长处，而不应计较短处。

---

① 张国庆. 从林肯消灭政敌的方法谈起[DB/OL]. http://www.360doc.com/content/07/0416/09/142_450117.shtml，2007-4-14/2012-07-02.

古人伯利克利曾说："我们不应该被小事困扰。"在与人交往中，不要因言废人，即不要因朋友的一句话或一件事去断定他就是什么样的人。人是很复杂的动物，很多时候都是矛盾的，通过长期的交往才能判断一个人总体上的好坏。俗话说："瑕不掩瑜。"交友要注重朋友的品质及志向，不能因小瑕疵而错过好朋友。求大同存小异，容忍朋友的小缺点，才能与朋友友好相处。

4. 相交淡如水

俗话说："君子之交淡如水。""君子之交淡如水"来自下面这个典故。

案例6-4： 薛仁贵一登龙门，身价涨了百倍，前来王府送礼祝贺的文武大臣络绎不绝，可都被薛仁贵谢绝了，他唯一收下的是普通百姓王茂生送来的清水两坛。薛仁贵当众饮下三大碗清水之后说："我过去落难时，全靠王兄弟夫妇经常资助，没有他们就没有我今天的荣华富贵。如今我美酒不沾，厚礼不收，却偏偏要收下王兄弟送来的清水，因为我知道王兄弟贫寒，送清水也是王兄的一番美意，这就叫君子之交淡如水。"此后，薛仁贵与王茂生一家关系甚密，"君子之交淡如水"的佳话也就流传了下来[①]。

君子之交应该建立在思想、性格和爱好的基础上，而不应该建立在金钱、酒肉、私欲上；君子之交不以彼此之间地位的高低、财富的多少去决定对待对方的态度，而应看重对方的品德、气度和作风。君子之交应避免那种无原则的相互吹捧、相互利用甚至尔虞我诈的庸俗，彼此之间应有真诚的关心、热心的帮助、直率的批评、坦荡的交谈。一句话：坦诚相见，肝胆相照。

5. 患难见真情

真正的友谊还应该体现在患难之中。疾风知劲草，路遥知马力；患难见知交，危难见真情。在患难的时候，才能看得出来一个人是否有真正的情义。在朋友遭遇困难或身陷险境之时要及时伸出双手，友谊之花才能开得绚烂多彩。不仅是朋友之

---

① 百度百科. 君子之交淡如水，小人之交甘若醴[DB/OL]. http://baike.baidu.com/view/1637904.htm，2012-03-28/2012-07-02.

间患难见真情，国家之间的友谊也是一样。

案例6-5： 在四川地震后，俄罗斯迅速向中国伸出了援助之手。俄罗斯为提供人道主义援助所支出的总费用为1400万美元，并向中国派出了22架次专机。为了让无家可归的灾民得到暂时的安置和基本生活保障，为他们送去帐篷、发电机、野外厨房、棉被和粮食。

俄罗斯的救生人员和医疗人员也是第一批来自国外的救援队伍之一，来自俄罗斯的救援专家们从废墟中成功解救出了幸存者。俄罗斯紧急情况部派出的移动医院获得了很高评价，该医院的医生——外科医生、内科医生、儿科医生、心理医生——为一万五千多名灾民提供了医疗救护和心理治疗，实施了100多例复杂的外科手术。俄方派出的MI-26T重型直升机以其出色的性能和技术潜力在救灾中发挥了巨大作用。在四川遭受地震灾难后，俄罗斯的朋友纷纷为受难者捐款、捐物。对俄罗斯的帮助，中国人民也向俄罗斯表达了同样深挚、真诚的感谢[①]。

6. 朋友之间要平等相待

为了保持永恒的友谊，朋友间需要平等相待，一视同仁，相互尊重，不卑不亢。朋友之间的身份人格是平等的，没有尊卑贵贱的差别，但即便如此，也不能放纵自己的个性。一味放纵自己的个性，单方面要求别人适应自己，实际上是对朋友平等地位的蔑视，这样交朋友是不可能长久的。朋友之间可以不讲虚礼，但应该互相礼让，彼此尊重。

人生离不开朋友，人生离不开友情，日久情愈重，岁远谊更浓。让我们牢记马克思的名言——"友谊需要忠诚去播种、热情去浇灌、原则去护理"。遵循以上原则来呵护友谊之树，建立友谊、发展友情，我们身边才会聚集好朋友，人生才会充满快乐。

案例6-6： 在某大学的财务管理班里，班长总是自觉高人一等，不把自己的同学放在眼里。有一次，他组织一场活动，班里有同学没有明白是什么意思，他粗略地

---

① 江苏省人民政府外事办公室. 俄罗斯向中国地震灾区提供人道主义援助[DB/OL]. http://news.jsfao.gov.cn/NewsDetail.asp？NewsID=12942，2008-6-23/2012-07-02.

解答一遍之后，那个同学还是没明白，就又问了他一遍，他不耐烦地说："我讲得这么明白了，你怎么还没懂啊？真不知道你一天天在那想什么呢？"有的时候，他会用命令的语气跟同学说话，如："你给我把地扫干净！"他的表达方式引起许多同学的反感，最后导致同学们离他越来越远，全都不支持他的工作。在期末民主测评中，他的分数很低，在下一届的班干部竞选中也落选了。

案例中的班长违背了朋友之间应平等相处的原则，表现过于高傲，导致最后朋友们都跟他分道扬镳。

第二节 交友沟通的技巧与忌讳

有些人朋友遍天下，遇到什么事情，都有许多朋友来帮忙；而有些人的朋友却一个一个离他而去，或者只有酒肉朋友，遇到事情，人人都避而远之。为什么会有这样的区别？一方面在于一个人的人品，人品决定了他有什么样的朋友；另一方面在于是否掌握了交友的技巧。本节介绍有关交友沟通的一些技巧和忌讳。

一、交友沟通的技巧

那些在朋友中受到好评，很有"人缘"的人一般具有以下特点：乐观、聪明、有个性、坦诚、有幽默感、常为他人着想、充满活力等。当然，不是说这些特点都具备才能有好"人缘"，如果你具备其中的某些特点，同时懂得朋友之间的沟通技巧，你也会被许多人喜欢的。

1. 对待朋友要热情、诚恳

俗话说"一个好汉三个帮"，乐于助人是中华民族的传统美德，朋友之间更要互相帮助，当朋友遇到麻烦需要帮忙时，要主动举起手来大声说"让我来"。平时常常打个电话问候一下朋友，别在有求于人时才登门拜访，结结巴巴地说"无事不登三宝殿"，那样会很尴尬。

2. 真诚讲出内心的感受，及时化解误会

误会形成的原因有两个方面：一是自身的言行不够谨慎，言谈行事欠周到、细致，使他人不能准确地领会你的意图；二是对方主观臆测。受经历、学识、价值观、气质、心境等因素的影响，对同一件事、同一句话，不同的人会有不同的理解。误会会给我们带来痛苦、烦恼、难堪，甚至会产生预料不到的隔阂，所以一旦发现自己对别人产生误会，应及时采取有效的解决方式。

朋友之间不论发生什么事，都要真心诚意地沟通，尤其是要坦白地讲出内心的感受，包括痛苦、想法和期望，但不能是批评、责备、抱怨、攻击。如此你会有意想不到的收获，也许朋友之间的感情会更深一步。

案例6-7：在高三的一个班级，有两个特别要好的女孩子小兰和小茜。第一次高考模拟考试，大家都很重视，做了充分的准备。小兰觉得自己答得不错，但是数学老师的一句话让她的心颤抖了一下。老师说："大家都涂好卡了吧，这次答题卡是横着的，不是竖着的。"小兰意识到自己把答题卡涂错了！瞬间觉得自己掉进了万丈深渊。下课后，小茜看出她情绪反常，一再追问下，小兰说出了实情。平时说话就大大咧咧的小茜上来就说一句："你傻呀！涂卡前咋不好好看看啊，真服了你了，50多分不要了呀！这么点事还能出错，你有多笨呀！"本来小兰心情就不好，被她这么一直不停地说，一下子就火了，说："你闭嘴吧！我不要你在这数落我，你算什么朋友！"小茜一愣，然后说："你怎么这么不知好歹？我说你还不是为了你好！你怎么这样说我，我再也不理你了！"两人之后冷战了好久，终于有一天，小兰主动找到小茜，跟她讲了自己当时的感受，小茜也跟小兰解释了自己说话大大咧咧的习惯，当时自己是好心，只是太替她着急了，没注意说话的方式和语气，两人就此解除了误会并和好如初。

3. 互相尊重，理性地沟通

朋友之间需要相互尊重，只有给予对方尊重，才能有效地沟通。不理性的时候不要沟通，带着情绪的沟通常常无好话，既理不清，也讲不明。吵得不可开交的夫妻、反目成仇的父母子女、对峙已久的上司下属都缺乏理性，这时不宜沟通。我们应避免在不理性的状态下做出情绪性、冲动性的"决定",这很容易让事情变得不可挽回,令人追悔莫及!不理性只会导致争执,只能使情况变得更糟。

4. 勇于承认错误

如果自己说错了话、做错了事,不想造成无可弥补的伤害,最好的办法是承认错误。承认错误是沟通的消毒剂,可改善与转化朋友之间的问题,让人豁然开朗,放下宿怨,重新面对自己,重新思考人生。

说"对不起",有时候不代表自己真的犯了什么天大的错误或做了什么伤天害理的事,而是为了让事情能有转圜的余地。如果真的做错了事情,死不认错只会错上加错。道歉时,一定要用真挚的语气和诚恳的态度,不必找客观原因或过多地为自己辩解。就算确实有非解释不可的客观原因,也应在诚恳的道歉之后再略为解释,而不宜一开口就辩解不休。否则,这种道歉不但于事无补,反而会扩大裂痕、加深隔阂。

案例6-8: 某大学寝室住着三个女生,其中两个人有些懒,不愿意收拾寝室卫生,寝室的垃圾桶每次都是小李去倒。有一天,小李从外面回到寝室,看到寝室里到处是垃圾,屋里乱糟糟的,她非常生气,就说:"你们两个从来不干活,每天把寝室弄成这样,就等我收拾吗?"她语气太冲,令人难以接受。其中一个室友生气地说:"谁也没逼着你收拾!"接下来,两个人你一言我一语地吵了起来。

之后两人都深刻反思了自己的言行,小李很后悔自己一时冲动发了脾气,她想自己要是换一种说法,就不会变成现在的局面。第二天,她主动跟室友道歉,承认自己当时态度不好,对方也认识到自己的错处。从此以后,大家和睦相处,一起打扫卫生。

5. 讲话方式要适当

与朋友说理,要点到为止,不能喋喋不休。另外,就算再有道理,也别把话说得太生硬,让人听了不舒服。

朋友之间适度的客气也是必要的,可以收到很好的沟通效果;但是过度的客气也不可取,不仅不会使对方身心愉悦,反而引起对方的反感。朋友之间的客气话不能"过剩"，把平常对朋友太客气的话改得略坦率一点，更容易享受到友谊之乐。

6. 关怀逆境中的朋友

人生道路不平坦，逆境多于顺境。身处逆境，面对不幸，当事者不仅需要坚强起来，也迫切需要别人的安慰。能给不幸者以温暖、光明和力量，是为人处世的一种美德。当朋友遇到不幸时，及时送上你真诚的安慰，更是应尽的责任。切记，雪中送炭比锦上添花更重要。

在安慰丧失亲人的朋友时，不要急于劝阻对方恸哭，强烈的悲痛如巨石压胸，释放出来反而有利于恢复心理平衡。

对于胸怀大志而又在事业上屡遭挫折、失败的朋友，最需要的是朋友对其强烈事业心的充分理解和支持。

二、交友沟通的忌讳

1. 不要在朋友面前乱发脾气

与朋友相处，要学会控制自己的情绪。那么，到底怎样察觉情绪、控制情绪呢？

(1) 体察自己的情绪，也就是要时时提醒自己注意"我现在的情绪怎么样"。例如，当你因为朋友约会迟到而对他冷言冷语时，首先应问问自己："我为什么这么做？我现在有什么感觉？"如果你察觉你已对朋友三番两次的迟到感到生气，你就可以有意识地对自己的情绪做出更好的处理。

(2) 适当表达自己的情绪。再以朋友约会迟到的例子来看，你要平心静气地跟朋友谈谈你的感受，千万不能发脾气。你之所以生气，可能是因为他让你担心，在这种情况下，你可以婉转地告诉他："你过了约定的时间还没到，我好担心你在路上发生意外。"试着把"我好担心"的感觉传达给他，让他了解他的迟到会带给你什么感受。那么，什么是不适当的表达呢？例如，你指责他："每次约会都迟到，你为什么都不考虑我的感觉？"当你指责对方时，也会引起他的负面情绪，他会变成一只刺猬，忙着防御外来的攻击，没有办法站在你的立场为你着想，他的反应可能是："路上塞车嘛！有什么办法，你以为我不想准时吗？"如此一来，两人可能会开始吵架，更别提什么愉快的约会了。适当表达情绪是一门艺术，需要用心去体会、揣摩。

案例6-9： 某高校学生宿舍住了6个人，他们都是好朋友，其中有一个人特别爱干净，每天晚上都要洗衣服，然后收拾床铺，直到半夜12点才上床睡觉。时间长了，寝室里其他同学都很不满。有一天深夜，他还在洗衣服，寝室长特别生气地说："你能不能把衣服留到白天洗？你每天这样让别人怎么睡觉！有点公德心不行吗？你这人真是有病！"他听了也很生气，立刻反驳说："这是我的衣服，我想啥时候洗就啥时候洗！你睡不着是你的事，我看你才有病！"寝室长说："你洗衣服弄那么大声，让人怎么睡呀？"说完便把他的洗衣盆踢翻了，两人因此动手打起来。那天，大家都很晚才睡觉。

如果寝室长开始能好好沟通，不发脾气，心平气和地提醒他，就不会发生"战争"了。大学同学来自五湖四海，每个人的生活习惯也不一样，很容易产生矛盾，关键是如何处理。只要大家真诚地沟通，站在对方的角度想问题，就能处理好彼此之间的关系，会成为很好的朋友。

2. 不说不该说的话

与人沟通时，如果说了不该说的话，往往要花费极大的代价来弥补，甚至可能造成无法弥补的遗憾！所以朋友之间的沟通不能口无遮拦，不说过分责备、抱怨、攻击的话，如触犯这些忌讳只会使事情恶化。在工作中遇到问题，有的人不分青红皂白就指责抱怨朋友，盲目做出结论，为自己开脱，这也会引起朋友的不满和失望。比如："我说这样做，你偏不！现在知道后果了吧！听你的准没好。"对于这种自作聪明的说法，朋友为了照顾面子也许不会说什么，可是心里必定会有想法。

案例6-10： 小陈在大学里结识了一个朋友小吕。小吕反应快，为人又开朗，每次聚会时都能把气氛搞得很活跃。后来，小陈和小吕分到了一个寝室，由于变得更加熟悉，小陈渐渐发现小吕说话经常不分场合、口不择言，让人很是郁闷。

一次，班上几个要好的男生女生一起去公园玩，小吕帮小陈和其他两个女生拍照时，竟然当着众人的面大声说："嘿，我要走远一点才能把小陈拍进去，镜头快装不下她了。"小陈知道自己上了大学后变胖了不少，可是当着这么多人的面说自己，不是让别人笑话嘛！

还有一次，小陈在服装店试穿一件当年非常流行的娃娃装，当小陈问小吕怎么样时，小吕不仅评价"一般"，还当着那么多店员的面自以为风趣地说："你要是穿成这样出去，人家还以为你怀了双胞胎呢！"小陈气得脸都白了。

小吕不仅对熟悉的朋友如此讲话，就算是跟关系不是很熟的人也是一样。一天，舍友王慧的朋友小米来找王慧玩，小米刚买了一件新裙子，想来跟她分享自己的喜悦。这时，寝室的姐妹们不约而同地夸其漂亮，小吕却脱口而出："说句实话吧，你长得过于肥胖，根本不适宜穿连衣裙，况且这种颜色把你显得……"

小吕话音未落，原本兴致勃勃的小米一愣，周围大赞其衣服漂亮的姐妹们也颇感尴尬。此后，小米再也不愿意来她们的寝室了，因为寝室里有一位出言不逊的"魔女"。慢慢地，舍友们便在无形中将小吕"隔离"起来，极少就某件事情征求她的意见。于是，她成为寝室里名副其实的"外人"。

很多人不注意自己和别人沟通的方式，只图一时痛快，根本不去想自己犀利的言辞会对别人造成怎样的伤害。不经过大脑思考的话往往会伤害对方的内心，所以，话说出口之前，要先想想，如果别人对你这样说，你会做何感想。要避免"口快"带来的不良后果，在讲话时就应注意方式、方法、场合和对方能接受的措辞。要懂得换位思考，当你站在他人的角度思考问题的时候，就能体会他人的感受，就不会出现"出言不逊"的状况。

朋友沟通禁用贬低对方的话，绝不能恶语伤人。对于自己的才干、能力和成绩，人们希望得到他人公正的评价，特别是朋友的肯定。如果在朋友那里听不到赞扬，反而听到一些贬低自己成绩和才干的话，心里就会有一种失落感。贬低对方的情况一般有：贬低对方的工作成绩，贬低对方的优点，贬低对方的优势，贬低对方的才干和能力。这些都会使朋友伤心。

3. 忌讳毛躁抢话说

大家在讨论一个话题的时候，你要认真地听，如果想换一个话题，要等到大家都期待一个新话题的时候。切忌毛躁抢话，否则会显得很没教养。

和朋友交谈时要注意以下方面：什么时候说话，什么时候不说话，应该说什么话。谈话要有尺度。你能不能说出合适的话，需要你有心理准备，还要对对方有所了解，这体现了你对别人的尊重与关心。另外，要给朋友营造宽松与友好的氛围，才能让他跟你沟通下去。

4. 忌讳欺骗朋友

说真话可以获得朋友的信任，铸就自己的信誉。假话纵然能蒙蔽一时，但最终必将真相大白，那时说假话者将会陷入一种窘迫的境地，友谊的大厦也必然颓然倾倒。饱含真情实感的言语是唤起情感的有力武器，可以推动人们将某种行为动机付诸实践。当你对朋友说谎话的时候，第三者正在冷眼旁观，或许会因此对你产生厌恶，甚至质疑你的品质，从此避之不及。

5. 忌讳泄露朋友的秘密

交友之道在于忠诚，只有相互忠诚的朋友，才能让友谊地久天长。忠于朋友，能帮助朋友保守秘密，才能获得朋友的信任。而且，我们还需要明白，朋友之所以将他的隐私告诉我们，除了信任，也是为了赢得我们的同情和爱怜，要我们及时帮他想点办法。我们除了保密，还要竭力帮助朋友。

我们一定要明白，朋友把自己的"秘密"告诉了我们，就证明了他对我们的信任程度。对此，我们只有为他分忧的义务，而没有把这种"秘密"张扬出去的权力。如果将朋友的秘密公之于众，就可能引起不少人的风言风语，甚至将事实歪曲，这样不仅不利于解决问题，还可能把问题变得更严重。更重要的是，你还会因此而失去朋友，甚至会失去周围的人对你的信赖，最终成为孤家寡人。

本章小结

朋友，意味着相知、相助、相思、相辉、相契、相伴。人人都离不开友情。生活中总有朋友的陪伴是一种天然的幸福，是抵御孤独最有力的武器。交友沟通是成功人生必备的技能。

　　明辨交友原则，交上益友，一生幸福；交上损友，一生祸害。因此，交友须谨慎。交友沟通的技巧在于真诚，对朋友真诚的人，才可能获得真诚的朋友。友谊之树需要精心浇灌，才能长青。掌握交友沟通技巧，有一群有益的朋友围绕在身边，人生散发异彩。

情景模拟与沟通训练

　　朋友在放假前一天跟你一起买衣服，向你借了300元钱，说开学后还你，可是过了一年仍然没有还你。你想要回钱，怎么与他进行沟通？两人一组，模拟沟通过程。

案例分析

案例1

　　芳是从内地来沿海地区念书的大学生。从小她就表现得善于思考，她的父母都受过高等教育，想把芳培养成有修养、饱读诗书的人。芳没有辜负父母的期望，但也对父母的许多言行举止日益失望。一方面他们鼓励她勤奋、自律，另一方面他们又很世俗、粗鄙。她能与父母交流的东西越来越少，常常关在房间里念书，渴望早点进入大学，以便自由自在地生活。然而，当她迈进这所南方名校后，巨大的失落感吞噬了她，她感到非常失望。

　　"这里我所见的朋友们，关心的是通俗文学、流行歌曲、服饰美容、挣钱找工作，没有人与你共同品味古典诗词，没有人吟诗作画。我觉得自己进入了一个大染缸。""这里的人习惯了文化沙漠的生活，而不去思考真正严肃的命题。"于是，芳只有一个念头：这里没有值得交往的人，她们太俗！于是，她一心想考回北方的学校。于是，从大一开始，她就把宿舍当成旅馆，尽可能外出去学习、读书。

　　然而芳念的是人文学科，少不了人际交流。一天没有与人交流，芳觉得那是自己超尘脱俗；但一年、两年都不与人交流，芳开始感到孤独的可怕。同时，她看到人群中她认为没有文化品位的人居然成绩也很优秀，开班会时发表的见解也颇有见地，社交活动也非常多，她开始心理失衡。芳说："她们只是为了名利这些俗气的东西而努力,我不希望自己是这个样子。但时间久了,我也不知道自己应该是什么样子。有时晚上回去,同宿舍的女孩子们不知正在兴高采烈地说着什么,但一见我进去就会戛然而止,一片静默,大家各干各的。这种现象让我很不舒服,觉得她们不欢迎我。其实我不屑和她们说那些无聊的东西,但我还是受不了这种冷遇。"[①]

案例讨论题

1. 芳在学校中几乎没有朋友,请你想一想,造成芳同学目前这种局面的原因是什么?

2. 通过前面的原因分析,你能为芳同学融入同学中、找到朋友提些切实可行的建议吗?

3. 如果你遇到芳这样的同学,你会怎样对待她?

案例2

同学甲:我的钱包今天上街时又被偷了,我怎么这么倒霉?一星期里被偷两次,真是郁闷死了。

同学乙:哎,你以后要多加小心,少带些钱上街,那样损失会小点。

同学甲:谁像你呀,那么清贫,没什么可偷的啦!

同学乙:嘿,你呀,还别说,这就是我的优点所在,我仅有的一点家乡小菜,还让我分给了各位同学,那我就更不用担心被偷了,要不你把你的郁闷分给我点,防止小偷把你的郁闷也一起偷走。

同学甲哈哈大笑。

同学乙也哈哈大笑[②]。

案例讨论题

1. 同学乙的阳光心态在化解同学甲的不良情绪中起到了什么作用?

---

① 太原圆成心理研究中心. 提高人际交往能力案例咨询[DB/OL]. http://www.tyhlzxw.com/xlzx_newshow.asp? id=2310&mnid=200&classname=%D0%C2%CE%C5%D6%D0%D0%C4,2011-12-14/2012-07-02.

② 清荷心理新浪博客. 呵护心理——共创和谐宿舍人际关系[DB/OL]. http://blog.sina.com.cn/s/blog_6116f7e10100ehuv.html,2009-07-14/2012-07-02.

2. 同学乙幽默、风趣、真诚的劝慰在保持朋友关系中有什么益处？你得到了哪些启示？

3. 在同学交往中，如果遇到这种情况，我们应该怎样做？

📖 复习思考题

1. 选择朋友的原则有哪些？

2. 与朋友沟通的技巧有哪些？你在与朋友相处过程中有哪些好心得？

3. 与朋友沟通要注意避免哪些问题？你在与朋友的相处过程中遇到了哪些问题？下次再遇到这些问题时你会采取什么办法？

4. 在交友沟通中应该注意运用哪些技巧？

5. 你在交友过程中有没有做过犯忌讳的事情？结合实际谈谈交友沟通的忌讳。

第七章　管理沟通

本章素质培养目标：提高学生的管理沟通能力，使学生将来在工作中能顺利处理管理中的沟通问题。

重点：掌握有效的管理沟通技能，熟悉冲突管理的策略。

引例：

假如你是一家公司的高级顾问，你准备了一份150页的文稿，计划报价60万元。就在你准备给客户讲解的时候，客户刘老板却接到一个重要的电话，必须立刻离开，这时你只有一个机会，就是说："我和您一块儿下楼吧，顺便向您讲一下我的方案。"这样你仅有约3分钟的时间，你必须在这3分钟内把方案的精华部分讲出来，让刘老板在上车前说："你的方案不错，我考虑接受你的方案和报价，具体情况你与我的助理谈吧。"

 ## 第一节　管理沟通概述

本章引例涉及的就是管理沟通的内容。在组织内部成员之间和组织与外部之间，每天都面临着管理沟通。在经济日益全球化的今天，管理沟通的重要性越来越被人们所认识。对企业内部而言，人们越来越强调建立学习型企业，越来越强调团队合作精神，有效的企业内部沟通交流是成功的关键；对企业外部而言，为了实现企业之间的强强联合和优势互补，人们需要掌握谈判与合作等沟通技巧；对企业自身而言，为了更好地在现有政策条件下，实现企业的发展并服务于社会，也需要处理好企业与政府、企业与公众、企业与媒体等各方面的关系。这些都离不开熟练掌握和应用管理沟通的原理和技巧。对个人而言，建立良好的管理沟通意识，逐渐养成在任何场合下都能够有意识地运用管理沟通的理论和技巧进行有效沟通，达到事半功倍的效果，也是十分重要的。

一、管理沟通的内容

管理沟通是围绕企业经营而进行的信息知识与情报的传递过程，是实现管理目的的媒介，也是企业有效运作的润滑剂。

人际沟通的内容五花八门，几乎无所不包。那企业管理中的沟通——管理沟通，又包括哪些内容呢？按照管理沟通内容的性质、多少和重要程度，以及沟通覆盖范围的大小，可以将管理沟通的内容分为以下8类。

1. 情感沟通

情感沟通是在实际管理中的一种基本的但十分重要的沟通。人类是有自我感觉、情绪、情感、兴趣、爱好和偏好习惯的动物，是企业管理者手中的智慧型资源。了解、疏导、调节人的情感是管理沟通的重要工作。

2. 操作性业务资讯沟通

操作性业务资讯沟通就是人们对关于自己怎么工作和应该怎么工作，以及目前工作得如何等基础业务资讯的沟通，是企业管理中每时每刻都会发生并且必须保证顺畅进行的工作，企业要依靠它来正常有效地维持日常运营。

3. 责任、权利、利益沟通

企业是一个生产顾客需要的产品与服务并从中获得利润的经济组织。员工在企业中的责任和权利，构成了企业管理的劳动分工、岗位职责和授权划分。员工在企业中的利益，主要是经济利益和组织地位，这是企业吸引、激励员工为企业目标奋斗的必要条件和关键因素。

4. 决策性业务资讯沟通

决策性业务资讯沟通是更重要的企业管理沟通，它会左右企业的业务发展方向、速度、规模，影响企业最终产出的效果。

5. 制度沟通

企业运行和管理所遵循的规章制度是企业管理的常规化部分，即例行管理部分。与企业决策一样，企业制度在制定前、中、后都需要良好的沟通。在所有的制度沟通中，都必须有反馈，以便对制度制定与执行过程中的偏差进行及时、必要的调整。制度的价值和意义的最终体现，在于制度的执行并产生预期的积极效果。

6. 企业战略沟通

企业战略管理是企业的最高管理层次，指导和规范企业决策管理和日常操作管理，支持企业的当今及未来发展，指向目标是企业当今全局性的重大的业务问题和企业未来发展方向的问题。例如，企业高层讨论企业的未来发展规划就是一种战略沟通。

7. 企业文化沟通

企业文化是企业经营管理过程中提倡或形成的独特价值观和行为规范，其内容主要包括企业成立的宗旨或企业使命、企业精神、企业经营哲学、企业价值观、企业人文氛围、企业规章制度、企业历史传统、企业工作规范等。企业的宗旨和使命必须借助于沟通来获得广大员工的理解，进而达成赞赏和认同。如果没有沟通，那么使命只是几句空话，转化不成生产力。

8. 企业外部沟通

企业并非生存在商业真空中，而是生存在客户、顾客、供应商、经销商、政府、竞争对手、金融机构、社会公众共同组成的社会大环境中。企业的资源必须来自外界，而企业的产出必须输出到外界，才能实现企业配置和资源转化并从中获得利润。因此，企业必须与外界进行良好有效的沟通。

二、管理沟通的功能

1. 管理沟通是润滑剂

由于企业员工个性、价值观、生活经历等方面的差异，个体之间会产生一些矛盾和冲突。通过管理沟通，员工懂得了要尊重对方和自己，不仅了解到自己的需要和愿望，也能够通过换位思考，使员工之间彼此理解和建立相互信任融洽的工作关系。

2. 管理沟通是黏合剂

管理沟通可将组织和个体聚集在一起，将个体和组织黏合在一起，使组织中的员工在公司的发展蓝图中描绘自己的理想，或在建构自身的人生规划中促进企业的发展，同时与其他个体紧密协调、合作，在实现公司愿景的努力和工作中，追求个人的理想和人生价值。

3. 管理沟通是催化剂

通过管理沟通可激发员工的士气，引导员工发挥潜能，施展才华。研究表明，一些规模中等、制度健全的企业，其员工平均只将15%的潜力发挥出来，主要原因是员工不清楚企业的发展目标，不清楚企业目标与个人目标的关系。而良好的沟通可通过上级与下属、员工与员工的沟通和交流，增进员工对组织目标、愿景的了解和理解，从而激发员工内在的潜力和潜能，众志成城，实现企业发展目标。

三、管理沟通的方法

1. 建立内外部沟通机制

心理学家做过测试，将十几个人排成一排，心理学家将一条信息悄悄地告诉第一个人，说完后让这个人再悄悄传达给下一个人。这十几人逐个将信息向下悄悄传达，直至最后一位。心理学家问最后那个人："前面那个人跟你说了什么？"这个人复述出的内容与心理学家告诉给第一个人的信息完全不一样，几乎脱离原意。

这个测试说明，内部沟通机制要确保有效，必须保证沟通方法的可靠性。在一个企业中，特别是员工人数超过一定规模(如超过两位数时)的企业，为了确保管理有效，必须保证沟通的信息不失真，文件化和记录是有效的方法。这方面，国际标准化组织(ISO)给我们提供了示范。

另一个沟通机制，是大家都知道的法律，包括司法解释，都是为了确保沟通有效，才以文字的形式确定下来，这样才能保持信息不失真并具有可追溯性。

2. 管理者应以良好的心态与员工沟通

案例7-1：小王是一家公司的业务主管。一次，在与另一家公司的业务谈判中，他的团队失败了，结果小王被老总训斥一顿。从老总的办公室出来，小王感到特别恼火，他认为负责这次谈判的一位下属对这笔业务没有尽力，害得自己被老总批评。想到这里，他便直接找到那名下属，当着众多员工的面训斥他，说他的能力不强又没有尽力，才导致这次谈判失败。后来小王发现，自从那位下属受到自己的训斥之后，不再像过去那样努力工作了，即使是自己安排给他的工作，他也多次消极对待。下属的这种态度让小王感到心烦，而这一切都源于他使用了错误的批评方法。

人是需要被尊重的，无论下属犯了什么错误，作为上司都不能在众人面前训斥，那样只会伤害下属的自尊心，甚至使其产生对立情绪，对今后的工作不利。本案例中，小王被老总批评之后，心态不好，直接找下属发泄自己心中的怒火，没有冷静地分析原因，没有找一个适当的场合，以正常的心态客观地与下属进行沟通，从而导致问题难以解决。

案例7-2：一天，一家三口中，爸爸正忙着赶一个方案，此时四岁的小儿子拿个风筝赶过来说道："爸爸，风筝坏了，帮我修一下吧！"爸爸头也不抬地说道："去，找你妈妈，我正忙着呢。"在这位爸爸的观念里，修风筝只是一件再小不过的事情，不能因为这件事耽误了写方案这样重要的事情。如果这样的情况连续发生几次，可想而知，这对父子的亲情可能会越来越淡薄。因为在儿童的世界里，把那个风筝修好在那天可能就是他最重要的事情，却被爸爸粗暴地拒绝了，这会对儿子幼小的心灵造成伤害，以后再有什么事情他就不会找爸爸解决，有什么想法也不会去找爸爸沟通，父子关系可能会慢慢疏远[①]。

这两个案例告诉管理者，沟通过程中的换位思考是何等重要，当下属有事情与你沟通时，一定要有耐心，避免粗暴地拒绝下属的请求，避免一天到晚板着面孔训斥下属。否则，在单位里，你会越来越被孤立和疏远，没办法与人沟通。

其实在沟通的过程中，很多问题的产生源于思考模式。不同层级的管理者要针对具体情况，做到升位思考、降位思考或者换位思考，否则沟通的效能就会大打折

---

① 王樵. 管理者如何进行沟通与激励[M]. 北京：北京大学出版社，2010.

扣。沟通的效能低了，生活绩效和管理绩效也会随之降低。管理者与员工沟通必须把自己放在与员工同等的位置上，因为当大家位置不同时，就会产生心理障碍，致使沟通不顺畅。

第二节　管理沟通的原则和渠道

一、管理沟通的原则

1. 管理沟通的公开性原则

管理沟通的公开性原则，是指在同一个企业的管理沟通过程中，管理沟通的方式、方法和渠道及其沟通的内容必须公开，即应当对参与沟通的个人、团队和部门全面公开，而不能对某些沟通成员公开，对另一些沟通成员不公开。只有所有的管理沟通成员都十分清楚地知道自己应该参与沟通的详细过程和要求，沟通成员才能遵循规则，做出正确、完整的沟通行为。这是对企业中绝大多数的无须保密的企业管理沟通行为而言的。

2. 管理沟通的简捷性原则

管理沟通的简捷性原则包括如下两层意思。

一层意思是指沟通的具体方式、方法应当简单明了，以便于所有沟通成员掌握和运用。只要利用简单的沟通方式、方法能够沟通良好，并有效达到沟通目标，就不应当采用复杂、烦琐、迂回的沟通方式、方法。一两句话就能完全有效地达到沟通效果的沟通，更应该采取口头通知的方式，而不应该大费周章用文件来沟通。这一层意思的简捷性，主要指的是具体的沟通方式、方法的简捷性。如果不注意具体沟通方式、方法的简捷性，将降低管理沟通的效率。

另一层意思是指管理沟通应当采用最短的沟通渠道或路径进行沟通，如能面谈就无须叫人转告。可设立总经理信箱，以取代基层员工将信息通过中层管理者向上层层传递。渠道简捷性的目的在于提高信息的传递速度，通过减少渠道环节来降低信息损耗或变形的可能性。许多管理者违反了这条沟通原则——他们在进行管理时，采用的不是最近的沟通渠道，虽然达到了最终的沟通效果和目的，但浪费了很多时间和精力。在沟通信息时效紧急的情形下，有可能延误时机，给企业造成巨大损失。

3. 管理沟通的明确性原则

管理沟通的明确性是指管理沟通在公开性的基础上，必须将沟通的各项事宜，如渠道的结构，沟通的时间要求、地点要求、内容要求、频率要求等，进行明确、清晰的告示，要尽量避免含糊不清。这样做的目的在于使全体沟通成员能够准确理解企业所期望的管理沟通要求，明白他们在沟通中所担当的角色，即他们所应当履行的沟通职责和义务，从而最大限度地排除沟通成员对沟通要求的模糊和误解，保证管理沟通能够顺畅、高效地进行，顺利达到管理沟通的预期目标。

4. 管理沟通的适度性原则

管理沟通的适度性原则，是指管理沟通的渠道设置不能太多，沟通频率不能太高，也不能太低，而应当根据企业具体业务与管理的需要，做到适度、适当，以能达到管理目的为基准。有些管理者往往容易产生这样两种心理：一种是不放心下属是否按照自己的要求工作，所以经常去现场查看或查问下属的工作进展，导致不必要的忧虑和管理资源的浪费，这是管理沟通过于频繁的情形；另一种是过于相信下属会按照自己的指令开展工作，因此对下属的工作进展很少过问，造成管理失控，给企业带来损失，这又犯了管理沟通过少的毛病。

5. 管理沟通的针对性原则

管理沟通的针对性原则，是指所有管理沟通的活动与过程，都是为了解决企业管理中的某些具体问题，支持、维护企业正常高效运行而设计的，每一项管理沟通活动都有其明确合理的针对性。虽然不同企业的管理与管理沟通具有一定的共性，但每个企业的内外部条件与管理传统等因素是个别的、独特的，因此，每个具体企业的管理与管理沟通均应该具有自己的个性化特征。这就要求我们在设置企业管理沟通模式时，必须充分考虑到具体企业的实际情况；所设置和采用的管理沟通模式，必须切合该企业的管理实际需要；企业管理沟通模式的设置，必须有针对性。应注意，以上是针对企业的整体沟通模式而言的。

6. 管理沟通的同步性原则

管理沟通的同步性原则，是指在管理沟通过程中，必须遵循这样的原则：沟通的双方或多方应当全部进入沟通系统和沟通角色，沟通必须是双向的交流过程，而不应当是单向或其中一方信息处于封闭或半封闭状态。也就是说，成功的管理沟通必须是在沟通主体之间互动的，双方处于平等交流地位的沟通，而不是一方强迫另一方接受自己的信息，或人为地拒绝接受对方的信息，即双方均应当对沟通具有适当、及时、同步的反应，互相理解，充分把握对方所传达信息的意义。

案例7-3：有一天，公司突然宣布晚上要加班。作为管理者，通常会把这一信息直接传达给下属，照搬公司的原话：今天公司宣布，晚上每个人都要加班。如果是这样，部门成员会乱成一锅粥。有的人坚决反对，有的人心不甘情不愿，只有少数人才会用心去工作。那应该怎么办呢？优秀的经理人会这样引导：如果我们公司大客户不给我们下订单会怎么样？得到的回答：公司效益不好。如果公司效益不好又会怎么样呢？得到的回答：我们大家就倒霉了，要下岗了。那如果客户就是因为我们某个订单不能如期完成而拒绝与我们合作，我们能不能答应？得到的回答：我们绝不能不完成。这时，经理人可以继续强调：我们的团队伙伴都非常棒，公司也认为绝不能因为不能完成这个订单而让大家下岗，所以我们要坚决完成这个订单。现在，我宣布，今天晚上我们就开始努力干，绝不拖延交货[①]。

从上面的案例中可以看出，按照同步性原则进行双向沟通，沟通的效果会好于命令式的单向沟通。类似的现象还有很多，如果每个管理者学好沟通这门学问，都能够很好地与下属沟通，企业中的执行问题将能很好地解决。

7. 管理沟通的完整性原则

同步性原则强调的是管理沟通的互动性，而管理沟通的完整性原则强调的是管

---

① 翟文明. 小故事大道理大全集[M]. 北京：中国华侨出版社，2011.

理沟通过程的完整无缺。企业在设置管理沟通模式时，必须注意使每一个管理沟通行为过程均应要素齐全、环节齐全，尤其是不能缺少必要的反馈过程。只有管理沟通的过程完整无缺，管理信息的流动才能畅通无阻，管理沟通的职能才能够充分实现。管理沟通过程本身不完整，管理沟通必然受阻。

8. 管理沟通的连续性原则

管理沟通的连续性原则，是指大多数管理沟通行为过程，尤其是例行日常管理沟通活动，并非一次沟通就可以一劳永逸地完成沟通任务，而是要通过多次沟通，才能较好地履行和完成管理沟通的工作职责。连续性是企业管理工作本身所具有的客观属性，作为管理的信息化表现，管理沟通自然也具有这一客观属性。

9. 管理沟通的效率性原则

正如管理活动本身一样，管理沟通活动可以衡量而且应当追求活动效率。管理沟通的效率体现在沟通的各个要素与环节中。如编码有编码的效率，发送有发送的效率，渠道有渠道的效率，接收有接收的效率，解码也有解码的效率，就连噪音也有其效率：噪音高，必然影响沟通达到更高的效率；噪音低，在客观上有利于提高沟通效率。

10. 管理沟通的效益性原则

与管理一样，管理沟通是需要成本的，而且这些成本如文件纸张、人员、会议费用等，都是可以量化的，因此，管理沟通的成本是不难把握的。同管理一样，管理沟通也能影响企业产出。虽然有的管理沟通活动的产出较难量化处理，但仍有相当一部分管理沟通的产出可以量化。如企业采用电脑信息化后，节约下来的管理沟通成本就是其为企业增加的产出。企业都应该根据自身的发展战略和资源组合能力，对不同效益的沟通方式、模式进行选择和组合，确保整个企业的管理与管理沟通效果最好，效益最大化。

二、管理沟通的渠道

在企业内，成员间所进行的沟通，可因其途径的不同分为正式沟通和非正式沟通两种渠道。

1. 正式沟通渠道

正式沟通是通过正式的组织程序，依照组织结构所进行的信息沟通。例如，文件传达、正式会议等。这种沟通的媒介物和路线是经过事先安排的，因而被认为是正式和合法的。一般法律问题的谈判或关键要点和事实的表达适合用正式沟通渠道，它具有精确、内敛、技术性与逻辑性强、内容集中、有条理、信息量大、概括性强、果断、着重于行动、重点突出、力度大等特点。

2. 非正式沟通渠道

非正式沟通包括非正式组织或群体内部的沟通，和正式组织中不按正式的组织程序而进行的沟通。非正式沟通渠道适用于获取新观念和新知识的场合，它具有迅速、交互性强、反馈直接、有创造力、开放、直接、流动性强、较灵活等特点。它包括电子邮件、通知、个人之间的口头交流(面对面交流、语音信箱)等。例如，中午吃饭的时候，大家在食堂闲聊就是一种非正式沟通。

沟通是双方的事情，如果其中一方积极主动，而另一方消极应对，那么沟通是不会成功的。在管理沟通的过程中，作为管理者，应该有主动与下属沟通的胸怀；作为下属，也应该积极与管理者进行沟通，说出自己心中的想法。沟通只有互动起来，才能消除误解，理解互信，团结协作。

有效的管理沟通可以促进企业成员对企业愿景达成共识，提升企业管理效能与员工工作效率，促使企业员工积极参与管理，而且能激发全体员工的潜能和精神。企业管理者在实际的管理中要进行有效沟通应注意以下几个方面：形式要多样化，高质量的沟通要建立在平等的基础上，变单向沟通为双向沟通，提高沟通的效率，改善沟通的素质与技巧。

案例7-4：春秋战国时期，耕柱是一代宗师墨子的得意门生，不过他老是挨墨子的责骂。有一次，墨子又责备了耕柱，耕柱觉得非常委屈，因为众多门生之中，自己是被公认的最优秀的人，但又偏偏常遭到墨子指责，让他感觉很没面子。

一天，耕柱愤愤不平地问墨子："老师，难道在这么多学生当中，我竟是如此差劲，以至于要时常遭您老人家的责骂吗？"

墨子听后反问道："假如我现在要上太行山，依你看，我应该要用良马来拉车，还是用老牛来拖车？"

耕柱回答说："再笨的人也知道要用良马来拉车。"

墨子又问："那么，为什么不用老牛呢？"

耕柱回答说："理由非常简单，因为良马足以担负重任，值得驱遣。"

墨子说："你答得一点也没错，我之所以时常责骂你，也正是因为你能够担负重任，值得我一再地教导与匡正你啊。"①

从此案例中我们能得到哪些有益的启示？我们看到了有效沟通的重要作用。沟通带来理解，理解带来合作，如果不能很好地沟通，就无法理解对方的意图，不理解对方的意图，就不可能进行有效的合作。案例中，耕柱如果与墨子没有进行有效的沟通，不理解墨子对他的栽培提携之意，很可能就会认为是老师对他有意刁难，"愤愤不平"很可能产生不堪设想的后果。这个案例对我们的启示是：员工应该主动与管理者进行沟通，管理者也应积极和员工沟通，沟通是双向的，误会可以在有效的沟通中消除。

第三节　冲突管理

案例7-5：亚通网络公司是一家专门从事通信产品生产和电脑网络服务的中日合资企业。公司自1991年7月成立以来发展迅速，销售额每年增长50%以上。与此同时，公司内部存在不少冲突，影响着公司绩效的继续提高。

因为是合资企业，日方管理人员带来了许多先进的管理方法，但未必完全适合中国员工。例如，在日本，加班加点不仅司空见惯，而且没有报酬。亚通公司经常让中国员工长时间加班，引起了大家的不满，一些优秀员工还因此离开了亚通公

---

① 邰昌宝. 团队沟通的几个误区[EB/OL]. http://club.ebusinessreview.cn/blogArticle-31169.html，2010-12-23/2012-07-02.

司。由于亚通公司的组织结构是直线职能制，部门之间的协调非常困难。例如，销售部常抱怨研发部开发的产品偏离顾客的要求，生产部的效率太低，使自己错过了销售时机；生产部则抱怨研发部开发的产品不符合生产标准，销售部门的订单无法达到成本要求。

此外，研发部胡经理虽然技术水平首屈一指，但是心胸狭窄，总怕他人超越自己。因此，常常压制其他工程师。这使得工程部人心涣散、士气低落[①]。

这个案例反映的就是管理中的冲突问题。如何解决亚通网络公司的各种冲突？这关系到公司内部的和谐和公司的长远发展，是这个公司必须要解决的问题。解决冲突是每个企业都经常要面临的问题，冲突解决得好，会促进企业的发展；解决不好，就会影响员工的士气、团队的和谐，甚至成为影响企业发展的障碍。冲突有各种类型，其产生原因不同，解决冲突的方法和策略也不同。下面将分别介绍冲突的分类、产生冲突的原因和解决策略。

一、冲突的分类

冲突是指人们由于某种抵触或对立状况而感知到的不一致的差异。人与人的性格不同、受教育水平不同、生活环境不同，导致思考问题的方式也不同，在人际交往中经常会产生一些冲突，称为人际冲突。冲突有以下几种类型。

1. 积极冲突和消极冲突

冲突按照性质分为积极冲突和消极冲突。从性质上区分管理冲突是属于积极类型的还是消极类型的，不仅具有重要的理论价值，而且具有重要的现实意义。只有对管理冲突的性质判定准确、真正把握，才能端正态度，采取行之有效的措施和政策，给消极性质的管理冲突以有效的抑制、消除和排解；对积极性质的管理冲突进行充分展开和有效利用，从而达到调适冲突、推动事业发展的目的。

2. 与上级冲突、与下级冲突和与同级冲突

管理冲突按照隶属分为与上级冲突、与下级冲突和与同级冲突。管理冲突，

---

① 刘志坚，徐北妮. 管理学——原理与案例[M]. 广州：华南理工大学出版社，2002.

在一定意义上我们可以把它归结为一种系统内部的结构要素冲突。这里需要指出的是，我们所说的系统，是指一个较大的系统，包括管理主体、管理客体和管理过程，而不是仅指这个系统中的某个子系统或者小系统。由于与上级冲突、与下级冲突和与同级冲突，它们各自存在的前提和依据不同，因而其冲突的表现形式和解决方式也可能有所不同。

(1) 与上级冲突。由于上级处于主导地位，是管理的主体，所以作为下级，在一般情况下，有意见可以提，有要求可以说。但只能通过说理和动情的方式去实现目的，使冲突和分歧朝着有利于自己的方向发展；一旦不能达到目的，应该放弃，服从上级。这是由组织原则决定的。

(2) 与下级冲突。与下级冲突又分为工作性冲突和非工作性冲突。工作性冲突，尤其是上级对下属实施的批评、教育、矫正以及其他规范，这是领导职能在管理上的体现。作为上级必须坚持原则，坚持到底，不可中途妥协，不可无原则退让，否则就可能形成不好惯例，为以后的工作埋下祸患。非工作性冲突则恰恰相反，作为上级应该有妥协、有退让和有风格，这样方显领导情操、水平和身份。

(3) 同级冲突。同级管理者之间的冲突，由于其前提是同级，因而其表现形式往往比较隐蔽，其解决方式往往多是调和，其最终结果往往是各方退让。一些时候还需要领导参与解决，形成居高临下的裁判态势。

3. 管理主体内部冲突、管理客体内部冲突和交叉冲突

冲突按照要素构成可分为管理主体内部冲突、管理客体内部冲突和管理主体与管理客体交叉冲突。事物的性质和效能决定于事物的构成要素。管理主体和客体的状况如何，直接决定着管理的效能和效率。一般来说，管理的高效能和高效率，来源于其主体状况适应于客体状况，来源于客体状况易于被主体教化。在这里，两者各自内部冲突及其交叉冲突是否属于良性互动，又起着很重要的作用。冲突若属于良性互动，组织界限就会越来越清晰，组织目标就会越来越明确，管理就会发挥强势作用，就会取得理想绩效。相反，冲突若属于内耗性互动，甚至是恶性互动，组织界限就会越来越模糊，组织目标就会越来越丧失，管理就会难以发挥应有的作用，就会出现低效甚至负效。对此，我们必须有清醒的认识。我们要力倡良性冲突互动，力戒内耗性冲突互动，确保冲突的性质和质量，使之为巩固组织构架、实现

组织目标服务。

二、产生冲突的原因

1. 个人的原因

每个人在不同的生活环境中长大，由于个人素质、生活习惯、性格等不同，或没有体现出对他人的尊重，没有从对方的角度去考虑问题，就会产生人际冲突。例如，老工人与年轻工人之间、中国员工与外国员工之间、高学历员工与低学历员工之间等都容易产生冲突。在日常工作当中，必须了解和分析每个人的不同性格特征，避免发生冲突，从而改善人际关系。

2. 部门组织的目标不同

组织内部各个部门的目标不同，为了实现自己部门的目标，部门之间会发生冲突。在一般企业中，以下部门之间比较容易产生冲突。

(1) 生产部门与销售部门。如果产品销售不畅，生产部门会指责销售部门销售不力，造成生产出来的产品滞销；销售部门会指责生产部门生产的产品质量不过关等。

(2) 财务部门与其他部门。企业的财务部门负责整个企业的钱财管理控制，当一些部门花钱太多、预算不合理、报销不符合手续等，财务部门和这些部门之间就有可能发生冲突。

(3) 生产部门与质检部门。质量检验部门负责为产品质量把关，生产部门往往会埋怨质检部门太挑剔；而质检部门则会指责生产部门只重视产量，不重视质量。

(4) 一线部门与后勤部门。一线部门和后勤部门冲突也比较多。例如，一线部门对后勤部门的服务不满意；后勤部门指责一线部门要求太苛刻。

3. 角色差异

在企业中，由于岗位不同，思考问题的角度也不同，因此会引起冲突，包括管理者与员工之间、不同岗位的负责人之间的冲突等。例如，管理者希望多生产优质产品、增加销售量、提高利润率；而员工主要考虑提高工资、增加福利待遇、降低劳动强度。生产部门负责人希望有高质量的原材料；而采购部门主要考虑预算够不够等。

4. 职责不清

在许多企业中，由于没有工作分析，或工作分析做得不好，常常容易出现职责不清的情况，这时就容易产生冲突。

(1) 互相推诿。由于职责不清，许多工作分不清责任人，一旦出了事故则互相推诿。例如，送传真件，平时门卫老王送过，办公室小李送过，其他人也送过。但是如果当一份重要传真件遗失了，使公司失去一笔很大的生意时，经理找到老王，老王会说，可能是小李送的；经理找到小李，小李会说，可能是其他人送的。冲突由此而起。

(2) 互相插手。由于职责不清，许多有利可图的事情大家都抢着干。决定由一个人或一个部门去干时，其他人或其他部门则会愤愤不平，冲突也就产生了。例如，公司要组织一次促销活动，做得好的部门有奖励。销售部门说该由销售部来组织，市场部门说该由他们来组织。结果总经理决定由市场部门去干，但造成的冲突使销售部门不好好配合，导致这次促销活动成效甚微。

5. 争权夺利

权力往往是吸引人的，因为可以给个人带来利益。在组织内部，由于争权夺利而引起的冲突有很多。有的人为了争权夺利互相拆台，或培植亲信，拉帮结伙，一人得道，鸡犬升天；有的人造谣生事，制造混乱，乱中夺权。争权夺利是一种消极的冲突，由此引起的后果可能会很严重，会使组织成员之间矛盾重重，失去团队凝聚力，组织应该尽量杜绝这种冲突的根源。

6. 组织变革

组织在变革期间会带来许多动荡，这些动荡带来的冲突是不可避免的。在组织变革过程中会面临各种问题，例如，企业内部的人员职位变动、裁减大量员工、组织结构改变、权力分配变化等，由此会导致员工之间为了新的职位明争暗斗、新领导与旧部属之间产生矛盾等，很容易产生冲突。

7. 争夺有限的资源

一个组织内部的资源是有限的，在争夺有限的资源时，个体之间、不同群体之间就可能产生冲突。例如，领导给员工发的工资、奖金有多有少；给各个部门分配的投资额、贷款不同；不同部门的设备、原材料、工具等分配不均；厂房、办公室分配不合理；争夺新分来的人才，等等。这些方面都容易引起冲突。

三、解决冲突的策略

案例7-6： 一位业绩一直居公司首位的员工，认为一项具体的工作流程是应该改进的，她向主管、部门经理提过，但没有得到重视，领导反而认为她多管闲事。有一天，她私自违反工作流程，主管发现后就带着情绪批评了她。而她不但不改，反而认为主管有私心，于是就和主管吵翻了，并退出了工作岗位。主管反映到部门经理那里，经理也带着情绪严肃地批评了她，她置若罔闻。

于是经理和主管决定严惩此事，有人认为应该开除她，有人认为应该扣三个月奖金，但这位员工拒不接受。部门经理就把问题报告到老总这里，老总把这位早有耳闻的业务尖子叫到办公室谈话，没有直接批评她，而是让她先叙述事情的经过，通过和她交谈，交换意见和看法。老总发现这位员工确实很有思想，她违反的那项工作流程确实应该改进，而且还谈了许多现行的工作流程和管理制度中存在的不完善之处。老总采用朋友式的平等交流，真诚地聆听她的意见，让她感觉受到了重视和尊重，反抗情绪渐渐平息下来，从而开始冷静地反思自己的行为，从开始只认为主管有错，到最后承认自己做得也不对。在老总的引导下，她承认了自己的错误并说出应该受到的处罚程度，最后满意地离开了办公室。此后，老总与部门经理以及主管交换了意见和看法，经理和主管也都认同"人才有用不好用，奴才好用没有用"的道理。大家讨论决定，以该位员工自己认为应受的罚金减半罚款，让她在班前会上公开做了自我检讨，并补一个工作日。她十分愉快甚至怀着感激之情接受了处罚，而公司则以最快的速度把那项工作流程改进了。

事情过后，大家发现这位员工一下子改变了原来的傲气和不服管的情绪，并积极配合主管的工作，工作热情大增，大家说她好像变了个人似的①。

---

① EMBA必读. 管理员工　激励好于惩罚[EB/OL]. http://www.chachaba.com/news/html/peixun/mba/20120202_63620.html，2012-02-02/2012-07-02.

由此案例可见，解决冲突的技巧和策略是多么重要。案例中的冲突就是积极冲突，是为了企业更好地发展而产生的冲突。这些冲突解决好了，会成为员工和企业发展的动力。当冲突产生并有可能造成企业混乱、无序或分裂时，管理者应根据以下措施来缓解冲突。

1. 利用领导者的聪明才智解决问题

领导者对冲突的当事人进行评估，分析产生冲突的原因和根源，采取切实有效的策略解决冲突。在这种方法中，处理冲突者应强调企业的整体利益，同时考虑冲突双方的利益，形成双赢局面，正如案例7-6中的老总那样。这是一种值得提倡的方法，但许多管理者不能站在客观的立场上处理双方的冲突。这种解决方法对管理者自身的素质和能力水平要求较高。

2. 冲突双方的克制与妥协

这种处理方法要求冲突双方以大局为重，各自牺牲一部分利益，寻找一种双方都能接受的处理方法。这种方法要求冲突双方有较高的思想素质和宽容的心态，协助解决冲突的管理者有较强的思想工作能力和沟通能力。在一般情况下，应提倡这种方法。

3. 强制执行

这是一种以牺牲一方利益为代价而满足另一方需要的方法，是一种高度武断的处理冲突的方法。这种方法适合于冲突双方中明显有一方更有理而且占有优势时，强制一方服从另一方。这种方法要求针对占优势的一方，要有理有据、有说服力，能让另一方心服口服，避免以权势、个人关系压制对方，使双方从此产生隔阂。

本章小结

管理沟通是围绕企业经营而进行的信息、知识与情报的传递过程，是实现管理目的的媒介，也是企业有效运作的润滑剂。管理者只有以良好的心态与员工进行沟通，建立内部良好的沟通机制，才能实现有效管理沟通。在管理沟通中，要遵循公开性原则、简捷性原则、明确性原则、适度性原则、针对性原则、同步性原则、完整性原则、连续性原则、效率性原则、效益性原则。由于企业难免发生冲突，因此要正确利用冲突的积极作用，采取有效的策略解决冲突。

情景模拟与沟通训练

食品管理部的程先生的工作热情与工作效率一直都很高，每次都能圆满完成任务，上司对其寄予了很高的期望。但上个月他的表现令人失望，上班时经常打私人电话和犯低级错误，且心神不定，因此影响了工作。

根据此情景，要求同学们展开一段上司和下属之间的办公室谈话。通过分组模拟案例场景，设计对话内容，来展示上司和下属之间在工作满意度问题上的沟通技巧和矛盾化解方法，着重观察双方采取了何种管理沟通模式与沟通风格，关注沟通过程的合理性和有效性。

案例分析

案例1

冷科长：公司赔偿支付科科长，男，42岁，工作认真，性格内向。

牛先生：公司赔偿支付科分析员，男，28岁，业务能力强，脾气倔强。

公司老板在中午快下班时打电话向冷科长布置了一项紧急任务，要求在下午2点前办好。于是冷科长拦住了正要去吃饭的牛先生，让他利用中午休息时间将工作赶出来。虽然工作并不复杂，对业务熟手来说，用一点时间就可以完成，可是牛先生拒绝了，理由是午休是职工应享有的权利，况且自己中午还有点私事要办[①]。

案例讨论题

1. 如果你是冷科长，上任之初应怎样做？

2. 面对目前的僵局，冷科长应该怎样扭转局面？

---

① 戴尔·卡耐基.卡耐基沟通的艺术与处世智慧[M].王红星，译.北京：中国华侨出版社，2012.

案例2

张明，男，32岁，大学毕业后被分配到金元大酒店。先是在行政部门，后来到服务一线，担任过餐饮部主管、副经理。因其勤奋好学，管理有方，一年前又被破格提拔，现任酒店总经理助理兼餐饮部经理，是比较年轻、比较有发展后劲儿的管理干部。当然，他的快速提拔也着实令那些年龄较大的资深部门经理心里感到有些不舒服。

一天下午，张明值班，负责酒店管理及服务质量检查。当他去检查三楼的大会议厅时，服务员一开灯，张明就发现了问题——天棚上的灯泡有不少不亮的。他马上问旁边一直跟着检查的客房部郭经理，是否已经报修，郭经理马上让服务员取来报修单，张明一看，确实是当日11:30分报修的，但只写了这样一句话："会议厅坏了1个灯泡。"按规定，如果报修准确及时，一线部门就没有任何责任，责任在工程部。张明就问郭经理："坏了这么多，怎么就报修1个呢？"郭经理没有正面回答，只是反复强调，这么多灯泡坏十个八个不会影响开会照明。张明很不高兴，就说："不管是否影响照明，只要没报修就是问题，扣1分。"郭经理的脸色特别难看，她今年47岁，是店里的资深经理，管理严格，非常要强，但弱点是护短，不能正视所辖部门的问题。

等大家到康乐中心的时候，客房部的服务员高丽追上来，把报修单递给郭经理，嘀咕了几句。郭经理来了精神头儿，跟张明说："刚才你看错了，登记的不是1个，而是31个。"张明一看就明白了——他们把"了"字描了描改成"3"字，显然是弄虚作假。张明把报修单拿给所有部门经理看了看，说："一会儿再谈。"

三点半，检查完毕，开始总结。说到客房部的灯泡问题时，张明派去查坏灯泡数量的检查人员报告说，一共坏了25个。张明就问郭经理："为什么坏了25个，却报了31个？"郭经理脸上有些挂不住了，起身就走，一会儿又回来了，说："那6个是服务员自己换的。"张明差点儿被气乐了，又问："怎么就换了6个，别的没换呢？""是不是有的服务员在撒谎？"这下郭经理可吃不住了，马上提高了嗓门儿，情绪激动地说："酒店领导怎么能不信任自己的员工呢？"张明始终克制自己的情绪——员工要点儿小聪明还情有可原，怎么当经理的还这么护短？但他还是忍住了，摆摆手说："等调查清楚再说吧。"

散会的路上，有两个经理跟张明说，客房部太不像话了，怎么能搞这套把戏呢？郭经理也是，太过分、太嚣张了。

张明心里清楚，尽管自己官长一级，但因资历较浅，有些人可能不服气，所以他也处处小心，尽可能地尊重那些资深经理。但没有想到，郭经理居然公开支持部下应付检查。如果换一位别的老总负责此事，张明肯定她不敢这么干。

晚上，张明躺在床上还在琢磨，明天是撕破脸皮，把事情查个水落石出呢？还是和稀泥、敷衍了事呢[①]？

案例讨论题

1. 郭经理为什么会与张明发生冲突？

2. 假如你是张明，你会如何处理郭经理？(分事前、事中、事后三部分回答)

3. 张明为难的原因何在？张明应如何与郭经理建立起更为有效的关系？

案例3

斯塔福德航空公司是美国北部一家发展迅速的航空公司。然而，最近在其总部发生了一系列传闻：公司总经理波利想出卖自己的股票，但又想保住自己总经理的职务，这已是公开的秘密了。他为公司制定了两个战略方案：一个是把航空公司的附属单位卖掉；另一个是利用现有的基础重新振兴发展。他自己曾对这两个方案的利弊进行了认真的分析，并委托副总经理本·查明提出参考意见。本·查明曾经为此起草了一份备忘录，随后叫秘书比利打印。比利打印完后就到职工咖啡厅去了。在喝咖啡时，比利碰到了另一个副总经理肯尼特，并把这一秘密告诉了他。比利对肯尼特悄悄地说："我得到了一个极为轰动的最新消息，他们正在准备成立另外一家航空公司。他们虽不会裁减职工，但是我们应该联合起来，有所准备啊。"这话又被办公室的通信员听到了，他立即把这个消息告诉他的上司巴巴拉。巴巴拉又为此事写了一份备忘录给负责人事的副总经理马丁，马丁也加入了他们的联合阵线，并认为公司应保证兑现其不裁减职工的诺言。

第二天，比利正在打印两份备忘录，不慎被路过办公室探听消息的摩罗看见了。摩罗随即跑到办公室说："我真不敢相信公司会做出这样的事来，我们要被卖给联合航空公司了，而且要大量削减职工呢！"

这消息传来传去，三天后传到总经理波利的耳朵里。波利接到了许多极不友好

---

① 沈远平. MPA管理沟通案例分析精选[M]. 北京：人民出版社，2011.

甚至充满敌意的电话和信件。人们纷纷指责他企图违背诺言大批解雇职工，有的人也表示为与别的公司联合而感到高兴，而波利则迷惑不解①。

案例讨论题

1. 请结合所学理论说明案例中的沟通属于哪种沟通方式。

2. 总经理波利怎样才能澄清问题？你认为应如何平息这场风波？

复习思考题

1. 什么是管理沟通？它的作用有哪些？

2. 有效管理沟通的方法有哪些？

3. 产生管理冲突的原因有哪些？

4. 解决冲突的策略有哪些？

---

① 管理学案例：斯塔福德航空公司的内部传闻分析[EB/OL]. http://wenwen.soso.com/z/q167583455. htm？pid=ask.box.

第八章 谈判沟通

本章素质培养目标：培养学生的谈判能力，使学生能够解决日常生活及工作中遇到的谈判问题。

重点：谈判沟通的主要禁忌和技巧。

引例：分橙子的故事

有一位妈妈把一个橙子给了邻居的两个孩子，这两个孩子便讨论起来如何分这个橙子。两个人吵来吵去，最终达成一致意见，由一个孩子负责切橙子，而另一个孩子选橙子。结果，这两个孩子按照商定的办法各自取得了一半橙子，高高兴兴地拿回家去了。第一个孩子把半个橙子拿到家，把皮剥掉扔进了垃圾桶，用果肉打果汁喝；另一个孩子回到家把果肉挖掉扔进了垃圾桶，把橙子皮留下来磨碎，混在面粉里烤蛋糕吃。

从引例中我们可以看出，虽然两个孩子各自拿到了看似公平的一半，然而他们各自得到的东西并未物尽其用。这说明，他们事先并未做好沟通，没有说明各自的利益所在，导致双方盲目追求形式上和立场上的公平。结果，双方各自的利益并未在谈判中达到最大化。

如果两个孩子充分交流各自所需，或许会有多个方案和情况出现。可能的一种情况，就是遵循上述情形，两个孩子想办法将皮和果肉分开，一个拿到果肉去喝果汁，另一个拿果皮去烤蛋糕。也可能经过沟通后是另外的情况，恰恰有一个孩子既想要皮做蛋糕，又想喝橙子汁。这时，如何创造价值就非常重要了。结果，想要整个橙子的孩子提议，可以将其他问题提出来一起谈。他说："如果把这个橙子全给我，你上次欠我的棒棒糖就不用还了。"其实，他的牙齿被蛀得一塌糊涂，父母上星期就不让他吃糖了。另一个孩子想了想，很快就答应了。他刚刚从父母那儿要了五块钱，准备买糖还债。这次他可以用这五块钱去打游戏，才不在乎这酸溜溜的橙子汁呢。两个孩子的谈判思考过程实际上就是不断沟通、创造价值的过程。双方在寻求对自己而言最大利益的方案的同时，也满足了对方的最大利益需求。

这就是谈判的过程，好的谈判者并不是一味固守立场，追求寸步不让，而是要与对方充分交流，从双方的最大利益出发，创造各种解决方案，用相对较小的让步来换得最大的利益，而对方也是遵循相同的原则来取得交换条件。在满足双方最大利益的基础上，如果还存在达成协议的障碍，那么就不妨站在对方的立场上，替对方着想，帮助其扫清达成协议的一切障碍。这样，最终的协议是不难达成的。

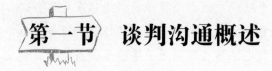

第一节　谈判沟通概述

一、谈判的内涵

谈判是一种具有挑战压力的沟通形式，是通过平等对话、接触来达到目标的过程。谈判有关妥协，而非输赢。妥协就是牺牲部分你想要的东西，以便与你的谈判对手达成双方都可以接受的协议。最佳的谈判就是双方都非常满意的谈判——达成双赢协议，谈判双方在寻求对自己而言利益最大的方案的同时，也满足了对方的最大利益需求。

二、谈判的类型

1. 日常管理型谈判

日常管理型谈判主要涉及组织内部问题以及员工之间的工作关系，比如商定新的薪资标准、合同条款和工作条件的改变、工作范围及角色的界定，甚至加班问题等。这类谈判的参与对象主要是管理人员、员工、工会、法律顾问等。

2. 商业型谈判

商业型谈判是公司与公司之间的谈判过程。公司与公司之间谈判是为了获得盈利，比如为了满足客户的需求而签订一份合同，就交货时间、服务范围、产品质量要求、价格等达成共识。这类谈判由公司内部人员、厂商、客户甚至政府和法律顾问等参与。

3. 法律谈判

法律谈判通常比较正式，并且具有法律约束力。法律谈判主要是就一些问题进行讨论和争辩，比如就某一个地方或者国家的既定法规与主管部门进行沟通等。这类谈判的参与对象包括国家、政府、主管部门以及管理人员。

三、谈判的原则

谈判是一项原则性很强的活动，无论怎样灵活处理问题，都必须遵守下述基本原则。

1. 尽量扩大总体利益

在谈判中，谈判双方首先应一起努力扩大双方的共同利益，然后再来讨论和确定各自分享的比例，也就是谈判界常说的"把蛋糕做大"。谈判的成效，在很高程度上取决于能不能把蛋糕做大，能不能通过双方的努力降低成本、减少风险，使双方的共同利益得到增长，并最终使双方都有利可图。项目越大、越复杂，把蛋糕做得更大的可能性也就越大。

2. 打造公开、公平、公正的竞争局面

在谈判中，应避免出现谈判伙伴选择单一、"一棵树上吊死"的现象，要善于营造公开、公平、公正的竞争局面，以利于扩大自己的选择余地。实践证明，营造公开、公平、公正的竞争局面，可以赢得谈判中的主动权，争取有利的合作条件。

3. 明确目标，精于妥协

在谈判中，人们经常会发现，由于双方对同一问题的期望值存在差异，从而导致谈判进程受阻。事实上，在很多情况下，大家只要认准了最终目标，在具体的问题上完全可以采取灵活的态度、变通的办法，从而使问题迎刃而解。妥协有些时候是让步，有些时候则是为了求得折中的替代方案。这就要求人们不应在自己的立场

上固执己见，而应积极去寻找隐藏于各自立场背后的共同利益所在。

4. 注重平等互利

在谈判活动中，双方的力量不论强弱，在相互关系中都处于平等的地位。例如，在商品交换中，双方自愿让渡商品，实行等价交换。任何谈判都是自愿的活动，任何一方都可以在任何时候退出谈判或拒绝进入谈判。谈判双方应根据需要与可能，有来有往，互通有无，做到双方互利。

5. 重利益不重立场

谈判的基本问题不是立场冲突，而是双方需求、欲望、关注的利益方面的冲突，这些利益冲突是导致立场冲突的深刻原因。另外，对于任何利益，一般都有多种可以满足的方式，而且在对立的立场背后，双方之间可能存在共同利益和冲突性利益，并且所存在的共同利益往往大于冲突性利益。因此，谈判过程中应当调和的是双方的利益，而不是双方的立场。

谈判者讨论利益时应尽量具体化，具体的描述可以使得己方的利益显得更加可信，而且有助于增强说服力。但是同时应当注意：谈判者在关心自身利益的同时，也应关注对方的利益，这也是平等互利原则的基本要求。

6. 使用客观标准

所谓客观标准，就是独立于各方主观意志之外的、不受情绪影响的标准。坚持使用客观标准的原则就是：在谈判中要依照客观标准而不是根据压力来进行谈判，谈判者应当把注意力放在问题的价值上，而不是双方的耐力上。

运用客观标准的好处是，它能将双方关于立场、观点、意志力的较量转换成双方共同解决问题的努力，把"对方是否愿意"变为"问题该如何解决"，把双方以各种方法竞争变为彼此有诚意的沟通。

7. 人事分离

要做到把人与问题分开处理，从总体上说，应该从看法、情绪、误解这三个方面着手。当对方的看法不正确时，应寻求机会帮他纠正；当对方情绪太激动时，应给予一定的理解；当发生误解时，应设法加强双方的沟通。在谈判中，不仅要这样处理对方的"人的问题"，也应这样处理己方的"人的问题"。

总之，在思想上，要把自己和对方看作同舟共济的伙伴，把谈判视为一个携手共进的过程；在方法上，要了解对方的想法、感受和需求，给予其应有的尊重，对问题应按照其价值来处理。

8. 彼此有利

提出彼此有利的解决方案，这种方案是在构思一系列可行的选择方案中产生的。因此，第一步必须把选择方案的"构思行为"与"判断行为"分开；第二步必须摒弃"只寻求一种答案"的意识；第三步必须确认"共有利益"，让双方"各得其所"；第四步必须"使对方容易做决定"。

9. 科学性和艺术性相结合

科学性是从事谈判的理论前提，而艺术性则是谈判取得成功的重要条件。因此，在谈判过程中，既要坚持科学性的原则，又要讲究艺术性的原则，两者有机结合，才能取得成功。

 # 第二节　谈判技巧的运用

一、谈判的语言技巧

谈判行为是一项很复杂的人类交际行为，它涉及谈判者的言语互动、行为互动和心理互动等多方面内容。在谈判过程中，语言表达能力十分重要。只有谈判双方叙事清晰、论点明确、证据充分，才能有力地说服对方，取得相互之间的谅解，协调双方的目标和利益，从而保证谈判的成功。

在谈判中，双方的接触、沟通与合作都是通过语言表达来实现的。说话的方式不同，对方接收的信息、做出的反应也都不同。虽然人人都会说话，但说话的效果却各有不同。

案例8-1：你想到一家公司担任某一职务，你希望年薪2万元，而老板最多只能给你1.5万元。老板如果说"要不要随便你"，就有攻击的意味，你可能扭头就走。而老板如果这样说："给你的薪水，那是非常合理的。不管怎么说，在这个等级里，我只能付给你1万元到1.5万元，你想要多少？"很明显，你会说"1.5万元"，而老板可能会问"1.3万元如何"，你继续坚持1.5万元，结果是老板投降。表面上，你好像占了上风；实际上，老板运用了选择式提问技巧，让你自己放弃了争取2万元年薪的机会①。

成功谈判并不是一件难事，只要掌握有关的谈判技巧和策略，才能成为谈判高手。在谈判时要充分运用语言技巧，主要应注意以下几方面。

1. 语言要有针对性

在语言上，有一些技巧需要掌握。在谈判中所说的每一句话，一定要针对性强，不要寒暄。谈判的目的是双赢，是要建立我们的优势，是要控制全局，所以要有很强的针对性。

2. 表达要委婉

在表达的时候，不要直来直去，特别是在拒绝对方的时候，一定要表达得比较婉转，可以用"但是"技巧。例如，对方要求缩短交货期，可回答说："是的，我也认为交货期稍长了些，但有好几个因素要考虑，如材料的短缺影响产量，还有计划尚未完善。"回答的肯定部分看起来是站在对方的立场上，实际观点在于"但是"后面的内容，这样表达比直接否定更容易让对方接受。

对于对方提出的问题，也可以不直接回答而采取迂回战术。如对方问："你方能保证在规定的日期内完成吗？"可以回答："让我们来看一下计划，然后告诉你在期末的进展情况，可以看出存在的问题以及我们所保证的宽限余地。"

笑话：有一天，一个贵妇打扮的女人牵着一条狗登上公共汽车，她问售票员：

---

① 刘志刚. 你会谈判吗[EB/OL]. http://www.qnwz.cn/plus/view.php？aid=57819，2008-12-26/2012-07-02.

"我可以给狗买一张票，让它也和人一样坐个座位吗？"售票员说："可以，不过它也必须像人一样，把双脚放在地上。"女人听后哑口无言……

售票员没有给出否定答复，而是提出一个附加条件：像人一样，把双脚放在地上，以此限制对方，用巧妙的语言制服了对方，让对方在这次小小的谈判中哑口无言。

3. 灵活应变，学会用无声语言

在谈话的过程中要灵活应变，不要一根筋，要灵活使用我们的语言，包括无声的语言。无声的语言往往会在谈判的关键时刻起到出人意料的效果，我们要学会停下来，用无声、沉默的方法来面对我们的谈判对手。

在谈判中有一些话是不能说的，说出来会对你非常不利。比如"相信我"这句话，实际上说"相信我"的人，可能他接下来的话就让人不太相信了；又如"我对你以诚相待"，以诚相待不是说出来的，而是做出来的，要通过实际行动让对方去感觉，如果做不出来，说得再多也没用；再如不要说"愿不愿意随你"，这种话是非常消极的，在谈判中要达到双赢，一定要有一个积极的、愉快的氛围，双方都愿意把自己的东西拿出来与对方交换。另外，任何威胁性的话语以及任何形式诋毁的语言都不能说。在卖东西的时候，切忌说"我以成本价给你"。如果说这句话，对方就会在心中打一个问号："到底成本价是多少，我跟他非亲非故，他为什么会以成本价卖给我？"没有人会相信这句话，因为谈判一定是要双赢的，所以像这类令人怀疑的话不要说，这是谈判中的语言技巧。

二、处理对方拒绝的技巧

谈判是一个相互交流和沟通的过程。在沟通的过程中，一方的提议不可能全部被对方采纳，有时会遭到对方的拒绝。有时是对方拒绝我们的提议，有时是我们的提议对方不满意。那么，如何拒绝对方？如果对方拒绝我们，又该怎么办？这两方面的技巧是相辅相成的。

对方拒绝我们的提议一定有他的理由，双方都有自己的原因和标准，才会产生相应的拒绝。为了处理对方的拒绝，应做好以下工作。

1. 准备工作

首先，把我们提供的产品或服务与竞争对手作对比，分析优劣势。

其次，把有可能对产品或服务持反对意见的想法写下来。

最后，召集公司内部的同事集思广益，把有可能的反对意见全部写下来，避免想法的不足和片面。

准备工作做好之后，大体上就可以知道对方会在哪些方面拒绝我们了，如果我们事先想好对策，在处理拒绝的时候，就可以把对方拒绝的原因和我们准备好的答案联系起来。

2. 处理工作

处理对方的拒绝是一个过程，不仅仅是同意或不同意，而是要和对方沟通和交流，要深思熟虑后再去处理这种拒绝。

(1) 态度。在处理拒绝的时候，态度上要假装看不到冲突的威胁，要把冲突的威胁放到一边。因为有的对手可能专门用这种虚张声势或威胁的方法使我方的阵脚大乱，所以先不要看到这个冲突和威胁。

然后接受对方的问题，对方提出一个问题，如果你的第一个反应是先拒绝他，那你就很难跟对方达成共识。应该先接受，然后再去对比，去了解对方的意图。了解对方的意图之后，再用对方的方法回应他。

(2) 行动。在回应对方的过程中，要有耐心，遇到拒绝不要慌，不要争论，首先要肯定对方的观点，理解对方的做法，并跟对方说，如果自己站在对方的角度上，也会提出同样的问题，说完之后再把自己真正的观点一一列举出来。

在谈判中，如果对方觉得我方的价格太高，不愿意接受我方的价格，这显然是对我方的一种拒绝。遇到这种情况要有耐心，不要与对方争论。可以先承认对方的观点，接下来可以说："不仅您说贵，××也说贵。"然后再与对方解释产品的功能、特点，告诉对方买我们的产品能够为其解决什么问题，等等。沟通之后，对方就会觉得产品确实不贵。经过与我方的合作，他会发现自己的判断是正确的，产品确实物有所值。

如果顾客觉得我方的产品贵，在这种情况下，要想找出真正的原因，可以采用一个工具——LPQ方法。

L：Listen，聆听。如果对方说贵，不要与其争辩，不要打断对方，要先让对方把话说完。

P：Pause，暂停说话。在谈判的时候，双方对这种安静场合的忍耐程度是很有限的，一般人只能忍耐7秒左右，时间太长就会有人站出来打破僵局，不会出现太长的冷场。这时会有两种情况：一种情况是对方自己找台阶下，自己回答自己的问题，不要求我方做答——这是一种理想的情况；另一种情况则是对方坚持自己的观点，一直沉默不语，那么我方要把这个话茬儿接下来，这时就需要利用Q。

Q：Question，反问对方问题，而不要回答对方的问题。比如让对方界定贵的定义等，待对方说完一个问题之后，再问另一个问题，一个问题套一个问题，目的是找到真正的原因，了解对方的其他想法，比如付款问题、交货问题、是否要求我方再做让步等。找到真正的原因之后，再处理对方的拒绝。

当然，在行动上要避免个人攻击。比如，对方说贵，我们不能拍案而起，说对方不懂这个行业等，这种人身攻击会造成谈判的僵局。我们要寻找共同点，寻找共同的利益，然后积极地问问题，去聆听，找到真正的原因。

三、有效拒绝对方的技巧

1. 如何拒绝对方

在谈判中，我们同样也可能要拒绝对方提出的建议。那么，应如何传递拒绝的信息，才能让对方觉得舒服呢？

首先，开口说拒绝的时候千万不能说抱歉，这个拒绝不是欠对方什么，而的确是从自身出发，无法满足对方的要求。

其次，在表达意见和感受的时候，一定要真诚地解释，有效地沟通。同样一个"不"字，它通过不同的方式传递给谈判的对方，结果是不一样的。沟通中有一个漏斗原则，一般我们心里所想的可能是100%，嘴上说出来的可能是80%，而别人听到的最多是60%，听懂的也只有40%，行动时可能就只剩20%了。我们自己心里所想的和最后对方按照我们的想法采取的行动差别很大，这就更需要用有效的方法，把"不"字传递给相应的人员。

2. 造成沟通困难的因素

在传递拒绝的过程中，以下几个要素可能会造成传递不利或失败。

(1) 缺乏自信。在说"不"的时候缺乏自信，可能是因为我们的知识不全面，掌握的信息不足，或者是制定的谈判策略和方法有偏差，导致我们不敢去说这个"不"字。

(2) 对重点强调不足或条理不清。在说"不"字的时候，应该把我们的条件和原因告诉对方，为什么我们会说"不"。如果条理不清，几个论据之间的关系都说不清楚，或者强调不足，会造成很大的障碍。

(3) 不能积极聆听。不能积极地去了解对方的真正想法和需求，也就是不能积极地聆听，而是有偏见，先入为主，造成了判断失误，导致我们拒绝对方的内容实际上并不是对方所表达的内容，结果可能闹出笑话。

(4) 思维定式。思维定式将导致我们按自己的思路去思考，而忽略他人的需求，造成对方的抵触情绪。

(5) 失去耐心，造成争执。这样有可能造成沟通困难。我们在拒绝对方的时候，我们的情绪代表了我们的内心世界。我们在说"不"字的时候，情绪是积极、主动，还是悲观、消极，都会影响到对方。

(6) 时间不充分。在说"不"之前，是否留了足够的时间让自己思考、判断，以及是否已经过大脑过滤，是否进行了整体思考？说"不"的条件要整理清楚，等这些问题解决之后，再把这个"不"字有效地传递给对方，从而避免对方不快，对整个谈判失去信心。因为这不是我们的最终目的，我们的目的是阐明在某个地方我们不能让步，不让步的结果是对对方有好处、对自己也有好处，即能够实现双赢。

四、试探对方的技巧

在商务谈判中，对方的底价、签合同的时间以及谈判人员的权限等信息是非常重要的，这些内容属于商业机密。谁掌握了对方的这些底牌，谁就能在谈判中赢得主动。谈判的任何一方都想事先知道对方的价格、时间以及权限，哪怕只是其中的一个方面。那么如何去发现它们？主要有以下四种方法。

1. 火力侦察法

所谓火力侦察法，就是先主动地抛出一些带有挑衅性的话题，来刺激对方表态，然后再根据对方的反应判断虚实。例如：

客户说："你的价格太高。"

那么，我们可以说："我们的产品货真价实，就怕你一味贪图便宜。商业中流行着这样一条准则，叫做一分价钱一分货，便宜无好货。"

实际上，刚才这一番对话就采取了火力侦察法。首先谈到的是货真价实，提醒对方不要一味贪图便宜，这是很有挑衅性的一个话题；再看对方的反应，看看对方到底是不是真的认为价格太高，可以从中探究出他的价格承受能力。因此，火力侦察法的应用就是先抛出"炮弹"，对准"敌人"，就像打仗一样，先把炮弹打过去，等敌人跑出来了，就能知道敌人在什么地方。

2. 迂回询问法

这种方法一般不用在谈判桌上，而是在谈判桌以外的地方。例如，我们做主场，客户做客场，互为谈判对手。客户来了，我们先带他吃、带他玩儿，使他在吃和玩儿的过程中降低防范心理，比如问他："您到北京出差，希望什么时候回去，我来帮您订返程的机票或者火车票。"他可能无意之中就透露了返程时间，我们至少知道一个底牌，也就是他要在什么时间回去，他在回去之前，谈判肯定得有一个结果。这就是迂回询问法，通过迂回的方法使对方松懈下来，趁其不备，然后巧妙地摸清对方的底牌。

3. 聚焦深入法

聚焦深入法是指先就某一方面的问题做一个扫描式的提问，先大面积地去问，得到回复之后，再针对我们最关心的，也是对方的隐情所在，进行深入询问，不断地问问题，最终找到问题的症结所在，即先扫描，再找隐藏的问题。

4. 试错印证法

试错印证法，即在与对方的合作中有意地犯一些错误，比如念错一个字，或者用错词语，或者把价格算错、报错，诱导对方表态，然后再根据对方的表态借题发挥，最后达到目的。例如，假设我们是卖方，对方是一个对数字很敏感的财会人员，在罗列产品之后，我们故意不把其中的1000元钱加到总价里。少1000元钱，对方作为一个很谨慎的财会人员，会很容易发现这个错误。他发现价格便宜了1000元钱，觉得有空子可钻，就会希望在我们还没有发现这个错误之前，尽快达成协议。

然后，我们利用他的这种贪小便宜的心理，在达成协议之前，把这个错误的数据拿给领导审核，然后告诉对方总价少算了1000元钱，对方可能会赖账。这时候可以跟他说，这不是我的权限范围，少算了1000元钱，如果不承认，就得从我的工资里扣，除非再去找领导申请，看他能不能同意便宜一些。人一般都有同情心，对方不会希望从你的工资里把钱扣出来，他会同意你去找经理谈。实际上，他的精力都集中在这个错误上，而忽略了大局，这样有助于谈判成功。

五、其他谈判技巧

1. 化"整"为"零"

条件要一点点地提出来，采取逐渐渗透的策略，以取得谈判的最后胜利。打个比方，假如你和对方谈一个1000万元的项目，你张口就说："1000万元，我们签合同吧。"对方肯定不敢马上答应。但是如果你把这个项目分解一下，说："第一项10万元行吗？"对方几乎当场就能敲定。接着谈下去，10万元的协议做成5个，那么这一天就可以达成50万元的协议，这就是最佳的效果。谈判时把看似不可能成功的事情分解，然后逐个击破，更容易取得最终的胜利。

2. 用数字和专业名词说话

那些枯燥的数字和专业名词是说服对手的有效武器。牢牢地记住那些平常记不住的详细数字和专业名词，谈判时才能脱口而出，这样能给对方留下做过调查和有备而来的印象，起到立竿见影的效果。而且这种语言能令对方感到你是内行，使对方产生一种畏惧心理，再说服对方就容易多了。

3. 用礼貌打动对方

谈判时，双方发言措辞激烈，礼貌用语可以化解谈判的紧张气氛。在对方发表观点时，礼貌地边听讲，边记录，必要时以"对不起，打扰一下……""请您再重复一下好吗"向对方提出要求，会令对方感到很满意，谈判中让对方感到满意是成功的一半。

4. 巧妙引用对方的话

谈判时偶尔引用对方的话语，会让对方认为这个想法是他们自己构思的。比方说，你可以这样诱导对方："有这样一种设想，你看怎么样……"把话语权留给对方。此外，还可以向对方反复强调"正如你刚才所说过的那样……""我从你刚才说过的话中受到启发"，等等，顿时会起到反客为主的效果。

聪明的谈判高手，往往会努力地把自己的意见伪装成对方的见解。他们会先询问对手怎样解决问题，如果对方说出的意见和他们的想法一样，那么他们也会不动声色地让对方相信，这就是他自己的观点。这样会使对方产生被信任的感觉，有助于达成一致意见，从而取得谈判的成功。

5. 适当缓解尴尬局面

当你感觉到谈判形势对自己不妙的时候，可以向对方说"我去取杯咖啡"，也可以讲一个无聊的笑话。如此一来，谈判的节奏就有可能改变。反过来说，形势对自己有利的时候，切不可坐失良机。

六、谈判的主要禁忌

谈判中有许多禁忌，如果不加注意，就会影响谈判的顺利进行，甚至引起双方的不愉快，使谈判陷入僵局。

1. 一忌"闭嘴"

这里的闭嘴，就是指一言不发，这样会使谈判陷入僵局，导致不良后果。在对方侃侃而谈的过程中，自己始终保持沉默，会被视为对对方的谈话不感兴趣。所以，一旦碰上无意之中出现的交谈"暂停"，一定要想办法尽快地引出新话题，或转移旧话题，以激发对方的谈话情绪。

2. 二忌"插嘴"

所谓的插嘴，就是在对方讲话的过程中，自己突然插上一句，打断对方的话。在一般情况下，都不应该打断对方讲话，从中插上一嘴，这样会有喧宾夺主、不尊重对方之嫌。如果确实想对对方所说的话表达自己的不同见解，也需要静待对方把话讲完。如果打算对对方所说的话加以补充，应先征得对方的同意，先说明"请允许我补充一点"，然后再"插"进来。不过"插嘴"时间不宜过长，次数不宜过多，免得打断对方的思路。如果有急事不得不打断对方的谈话，要先讲一句"对不起"。

3. 三忌"脏嘴"

所谓的脏嘴，就是说话不文明，满口都是"脏、乱、差"的语言。谈判中双方难免发生争辩、言辞激烈，导致情绪受影响说出不礼貌的话语，因此应格外注意素质，脏话是要禁忌的。

4. 四忌"油嘴"

所谓的油嘴，就是说话油滑，胡乱幽默。谈吐幽默是一种高尚的教养，在适当的情境中，使用幽默的语言讲话，可以使人们摆脱拘束不安的感觉，变得轻松而愉快。然而幽默也需要区分场合与对象，需要顾及自己的身份。要是随时随地"幽他一默"，幽默就有可能沦为油腔滑调，从而招致对方的反感。

5. 五忌"争嘴"

所谓的争嘴，就是喜欢跟别人争辩，喜欢强词夺理，自以为"真理永远在自己手中"，自己永远正确。爱"争嘴"的谈判者，"没理争三分，得理不让人"，这种人不会受人欢迎。

案例8-2： 小王是一家汽车销售公司的业务员，他口才好，又对各种汽车的性能和特点了如指掌，可是他的销售业绩一直不佳。原来，这是因为小王喜欢争辩，习惯拒绝客户的要求，因此容易惹恼顾客。

例如，当顾客过于挑剔，或者索要赠品时，他会和顾客进行一场争论，而且最后常常"获胜"。事后小王总是非常得意，常常向同事炫耀："那个人真笨，什么都不懂还假装懂，我最讨厌这样的人。"

这天，小王又和一位前来买车的顾客起了冲突，结果把那位顾客说得哑口无言。碰巧这位顾客和小王的老板是好朋友，随后就把这件事情告诉了老板。老板知道之后很生气，狠狠地批评了小王一顿，然后说："和顾客争论胜利，你很得意吧？但是，在争论中你赢得越多，在工作中你就会失去越多。要做好销售，就要懂得退后一步！"

老板说完后，小王才意识到自己业绩不佳的原因。从此以后，他开始有所改变。有一次，一位顾客来买轿车，小王向他推荐奔驰轿车。可是，这位顾客傲慢地说："什么奔驰轿车，我喜欢的可是丰田！奔驰就算你送我我都不要。"这时候只听见小王慢慢地说道："您说得对极了，丰田轿车的性能和稳定性也很不错，款式也都非常棒。看来您对车子很有研究，哪天有兴趣的话，我们再一起讨论奔驰的好处吧！"那位顾客听完说道："其实奔驰轿车也不错，或者你向我推荐几款车，我来看看。"这位顾客最后真的买了一款小王推荐的奔驰车。

现实生活中，很多人都讨厌傲慢又自以为是的人。其实，真正的人才是不露声色的。就像小王，之前和顾客争强好胜，不仅业绩受影响，还遭到老板的批评。后来他学会退后一步，反而吸引了顾客的注意。

6. 六忌"刀子嘴"

所谓的刀子嘴，就是指说话尖酸刻薄，喜欢恶语伤人。每个人都有自己的隐私，不乐意将之展示于人，所以不应该在交谈时"哪壶不开提哪壶"。俗话说："良言一句三冬暖，恶语伤人六月寒。"其口似刀的人，处处树敌，时时开战，终会因自己的缺点而酿成不良的后果。

第三节 谈判实战锦囊

一、充分了解谈判对手

知己知彼，百战不殆。在商务谈判中这一点尤为重要，对对手的了解越多，越能把握谈判的主动权，就好像我们预先知道招标底价，所花费的成本自然更低，成功概率更高。

了解对手时不仅要了解对方的谈判目的、心理底线等，还要了解对方公司的经营情况、行业情况、谈判人员的性格、对方公司的文化、谈判对手的习惯和禁忌等。这样可以避免很多因文化、生活习惯等方面导致的矛盾，有助于谈判取得成功。还有一个非常重要的因素需要了解并掌握，那就是其他竞争对手的情况。比如，一场采购谈判，我们作为供货商，要了解其他参与竞争的供货商的情况，还有其他可能和自己合作的采购商的情况，这样就可以适时给出相对更优惠的合作方式，那么将很容易达成协议。如果对手提出更加苛刻的要求，我们也可以把其他采购商的信息拿出来，让对手知道，我们是知道底细的，同时暗示我们有很多合作的选择。反之，我们作为采购商，也可以采用反向策略。

二、营造融洽的谈判气氛

在谈判之初，最好先找到一些双方观点一致的地方并表述出来，给对方留下一种彼此更像合作伙伴的初步印象。这样接下来的谈判就容易朝着一个达成共识的方向进展，而不是剑拔弩张的对抗。当陷入僵局时，也可以拿出双方的共识来增强彼此的信心、化解分歧，还可以向对方提供一些其感兴趣的商业信息，或探讨一些不是很重要的问题，达成共识后双方的心理就会发生微妙的变化。

谈判的本质就是一种博弈、一种对抗。这个时候双方都很敏感，如果语言过于直率或强势，很容易引起对方的本能对抗意识或招致反感，因此，谈判时要在双方遇到分歧时面带笑容，语言委婉地与对手针锋相对，这样对方就不会启动头脑中本能的敌意，使接下来的谈判不容易陷入僵局。要避免说不该说的话，否则会影响谈判的气氛。但是在艰难的长时间谈判过程中也难免出错，最好的方法就是提前设定好哪些是谈判中的禁语、哪些话题是危险的、哪些行为是不能做的以及谈判的心理底线等。

三、语言表述要简练

在商务谈判中，忌讳语言松散或像拉家常一样，应尽可能让自己的语言变得简练，否则你的关键词语很可能会被淹没在拖拉冗长、毫无意义的语言中。一颗珍珠放在地上，我们可以轻松地发现它，但是如果倒一袋碎石子在上面，再找珍珠就会很费劲。同样的道理，我们人类接收外来声音或视觉信息的特点是：一开始专注，注意力随着接受信息的增加，会越来越分散，如果是一些无关痛痒的信息，将被忽略。因此，谈判时语言要简练，针对性强。如果要表达的是内容很多的信息，比如合同书、计划书等，那么适合在讲述或者诵读时变化语气，突出轻重缓急，比如，重要的地方提高声音，放慢速度，也可以穿插一些问句，引起对方的主动思考，增加注意力。在重要的谈判前应该进行模拟演练，训练语言的表述、突发问题的应对等。在谈判中切忌模糊、啰唆的语言，这样不仅无法有效地表达自己的意图，更可能使对方产生疑惑和反感情绪。在这里要明确一点，区分清楚沉稳与拖沓的区别，前者是语言表述虽然缓慢，但字字经过推敲，没有废话，而这样的语速也有利于对方理解与消化信息内容。

四、以退为进

在谈判中，可采用迂回战术，否则直接奔向目标，只会引起对方的警觉与对抗。可通过引导的方法，带动对方的思维转向对己方有利的方面。比如，通过提问的方式，让对方主动说出你想听到的结果。反之，越是急切地想达到目的，越可能暴露自己的意图，被对方利用。

通常双方在某个重要问题上僵持的时候，一方可退后一步，抛出其他小利，作为补偿，把僵局打破，很可能会用小利换来大利；或把整个方案调换一下顺序，扰乱对方的思维。首先要能跳出思维陷阱，而后要善于施小利、博大利，学会以退为进。在谈判中，最大的学问就是学会适时让步，只有这样才可能使谈判顺利进行，毕竟谈判以双赢为最终目的。

在谈判中，可以适时提出一两个很高的要求，对方必然无法同意，但在经历一番讨价还价后可以让步，把要求降低或改为其他要求。事实上，这些高要求我们本来就没打算会达成协议，即使让步也没有损失，但是可以让对方有一种成就感，觉得自己占了便宜。这时相对这种高要求要低的要求就很容易被对方接受，但切忌提出太离谱、过分的要求，否则对方可能觉得我们没有诚意，甚至会激怒对方。先抛出高要求也可以有效降低对手对于谈判利益的预期，挫伤对手的锐气。

其实，谈判的关键就是如何达成谈判双方的心理平衡，达成协议的时候就是双方心理都达到平衡点的时候，也就是认为自己在谈判中取得了满意或基本满意的结果。这种满意包括预期的达到、自己获得的利益、谈判对手的让步、自己获得了主动权、谈判时融洽的气氛等。有时谈判中的这种平衡和利益关系并不大，所以，在谈判中可以输掉谈判，只要赢得利益，也就是表面上做出让步，给对手一种成功的快感，实则是撒了遍地的芝麻让对手乐颠颠地去捡，自己偷偷抱走对手的西瓜。

五、谈判中多听少说

在谈判中我们往往容易陷入一个误区，那就是采用主动进攻的思维意识，总是在不停地说，总想把对方的话压下去，总想多灌输给对方一些自己的思想，以为这样可以占据谈判主动。其实不然，在这种竞争性环境中，你说的话越多，对方会越排斥，能入耳的很少，能入心的更少，而且你的话多了就挤占了总的谈话时间，对方也有一肚子话想说，被压抑的结果则是很难妥协或达成协议。反之，让对方把想说的都说出来，使其缓解压抑的情绪，他就会像一个泄了气的皮球一样，锐气会减退，接下来你再反击，对手已经没有后招了。更重要的是，善于倾听可以从对方的话语中发现对方的真正意图，甚至是破绽，有助于谈判取得成功。

六、巧妙圆场，机智"下台"

圆场的机智是谈判时必不可少的。没有容人的雅度，见别人落入尴尬便幸灾乐祸，就不可能成为一个谈判高手。当然，没有圆场的机智，也会使人力不从心。只要能及时转换角度，巧说妙解，不但能给自己找到台阶，甚至能给谈判过程增添活力。

1. 借题发挥

错话一经出口，在简单的致歉之后应立即转移话题，有意借着错处加以发挥，以幽默风趣、机智灵活的话语改变场上的气氛，使听者随之进入新的情境中。

案例8-3： 有一个刚毕业的大学生去某合资公司求职，一位负责接待的先生递过来一张名片。大学生神情紧张，匆匆一瞥，脱口说道："滕野木石先生，您身为日本人，抛家别舍，来华创业，令人佩服。"那人微微一笑："我姓滕，名野柘，是地道的中国人。"大学生面红耳赤，无地自容。片刻后，他神志清醒，诚恳地说道："对不起，您的名字使我想起了鲁迅先生的日本老师——滕野先生。他教给鲁迅许多为人治学的道理，让鲁迅受益终生。希望滕先生日后也能时常指教我。"滕先生面带惊奇，点头微笑，最终录用了他[①]。

2. 将错就错

在谈判过程中，常常会有因说错话而陷入尴尬困境的情况，这或多或少会给人际交往带来负面影响，因而错话说出以后如何巧妙补救尤为重要。为了使错误能够及时得以补救，创造良好的谈判情境，应掌握必要的纠错方法。

将错就错不失为一个好办法。这种方法就是在错话出口之后，能巧妙地将错话续接下去，最后达到纠错的目的。其高妙之处在于，能够不动声色地改变说话的情境，使听者不由自主地转变原先的思路，不自觉地顺着自己的思维思考，随着自己的话语而调动情感。

案例8-4： 有一次，赫鲁晓夫在会议上再次批判斯大林的错误。这时，有人从听众席上递来一张纸条。赫鲁晓夫打开一看，上面写着："那时候你在哪里？"

这是一个非常尖锐的问题，赫鲁晓夫的脸色很难看，他很难做出回答，但他又

---

① 王亮. 超强为人处事宝典(5)[EB/OL]. http://blog.renren.com/share/231559305/502647329，2010-07-16/2012-07-02.

不能回避这个问题，更无法隐瞒这张纸条。他也知道，许多人有着同样的问题。更何况，这会儿台下上千双眼睛都在盯着他手里的那张纸条，等着他念出来。

赫鲁晓夫沉思了片刻，拿起纸条，大声念了一遍纸条的内容，然后望着台下，大声喊道："谁写的这张纸条？请你马上站起来，走上台。"

没有人站起来，所有的人心怦怦地跳，不知赫鲁晓夫要干什么。写纸条的人更是忐忑不安，心里后悔刚才的举动，想着一旦被查出来会有什么后果。

赫鲁晓夫又重复了一遍他的话，全场仍是一片沉寂，大家都等着赫鲁晓夫的爆发。

几分钟过去了，赫鲁晓夫平静地说："好吧，我告诉你，我当时就坐在你现在的那个地方。"①

赫鲁晓夫巧妙地创造出一个场面，借这个众人皆知其含义的场景来婉转、含蓄地隐喻自己的答案。这种回答既不失自己的威望，也不会让听众觉得他在文过饰非。这种巧设情景的圆场之所以很奏效，是因为能让人真正地体验，从而快速醒悟他的质问所存在的强人所难的苛刻之处。

七、幽默表达，不冷场

案例8-5：小王代朋友参加一场谈判，谈判过程中双方僵持不下，小王急了说道："今天这件事要是谈不成，我保证你看不到明天的太阳。"

对方深思了一会儿……只好答应了小王提出的所有条件。

小王的朋友为了感谢小王替他赢得了谈判的成功，当晚立即请双方吃饭。

席间，对方的老板问小王在哪儿高就，小王说道："我在气象台工作。"

小王刚说完，在场所有人都哈哈大笑起来②。

可见，幽默在沟通中的作用是不可低估的。首先，幽默能使人感到轻松愉快，

① 谈判实战锦囊计——下台计[EB/OL]. http://info.china.alibaba.com/news/detail/v0-d5564679-p3.html，2006-01-01/2012-07-02.

② 吴蔚. 水之道. 水的无为自然哲学与处世立业之道[M]. 北京：中国发展出版社，2009.

而这又是提高人的大脑及整个神经系统的张力和充分发挥潜力的必要条件。适当地制造幽默，可以活跃沟通的气氛，使沟通的效果更趋完美。

八、购物谈判——讨价还价策略

购物谈判是日常生活中常见的谈判形式之一，买家和卖家为达成一个"双赢"的价格进行谈判，也就是我们常说的"讨价还价"。同样一件衣服，会讲价的顾客能以合理的价格与卖方成交，而不会讲价的顾客往往会被大宰一次。让我们看看美国著名谈判学家罗伯斯是如何讨价还价的。

案例8-6：一次，罗伯斯去买冰箱。营业员指着罗伯斯要的那款冰箱说："259.5美元一台。"罗伯斯没有表态十分想要，随后看了看卖家的其他商品。(不要暴露你的真实需要)

过了5分钟后，罗伯斯走到冰箱面前。

罗：这种型号的冰箱一共有多少种颜色？

营：共有32种颜色。

罗：能看看样品吗？

营：当然可以！(说着立即拿来样品本)罗伯斯反复让营业员拿了好多样本翻看。(使用疲劳战术)

罗：(边看边问)你们店里的现货中有多少种颜色？

营：现有22种。请问您要哪一种？

罗：(指着样品本上有但店里没有的颜色)这种颜色同我厨房的墙壁颜色相配！

营：很抱歉，这种颜色现在没有。

罗：其他颜色与我厨房的颜色都不协调。颜色不好，价钱还这么高，不便宜一点的话，我就要去其他的商店了，我想别的商店会有我要的颜色。

营：好吧，便宜一点就是了。

罗：可这台冰箱有些小毛病！你看这里。(指出商品缺陷)

营：我看不出什么。

罗：什么？这一点毛病尽管小，可是冰箱外表有毛病通常不都要打点儿折扣吗？

营：……

罗：(又打开冰箱门，看了一会儿)这冰箱带有制冰器吗？

营：有！

罗：这可太糟糕了！我的孩子有轻微哮喘病，医生说他绝对不可以吃冰块，你能帮我把它拆下来吗？

营：制冰器没办法拆下来，它和整个制冷系统连在一起。

罗：可是这个制冰器对我根本没用！现在我要花钱把它买下来，将来还要为它付电费，这太不合理了……当然，假如价格可以再降低一点的话……(疲劳战术和最后通牒)

结果，罗伯斯以相当低的价格——不到200美元买下了他十分中意的冰箱①。

通过美国著名谈判学家罗伯斯的经典案例，我们可以总结出购物谈判的技巧。

1. 杀价要狠

提高售价是商场一些卖家常用的营销手段之一。他们开价通常比底价高几倍，甚至高出二三十倍。因此，杀价狠是对付这种伎俩的要诀。比如，有一套西装，卖主要价888元，有一个懂得狠杀价的消费者还价228元，结果竟然成交了。可见如果你心肠过软，就很容易多付钱。

2. 不要暴露你的真实需要

不要说"这衣服太好看了，我就想买这样的衣服"之类的话，这时店主就会"乘虚而入"，趁机把你心爱之物的价格提高好几倍，不论你如何"舌战"，最后还是"愿者上钩"，买回家后才感到后悔不已。因此，购物时，要装出一副只是闲逛、买不买无所谓的样子，经过"货比三家"的讨价还价，才能买到物美价廉的商品。

3. 尽量指出商品缺陷

任何商品不可能十全十美，店主向你推销时，总是挑好听的说，而你应该针锋相对地指出商品的不足之处，这样有助于以一个双方都满意的价格成交。 这时候你

---

① 谈判的唯一诀窍是"妥协" [EB/OL]. http://bizinfo.jinti.com/shenghuofuwuzixun/453005.htm，2010-06-28/2012-07-02.

可以和同伴配合，说："这裤子我其实不怎么喜欢，是我同伴说好看，我朋友工作忙，陪我逛街也不容易。你就便宜点吧，你便宜点我就买这个了。"

4. 运用疲劳战术和最后通牒

在挑选商品时，尽量反复地让店主为你挑选、比试，最后再提出你能接受的价格。若店主对你开的价不能接受，你可以发出"最后通牒"："我的给价已经不少了，我已问过前面几家，都是这个价!"说完，立即转身往外走。这种讨价还价的方法效果很显著，店主往往会冲着你大呼："算了，卖给你啦!"

本章小结

谈判是一种沟通形式，是通过平等对话、接触来达到目标的过程。要真正实现谈判的双赢，需要掌握语言技巧和目光、表情、体势等非语言技巧。谈判应注意很多禁忌，切忌一言不发、油嘴滑舌、强词夺理、尖酸刻薄等；谈判时巧妙运用技法，如圆场、适时反讥、避免尴尬、正话反说等，以赢得最终的胜利。

情景模拟与沟通训练

1. 大家自由分组，选择角色，用5分钟时间完成下列情景演示。

(1) 小王(角色1)和她朋友小李(角色2)去某服装店购物，店员(角色3)和服装店经理(角色4)热心接待，最终双方以满意的价格成交。

(2)《中国大学生》杂志社的两位职员(角色1、2)去寝室热情推销杂志，寝室人员(角色3、4)如何对待杂志社职员的热情推销。

2. 角色练习——销售谈判

假定你是一家工程构件公司的销售部经理。你手下一名最优秀的推销员告诉你，你的一个大客户已经投靠了另一家供应商，投靠的具体原因不详。这不仅会影响你的推销计划，而且势必会对公司的发展规划产生重要影响。因此，你决定面见这个客户所属公司的总经理，与之签订令双方满意的销售协议。

(1) 为谈判做准备。

(2) 与另外两人共同扮演谈判中的角色，其中一人扮演这家公司的总经理，另一人扮演谈判观察员。

(3) 回顾、检查谈判过程，根据观察员提供的反馈信息组织讨论，注重讨论谈判任务的执行情况以及谈判方法和技能的运用效果。

(4) 为提高你的谈判技能，你必须在哪些方面继续做出努力？

3. 角色练习——加薪谈判

你确信你的薪金低于你从事的工作应该得到的报酬。由于公司不断发展，自你两年前被安排到这个职位以来，你的职务说明书和你所承担的责任都发生了巨大变化。况且，其他公司同行业人员要想取得你这样的工作业绩是很困难的，他们都认为你必须加班加点、放弃周末休息才能保持如此高的工作标准。

然而，你的老板却说他受行业工资制度的限制，对你的加薪请求采取冷漠的态度。实际上，他完全有权力将薪金加到你希望的标准。更过分的是，他居然不承认你工作的高效率，但是他愿意同你就加薪的问题进行交谈。

(1) 准备就加薪问题同你的老板进行谈判。

(2) 请另外两人扮演谈判中的角色，其中一人扮演你的老板，另一人扮演观察者。

(3) 按照谈判中扮演的各个角色进行练习。

(4) 回顾、检查谈判情况。根据观察员提供的反馈信息组织讨论，注重讨论谈判任务的执行情况以及谈判方法和技能的运用效果。

(5) 为使自己成为更加有效的谈判代表，你需要进一步学习哪些谈判技能？

案例分析

下面是一段购物谈判的对话，案例中的顾客显然是谈判高手，竟然以23元买下了一条标价180元的裤子。请仔细阅读案例，并回答后面的问题。

顾客：老板，请问这条裤子多少钱？

老板：180元，广州正宗货，要不要？

顾客：我先看看……

老板：别看了，东西是好东西，给你优惠点，170元。

顾客：才便宜10元，这也叫优惠啊？

老板：呵呵，好吧，就140元，这回可以了吧？

顾客：哈哈哈哈！

老板：你笑什么，难道嫌贵？

顾客：不，何止是贵，简直就是用水泵抽我的血！

老板：哪里有那么夸张，看你是本地人就120元吧。

顾客：……

老板：你不会还嫌贵吧？我最多只挣你几块钱。

顾客：不，我没有说贵，这条裤子值这个价钱。

老板：你真有眼光，快买吧。

顾客：裤子是好裤子，只是我口袋里的票子有限啊。

老板：那你口袋里有多少钱啊？

顾客：90元。

老板：天啊！你别开玩笑，那样赔死我了，再添10元。

顾客：我很想给你120元，可无能为力。

老板：好吧，交个朋友，你给90元吧。

顾客：我不能给你90元，我还要留10元的车费。

老板：车费？这和你买裤子有什么关系？

顾客：当然有关系，我来自很远的地方，必须坐长途汽车回去，车费10元。

老板：好吧，痛快些，80元。

顾客：我这就给你钱。

老板：快些。

顾客：等等，这里的颜色好像有点不对劲儿啊。

老板：不，不是，这是磨砂颜色，故意弄成这个样子的，这叫流行。

顾客：是吗？怎么看起来像旧裤子，怪怪的。

老板：好吧，我给你看我的进货单……你瞧，进货日期是上个礼拜，进货单位是广州××服装厂，这怎么能是旧裤子呢？

顾客：哦，对不起，我误会了。不过，进货价才20元每件啊！

老板：哦，不对，不对。这是上税前的价钱，缴税后每条成本价是40元。

顾客：你以为我是傻瓜吗？这条裤子只值20元。

老板：嘿嘿，做生意嘛。你要知道我每天的门面房租金上百呢，不赚钱我吃什么？

顾客：你这老板心也太黑了吧？

老板：这样，你消消火，我25元卖给你，就赚5元。

顾客：什么？25就是二百五的意思，你瞧不起我？

老板：那就24元吧。

顾客：有一个4，就是"死"的意思，不吉利，我很迷信的。

老板：天！23元没有毛病吧？

顾客：好吧，成交！

案例讨论题

1. 请问在这场购物谈判中，顾客运用了哪些谈判技巧？

2. 老板在谈判中有哪些失误？

复习思考题

1. 什么是谈判？如何理解谈判的内涵？

2. 保障谈判成功的诀窍有哪些？

3. 谈判过程中有哪些禁忌？

4. 购物时需要掌握哪些谈判技巧？

第九章　跨文化沟通

> 本章素质培养目标：了解不同国家、区域的文化习俗，提高与不同国家、区域的人进行沟通的能力。
>
> 重点：有效地解决跨文化沟通障碍。

引例：

某知名跨国公司大中华区人力资源副总(美国人)与一位被认为具有发展潜力的中国员工交谈，想听听这位员工今后五年的职业发展规划以及期望达到的位置。中国员工开始谈论公司未来的发展方向、公司的晋升体系，以及目前他本人在组织中的位置等，讲了半天也没有正面回答副总的问题。副总对此大惑不解，因为同样的事情之前已经发生了好几次。

"我不过是想知道这位员工对于自己未来五年发展的打算，想要在公司做到什么样的职位罢了，可为何就不能得到明确的回答呢？"谈话结束后，副总忍不住向人力资源总监梁先生抱怨道。

"这位老外副总怎么这样咄咄逼人？"谈话中感受到压力的中国员工也向梁先生诉苦。

作为人力资源总监，梁先生明白双方之间因文化背景不同而产生了沟通隔阂，虽然他极力向双方解释，但要完全消除已经产生的问题并不容易[1]。

引例向我们提出了一个问题：与不同文化背景的人如何实现有效的沟通呢？一方面，人们渴望交流；另一方面，有些人却不知道如何跨越文化的栅栏。于是造成如下状况：因为不知如何正确地沟通而使问题得不到解决；因为没有充分的沟通而造成彼此的误解。如引例中，管理者如果不能正确地对待文化冲突，就会感情用事，这种非理性的态度又会引起员工非理性的报复，结果恶性循环，误会越来越多，矛盾越来越深，对立与冲突愈演愈烈。学习本章内容可以帮助我们解决类似的难题。

---

[1]　吕书梅.管理沟通技能[M].大连：东北财经大学出版社，2008.

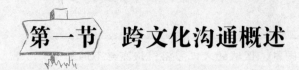

第一节 跨文化沟通概述

一、跨文化沟通的含义

跨文化沟通是指跨文化组织中拥有不同文化背景的人们之间的信息、知识和情感的互相传递、交流和理解过程。具体表现为不同文化的人们，通过一定的途径和方式，如经商、婚姻、求学等，在一定的时间和空间互相碰撞、相互接触，从中互相学习、彼此融合，从而不断发展的一种文化现象。

二、跨文化沟通的类型

跨文化沟通是一个涵盖面比较广泛的通用术语，通常是指一种文化背景的人或群体与另一种文化背景的人或群体所进行的交流，其表现形式有很多种，可从不同的角度对其进行划分。

1. 从政治学角度分类

(1) 国内跨文化沟通，即沟通的双方均属于同一个国家。比如，中国的北京人和上海人，由于文化习俗不同就可能会产生一些冲突。

(2) 国际跨文化沟通，即沟通的双方来自不同的国家和地区。

2. 从文化人类学角度分类

(1) 种族间的沟通。种族间的沟通是指沟通双方分属不同人种的沟通。通常，不同人种之间进行跨文化沟通时，最大的障碍就是种族偏见。这种偏见会导致成见和猜疑，最终阻碍有效的沟通。

(2) 民族间的沟通。不同民族之间的沟通即为民族间的沟通。这种民族间的沟通形式多半发生在一个多民族的国家内，沟通双方会因为语言、风俗习惯、文化的不同而在沟通过程中产生差异。

(3) 跨国沟通。跨国沟通是指发生在国家与国家之间的沟通，通常指外交和宣传领域的沟通，也常常是跨种族、跨民族的沟通。这种沟通受到国家政策、目标等条件的影响。

(4) 亚文化间的沟通。亚文化是整体文化的一个分支，它是指由各种社会和自然因素造成的各地区、各群体的文化特殊性。如因宗教差别以及居住环境不同，会在统一的民族文化之下，形成具有自身特征的群体或地区文化，即亚文化。各地区、各群体形成的这种有其独特性的文化间的沟通，即为亚文化间的沟通。

3. 从沟通内容的角度分类

(1) 跨文化人际沟通，指不同文化背景的个人之间的沟通。沟通双方可以是不同种族、民族和国家的人，也可以是一个亚文化与另一个亚文化的人。

(2) 跨文化组织沟通，指不同文化背景的两个组织之间的沟通，也包括组织内部不同文化背景成员之间的沟通。跨国经营中的跨文化沟通问题大多发生在这一层面。

(3) 国家间的跨文化沟通，指不同国家之间利用各种方式进行的信息沟通。对于一般的人来说，他们不一定有和外国人直接进行沟通的机会，但是日常接触的外国音乐、电影、新闻、广播等形式也是跨文化沟通的重要形式。

三、跨文化沟通的特点

国内学者关世杰将跨文化沟通的特点归纳为以下五点。

(1) 双方文化共享性差。在一种文化中编码的信息，包括语言、手势和表情等，在这一特定文化单元中有特定的含义，传递到另一个文化单元中，要经过解释和破译，才能被对方接收、感知和理解。跨文化沟通中，沟通双方来自不同的文化背景，其各自文化中的认知、规范、语言和非语言符号系统混淆在一起，其文化共享性差，当双方对文化信息加以编码进行交流时，就会发生障碍。

(2) 文化差异程度不同。两种文化的相似程度对理解跨文化沟通有重要意义。在跨文化沟通中，各种文化的差异程度不同，产生误解的可能性大小也不同。人们具有的共性越多，沟通中遇到的挫折就越少，反之则越多。

(3) 无意识地先入为主。在跨文化沟通中，人们往往在缺乏对对方文化背景了解的情况下，就无意识地用自己的文化标准去衡量和评判对方的行为。对异文化的成见与偏见往往是由无意识地先入为主所带来的。

(4) 误解、矛盾与冲突增多。由于上述三个特点，使得跨文化沟通的误解、矛盾和冲突增多了。在不同类型、不同层面的沟通中，误解、矛盾和冲突时有发生。

(5) 文化变异性增强。与同文化沟通不同的是，跨文化沟通在把异质文化(不同于本民族的物质文化、规范文化、认知文化)传递给下一代的时候，它更多地表现出社会的变异功能，使得文化群体的部分成员、文化的某个方面，以至整个文化群体的社会背景发生变异。从世界范围来看，这是一种向超级大国文化趋同的功能，而对于一个小的文化群体而言，则是一种变异的功能①。

案例9-1：下岗女工小兰通过中介公司找到一份在外国专家家里当保姆的工作。小兰热情活泼，精明能干，第一天就给对方留下了不错的印象。她的主要工作之一是打扫房间，包括布朗夫人的卧室。细心的布朗夫人特意给小兰定制了一份时间表，规定每天上午8点清理卧室，让她按照上面的计划严格执行。开始几天，小兰都干得相当好，布朗夫人很满意。直到有一天，小兰照例去清理布朗夫人的卧室，却发现布朗夫人并没有像往常一样外出，而是仍在休息。小兰心想，我按照计划办事，打扫卫生也不会影响她休息，热情的小兰认真地干起活儿来。这时，布朗夫人突然醒了，发现小兰在她的房间里，很惊讶，马上用不是很流利的汉语叫起来："你来干什么？请出去！"小兰仍是一片好心地说："您接着休息吧，我一会儿就打扫完了。"布朗夫人提高了嗓门，一字一顿地用手指着门说："请——你——出——去！"。小兰不明白自己哪里惹了布朗夫人，她为什么会是这种态度？她心想，不是你叫我按时打扫的吗？她满腹委屈地走了。

这就是由于文化不同而产生的误解与冲突。案例中，布朗夫人很看重私人空间，而小兰按照计划认真工作，心存中国传统观念，认为熟人在一起，距离越近越亲近，因此误闯了布朗夫人的私人空间后，仍然过度热情，且固执己见，自然会引起对方的不愉快。

---

① 关世杰. 跨文化交流学[M]. 北京：北京大学出版社，1995.

第二节　影响跨文化沟通的障碍

一、文化差异

在人际交流中，理解所固有的选择过程会产生或减少沟通干扰。人们成长的文化环境决定了其所能接受的行为和理念模式，与行为方式不同于自身的人接触后，人们能真正体察到自身文化的基本特质。正如辛格尔所言："我们认识的这个世界并不是它原来的样子，而是经过我们的感观加工了的世界。"文化影响了我们的感观接受力，对沟通产生重要的影响。文化对于沟通的影响主要表现在认知、思维方式、价值观和社会规范等几个方面。

(一) 认知

认知是指人们通过感觉器官对外部世界的信息进行选择、评价和组织的过程，它受到生理因素、环境因素和文化因素的影响。其中，文化因素对人的认知影响最为重大。

文化会对人的味觉和嗅觉产生影响。例如，有些中国人对臭豆腐情有独钟，但其他国家的人对那种气味可能难以接受；欧美国家的人常常会把干酪当成一种美食，但是其他国家的人可能难以忍受它的气味。同样，文化也会对视觉产生影响。例如，英国人读书的时候习惯从左向右看；而阿拉伯国家的人则习惯从右向左看；在中国古代，人们习惯从右向左写字，而到了近代又养成了从左向右写字的习惯。

很多人的认知是人们在特定的社会环境中习得的。比如，同样的食物在不同的文化中受到不同的对待。印度教中，牛被尊为圣物，因此教徒不许吃牛肉，可以吃猪肉；而佛教则教育信徒不可杀生，一切肉类都不许吃。这反映了人对于客观事物的认知是有赖于过去的知识和经验的，也就是受文化的影响。

跨文化沟通时，这些社会习得的因素在人们的认知过程中比生理、环境因素的影响更为重要。在沟通的过程中，具有不同文化背景的人往往会在认知层面遇到跨文化沟通障碍，从而阻碍良好人际关系的建立。

(二) 思维方式

思维方式是指人们在对客观世界进行定义、判断和推理的过程中所惯用的方式或程序。思维方式因人而异，来自不同文化背景的人，思维方式之间的差别会更大。世界各种文化群体既有人类所共有的思维规律，也有在各自文化氛围中形成的独具特色的考虑问题、认识问题的习惯和方法。例如，美国木匠拉锯子，日本木匠推锯子；美国的电灯开关以及开门的方向正好与日本相反。又如，中国人偏好综合思维，欧美人偏好分析思维；中国人注重"统一"，欧美人注重"独立"。这些都反映了不同文化在思维方式上的差异。

在跨文化沟通中，很多人都倾向于认为对方也用与自己同样的思维方式。正是这种错误的认知，常常使跨文化沟通难以顺利地进行。因而，由一种思维方式组织起来的一套语言信息发出之后，接受者以另一种思维方式去破译或者重新组织，就可能会发生误解或歧义。

(三) 价值观

价值观是指社会成员用来评价行为和事物，以及从各种可能的目标中选择自己合意目标的准则，价值观通过人们的行为取向及对事物的评价、态度反映出来，是世界观的核心，是驱使人们行为的内部动力。

在跨文化沟通中，由于拥有不同文化背景的沟通双方的价值观不同，会给相互交流增加难度，容易造成一定的冲突。这种文化价值观上的差异对管理观念有着重要的影响。

(1) 在年龄观念上，东方人尊重长者，西方人重视青年。

(2) 在个人观念上，东方人主张"无我"，从众心理严重；西方人强调"自我"，竞争意识强烈。

(3) 在成就观念上，东方人侧重守业，表现出集体精神；西方人追求创业，以个人利益为先。

在跨文化沟通中，如果沟通双方有不同的价值观，那么他们就有不同的假设前提，并据此对外界的信息做出反应。此时，当沟通双方必须坚持或必须反对的价值观的冲突程度越高，其沟通破裂的可能性就越大。此外，由于人们生活在单一的文化氛围中，在沟通中常用单一的价值标准去衡量对方的言行，并做出相应的反应，这也是造成跨文化沟通障碍的重要原因。

(四) 社会规范

社会规范是文化要素之一，它是指人们应该做什么、不应该做什么、可以做什么、不可以做什么的规则，其具体形式有风俗习惯、道德规范、法律规范和宗教规范等。这也是跨文化沟通中引起误会和冲突的重要因素。

1. 风俗习惯

风俗习惯是人们在长期的历史发展过程中延续形成的一种生活方式，是一种基本的社会规范。它表现在衣食住行、婚丧娶嫁各个方面，其中，禁忌是重要的内容之一，是跨文化沟通中最应该注意的问题。如果不尊重风俗习惯中的禁忌，就会伤害到对方的感情。例如，给中国人送礼的时候不能送"钟"，以忌讳"养老送终"之意，外国人却常常会因为不明白其中的道理而造成尴尬的局面。在跨文化沟通中，违反禁忌是一大忌。

案例9-2：一个阿富汗小伙子第一次去柬埔寨的朋友家做客，不清楚对方招待客人的习俗。阿富汗一些地区的习俗是：吃得越多，主人越高兴，那才是礼貌。如果随便吃几口就停嘴，对方会不高兴。而在柬埔寨，如果你吃光盘子内所有的食物，就表明主人没有招待好你，主人会以为你没有吃饱还想要食物。结果小伙子吃光了盘子里的食物后，主人就赶紧再上一盘，最后直到小伙子实在吃不下了，主人准备的食物也都吃光了，才结束这顿饭，双方都觉得挺尴尬的。这就是由于不了解对方的习俗而造成的误解。

2. 道德规范

道德规范是一种内化的行为标准，其行为是自觉采取的，违反道德行为就要受到舆论和良心的谴责。它是比风俗习惯高一层的社会规范。不同文化中有共同的道德规范，也有不同的道德规范。例如，中国文化中不赡养老人是不孝顺的行为，而美国文化中这种观念却很淡薄。再如，盗窃在许多文化中都被认为是不道德的。由于道德规范多是不成文的，所以跨文化沟通在道德规范上的冲突常会造成沟通双方心理上的不快。

3. 法律规范

法律规范是一种具有强制性的行为规范，由国家制定或认可，并由国家机构保证实施。由于不同国家法律规范所依据的理论基础和体系是不同的，各国在具体的法律规范上也会有不同之处。例如，在泰国贩卖了几克毒品就会被处死，而在另外一些国家却没有这么严厉的制裁。法律规范多是成文的规定，跨文化沟通者在法律规范上的冲突常常会涉及国家主权问题。因此，必须了解和遵守所在国家的法律，避免遭受精神和物质上的损失。

4. 宗教规范

宗教规范是受宗教影响而形成的一种极具强制性的行为规范，它包括信仰、节日、仪式教规等多种表现形式。如果人们不能理解这一体系，就会引起很大的麻烦。例如，在一些阿拉伯国家里，违反斋月禁食条例的外国人将遭到拘禁和驱逐。在跨文化沟通中，宗教规范上的冲突比风俗习惯上的冲突更难调和，这也成为引起跨文化沟通障碍的又一重要因素。

二、民族差异

如果组织成员来自不同的国家、不同的民族，具有不同的文化背景，必然具有不同的价值观念、态度和行为，从而导致文化差异，需要采用不同的管理观念和管理方法。

1. 民族之间的差异

世界上不同的民族存在不同的心理模式，不同的心理模式会带来语言运用的差异。在跨文化沟通中，需要了解对方的民族心理特点，考虑到交际双方的心理差异，才能促进跨文化的沟通理解。

2. 民族优越感

民族优越感是一种相信自身种族或族群是极为重要的，并认为其他族群都和自身族群有关联性的倾向。人们用自己的文化视角判断自己的倾向，相信自己的世界观才是唯一正确的。

当具有民族优越感的人在信仰和价值体系方面与别人不同时，总是认为不同意自己观点的人是错误的。如果一个人总是有意识或无意识地认为自己的文化团体的世界观比别人高明，当他与另一个团体成员交往时，在沟通中不可避免地要充满干扰因素。如果在任何跨文化沟通开始之前，总是假设正与你交谈的对象智力低下或种族低劣，那么几乎任何沟通努力都要因此而付诸东流。

由于民族优越感通常是无意习得的，并且总是在意识的层面反映出来，因而很难追寻根源。民族优越感所产生的偏见，在大多数情况下，似乎是文化的一部分，它会导致跨文化沟通的过程遭到破坏。

为了能和那些文化背景不同的人有效地进行沟通，人们应意识到民族优越感产生的偏见，明白这种偏见并不意味人们要彻底消除民族优越感，而是在充分考虑自己文化的同时，也要理解和尊重其他文化的存在。

三、语言差异

语言是人类的交际符号(包括语音符号和书写符号)，是人们交流、传递信息和思想的产物，也是人们进行沟通的工具。语言有着丰富的文化内涵和特殊的文化背景。在跨文化沟通中，语言文字的相通和分歧，往往是由不同文化的共同性和差异性所造成的。那些有着相同或类似的生活方式、历史发展背景、风俗习惯和宗教信仰，生活在同一片土地上的人们，会不可避免地共享同一种语言文化；反之，则容易产生语言上的差异，这种差异也成为跨文化沟通中的障碍之一。

案例9-3：大家熟悉的"百事可乐"的英文原名为"Pepsi-cola"，其中"Pep"的读音会使人联想到饮料的泡沫气体，"si"会使人联想到开瓶时的嘶嘶声，此英文名音调的高低起伏会让人产生美妙的联想。该产品进入中国市场时，由于公司进行了有效的跨文化沟通，没有简单地将其商标直译过来，而是充分考虑了中国市场潜在消费者的文化消费心理特点，将产品定名为"百事可乐"，充分满足了中国消费者凡事图个吉利的文化心理特点，同时也保持了原名的特点，成功地进入中国市场。相反，国内一家生产白象牌电池的企业在进军国际市场时，虽然质量一流，但由于缺乏跨文化沟通理念，简单地将其商标"白象"译为"White Elephant"，致使其产品在国际市场上无人问津，因为"White Elephant"在英文中意指大而无用的东西。该企业因为缺乏跨文化知识，未进行必要的跨文化沟通，导致与国际市场失之交臂，损失惨重[①]。

四、非语言差异

沟通的手段不限于语言，非语言沟通同样可以帮助我们传达信息和思想。在跨文化沟通中，非语言沟通更容易产生误解，因为非语言沟通的编码和解码充满了不确定性和情境性。人们的经验、常识会增加对跨文化非语言信号的误解，因为人们更相信非语言信号所提示的信息，而非语言信号更多地与我们内在的情绪、内在的感受以及潜意识相联系。因此，由于不同国家的惯例不同，非语言沟通的差异也会造成跨文化沟通中的障碍。

案例9-4：一位美国咨询员在与中国香港客户的会面中迟到了，因为他接到了一个电话。电话通知他，他母亲的病确诊为癌症。为了使客户谅解自己的迟到，他把迟到原因告诉了客户。他的客户获悉这个消息的时候只是傻笑了几声。对于这样冷淡的反应，这位咨询员受到了极大的刺激，也感到非常愤怒。几个月后，当他了解这个客户以后，他才认识到他的笑是紧张、尴尬的表现。因为客户不知道获知这样隐私的、令人沮丧的消息后应该采取何种反应[②]。

从这个例子可以看出，在各种不同的文化中，微笑是一种典型的具有不同含义的非语言沟通行为。在一些文化中，微笑可以表示友好；而在另一些文化中，微笑可以表示紧张和尴尬。

---

① 孙健敏，徐世勇.管理沟通[M].北京：清华大学出版社，2006.
② 孙健敏，徐世勇.管理沟通[M].北京：清华大学出版社，2006.

还有很多非语言沟通可以传达不同的含义，如衣着、色彩、年龄、高度、花语等，它们同样会对跨文化沟通产生影响。以颜色为例：在美国，参加葬礼要穿黑色衣服，婚礼上新娘子要穿白色礼服；在日本，白色是死亡之色；在墨西哥，紫色的花是献给死者的；在韩国，红色墨水仅用来记录死者的情况，千万不可以用来写任何关于生者的事情；在美国，冠军得到的绶带是蓝色的，在英国则通常为红色的。

此外，习俗和信仰的差异更是多方面的。例如，信奉伊斯兰教的国家忌用猪、狗做商标；日本人忌讳荷花、狐狸，喜欢樱花、鸭子；英国人不喜欢大象，喜欢猫和狗；意大利人和西班牙人喜欢玫瑰花，不喜欢菊花；俄罗斯人认为黄色的蔷薇花意味着绝交和不吉利；法国人和比利时人认为核桃、孔雀是不祥之物。我们只有通过同中有异、异中有同的对比，才能克服自身文化的干扰。

第三节　解决跨文化沟通的障碍

有效的跨文化沟通对于日益扩大的国际交流和日益缩小的"地球村"来说是十分重要的。有效解决跨文化沟通障碍的方法有很多，主要依据沟通的目的而定。从组织管理的角度来看，要想有效解决跨文化沟通的障碍，首先要增强跨文化沟通的意识，其次要确立有效的沟通原则，最后要开发有效的跨文化沟通技能。

一、增强跨文化沟通的意识

增强跨文化沟通的意识主要从以下五个方面入手。

1. 了解其他文化

一个人对全球性文化知道得越多，在处理一些特定情况时就越灵活。通过教育来提高自身的文化意识，这是在跨文化沟通中清除障碍的关键因素。表9-1列出了部分国家的适宜话题与不适宜话题。

表9-1　部分国家谈话适宜话题与不适宜话题

国　　家	适宜话题	不适宜话题
奥地利	赛车、滑雪、音乐	钱、宗教、婚姻问题
法国	音乐、书籍、体育、戏剧	价格、个人收入、年龄
德国	出国旅游、爱好、足球、国际政治	第二次世界大战
英国	历史、建筑、花园	政治、钱、价格
日本	历史、文化、艺术	第二次世界大战
墨西哥	家庭、社会关心的问题	政治、债务、通货膨胀、边界冲突

不同的企业也会因为所处国度的不同而产生不同的企业文化。按照我国学者严文华的观点，美国的企业文化更多地表现为追求卓越与创造，强调个人价值的自我实现，推崇硬管理，重视规章制度的约束作用；德国的企业文化可能更多地强调技术创新对管理创新的影响，在管理上具有直线型特点，在人员管理上注重员工的培训；日本的企业文化深受中国传统文化的影响，强调等级制度、民族精神和"忠孝""报恩"的价值观念[①]。随着知识经济时代、经济全球化的到来，中国企业文化建设进入一个新时代，人本因素愈发受到关注，"以人为本"成为当下营造企业文化的核心理念。

2. 避免刻板印象

在文化特定性训练或学习其他团体的文化时，学习者可能会错误地认为那个文化中的所有个体都遵从同一个价值体系。当人们试图去认识别人时，刻板印象总会来作怪。而事实上，某一文化中的个人之间也是有差异的，被归类或纳入某一团体内部可能是很令人讨厌的。对文化差异保持客观的认知是很重要的，认识到个体与规范间存在的差异也是很重要的。

3. 采取平等的立场

有效的跨文化沟通的基础架构要求从一开始就承认所有的人生而平等，文化本身并不是决定人品质的因素。人们没有必要为了平等地对待别人而放弃自己的文化视角，同时，采用平等主义的框架也并不意味着你必须尊敬和赞赏一个行为应受谴

---

① 严文华. 跨文化企业管理心理学[M]. 大连：东北财经大学出版社，2000.

责的人。它的真实含义是，不要把某团体中特定个体具有的所有特点强加到其他文化背景的人身上。文化偏见的根源可能是理解的差异，但它的推动剂却是无知和与生俱来的个体文化的优越感。

4. 注意语言在跨文化沟通中的作用

语言是文化的载体和表现形式，除了字面意思之外，语言还有其独特的内涵，因此，在遣词造句时一定要注意语词的选择。有一项研究表明，当个体使用第二语言进行沟通时，容易出现辞藻华丽、词不达意的现象。下面的案例就说明了在跨文化沟通中语言文字使用的微妙之处。

案例9-5：小李是国内一所著名大学外语学院的高材生，应聘到一家外资企业做文秘工作，负责各种信函的回复。一天，小李拟好了一封信请经理过目签字，经理看完后说其中一句欠妥。这句话是"You claimed you paid your bill..."。经理说："这句话语法上没有什么错误，但是claimed这个词有'你自称是这样，但是我们不觉得'之意，这样表述客户会有意见的。"她看了经理修改后的句子"We believe you will pay your bill as you said..."，尽管用词很简单，但是给收信人传递的信息却非常清晰。这件事对小李触动很大，她感到仅凭字词的表意写东西是不够的，应该对语言的文化背景进行深入了解[①]。

语言是沟通的主要工具，组织中的决定、制度和方案都是通过语言来传递给他人的。在跨文化沟通中，准确传递信息比语言华美更加重要。由于过分强调语言本身而忽略文化与语言的意义，往往会适得其反。

5. 重视非语言沟通的作用

非语言沟通在跨文化沟通中起着非常重要的作用。不同的文化背景下，要特别注意一些非语言沟通方面的差异。例如，例如，有些手势、动作在不同国家或者地区，往往代表不同的含义。以OK手势为例，在美国和中国，它代表"好的""干得漂亮""没问题"等积极的意思；在日本，它代表钱；在法国，它代表"零"或者"毫无价值"，所以比出这个手势就是说对方一文不值；在希腊地区，它表示"滚开"。在跨文化沟通中，要避免误用手势而引起误会。

---

① 　孙健敏，徐世勇.管理沟通[M].北京：清华大学出版社，2006.

二、确立有效的沟通原则

为了达到有效沟通的目的，我们应遵循一定的原则，作为沟通过程中的指南。一些权威的沟通专家一致认为，要实现有效的跨文化沟通，应坚持以下几项原则[①]。

1. 尊重原则

尊重是有效跨文化沟通的基础。不同文化背景的人，有不同的风俗习惯、思维方式和宗教信仰。在跨文化沟通中，要尊重交际对象不同的文化背景。

2. 平等原则

跨文化沟通应当在平等的基础上进行。所谓平等原则，就是在跨文化沟通的过程中，要克服文化优越感或自卑感。领导者应当树立这样的信念：文化是没有优劣之分的，不要看到对方来自发达地区就产生了文化自卑感，或看到对方来自不发达地区就产生文化优越感，更不能将与自己不同的文化视为异类去征服、同化甚至灭绝。

3. 属地原则

属地原则就是"入乡随俗"，即迎合沟通所在地的文化习惯。在进行跨文化沟通时，从有利于沟通的角度出发，可以有选择地在饮食、着装、礼仪等方面考虑迎合属地文化。遵循属地原则有助于使对方产生亲切感，以便建立友谊与合作关系。

4. 适度原则

适度原则是跨文化沟通中一项极其重要的原则，是指在跨文化沟通过程中要做到既不完全固守本土文化，又不完全放弃本土文化，力求在本土文化和对方文化之间找到平衡点，要掌握"度"，"过"或"不及"都会给跨文化沟通造成障碍。

三、开发有效的跨文化沟通技能

为了实现有效沟通，除了要增强跨文化沟通的意识之外，还应该掌握一些必要的跨文化沟通技能。

[①] 百度文库. 跨文化沟通的障碍及消除[EB/OL]. http://wenku.baidu.com/view/c84c358371 fe910ef12df823.html，2011-2-15/2012-07-02.

1. 主动沟通

主动承担沟通的责任，而不是期待由东道主或者其他人来主动沟通。

2. 不轻易做出判断

尽可能地了解对方的全部，在你没有完全了解对方之前，不要轻易地下判断。

3. 表示尊重

在沟通中学会通过眼神、手势和其他方式向对方表示尊重和回应。

4. 学会包容

沟通双方来自不同的文化背景，应学会包容相互不同甚至截然相反的各种文化。

5. 注意细节

了解其他文化，有包容的意识和尊重的态度还不够，还需要进一步了解其他文化的具体细节，因为对细节的处理能体现个人的专业素养。

6. 换位思考

试着让自己站在对方的立场来考虑问题，仔细地聆听对方想表达的内容，并体会他们在沟通时的感受。

7. 简化语言

由于语言可能成为沟通的障碍，因此应注意措辞并组织信息，以使信息清楚明确，易于接受者理解。

8. 沟通的灵活性

在沟通过程中，要随时准备改变原有的习惯、偏好和态度。

第四节　一些国家和区域的文化特点

百里不同风，千里不同俗。不同的国家有不同的民俗，即便在同一个国家，不同的地区之间也存在一些差异。因此，在涉及跨文化沟通时，掌握这些小知识是非常重要的。

一、美国

一般而言，美国人在日常生活中不讲俗套，见到陌生人习惯于打招呼，但不一定是想与之做朋友。碰到认识的朋友时，你要热情主动地问候对方。别人问候你时，也要大方地回应对方，表示关心和礼貌。说话时语气诚恳、态度大方，当别人问候你时，回答应尽量简洁。

美国人比较温和、直率，容易结交。首次见面可称"先生""夫人""女士""小姐"之类，认识之后一般就可直呼其名，也不管其地位、职称、年龄的高低，有的美国人还会主动要求用昵称。如果我们套用国内的"王总""李主任""老张"之类的称谓，美国人可能会认为你不愿意同他建立友谊。

与美国人交往，赴约准时至关重要，早到要在门外等候，晚到要说明原因并致歉。故意迟到以显示自己身份的做法在美国绝对行不通。但是需要注意，如果是在社会场合，不是公事，早到是不礼貌的。因为女主人要做准备，你去早了，她还没有准备好，会使她难为情，最好晚到10分钟。如果你是去饭店赴宴，也以晚到几分钟为宜。如果你比主人先到，则会令主人难堪。如果遇到特殊情况无法按时赴约，一定要打个电话告知对方并加以解释，千万不要让人傻等。

与国内不同，在美国，客人付小费盛行。多数服务行业的工作人员靠小费谋生，因为工资很低，向工作人员支付一定数量的小费，既是对其劳动的尊重，也是有教养的体现。

在服饰方面，美国人平时的穿着打扮不太讲究。崇尚自然，偏爱宽松款式的服装，讲究以着装体现个性，这是美国人穿着打扮的基本特征。但是在重要场合，美国人衣着非常讲究，非常严谨。男士穿较深颜色的西装，打领带，给人一种可靠、沉稳的印象；女士穿套裙，颜色多为深蓝色、灰色或大红色。女士出席重要场合以穿高跟鞋为宜。

在饮食方面，美国人力求简单与快捷，通常食用快餐或冷冻食品，代表性的食物是汉堡包、热狗。美国人不爱吃肥肉，不吃清蒸和红烧的食品，忌食各种动物内脏及奇形怪状的食品，如猪蹄、鸡爪、海参等。一般不饮烈性酒，即使饮用，通常在烈性酒中加冰块后再喝。值得注意的是，在与美国人一起用餐时，千万别浪费食物，美国人对此非常反感。

美国人忌讳的数字是"3""13"和星期五；忌说"老"；忌谈个人私事；偏爱白色和黄色，喜欢蓝色和红色，不喜欢黑色，黑色在美国适用于葬礼；忌将百合花当作礼物送人。

二、欧洲

(一) 英国

英国人善于体谅对方、理解别人，做事总是力求尽善尽美，不希望给人留下坏印象，因此讲究绅士风度。与英国人交往时，很多人会觉得他们矜持傲慢、寡言少语，其实内向含蓄的英国人少言寡语是出于对别人的尊重，怕的是影响到别人。

在交际中，英国人初次见面以握手为礼。他们不喜欢见面拥抱，一般只是点头致意或用手指碰一下帽檐儿，彼此寒暄几句。英国人尊重妇女的社会风气十分浓厚，注重女士优先。英国人喜欢别人称呼他的荣誉头衔，如某某爵士。

英国人讨厌过问私事。如果你去英国旅游，千万不能像在国内一样，问人家"您去哪儿""吃饭了吗"这类问题，中国人认为这样很热情，英国人则会认为你很粗鲁，他们讨厌别人过问他们的私人生活。英国人更忌讳别人谈论男人的工资和女人的年龄，就连他家的家具值多少钱也是不该问的，这些都是他们私人生活的秘密，绝不允许别人过问。

在英国购物，人们忌讳砍价。英国人不喜欢讨价还价，他们认为这很丢面子。如果你购买的是一件贵重的艺术品或数量很大的商品时，你最好小心地与卖方商定一个使双方都满意的价钱。英国人如果认为一件商品的价钱合适就买下来，不合适就走开，他们很少会讨价还价。

对英国人来讲，不事先约定就直接登门拜访是失礼之举。到英国人家里做客，最好带点价值较低的礼品，如鲜花、巧克力、葡萄酒，或是具有民族特色的工艺品，他们会感到很高兴。赠送礼品切忌太贵重，以免有行贿之嫌。英国人在得到馈赠的礼品时，他们习惯当着客人的面打开礼品，无论礼轻礼重，都会热情赞美，同时表达谢意。

英国人对衣着很讲究。他们崇尚绅士、淑女风度，强调矜持庄重。上等家族人穿燕尾服、戴礼帽、持手杖或雨伞，其他人多穿三件套式西装。

大多数英国人一日四餐：早餐、午餐、茶点、晚餐。通常，他们午餐比较简单，对晚餐比较重视，视为正餐，一般重大宴请活动多在晚上进行。英国人口味清淡，喜喝清汤，爱喝酒，也特别喜欢喝茶。应该记住，英国人在正式宴会上通常严禁吸烟。进餐吸烟，被视为不礼貌。

英国人忌讳数字"3""13"和星期五；忌讳4人交叉握手；忌用一次火点3支烟；他们的生活戒条是"不管闲事"；他们忌以王室的家事作为笑话题材；忌称对方为"英国人"，因为"英国人"原意为英格兰人，而对方或许是威尔士人、苏格兰人或爱尔兰人，"不列颠人"才是正确的叫法；他们忌戴条纹领带；向英国出口商品，忌用大象、孔雀、猫头鹰、人像等作为商标、图案；忌过分表露喜怒哀乐；忌手背朝外，用手指表示V形手势是蔑视别人的一种敌意动作；忌讳在众人面前耳语；忌讳把食盐碰撒；讨厌墨绿色；忌讳百合花，在英国百合花代表死亡；忌直接提"厕所"这个词语；忌打碎玻璃。

(二) 德国

德国人注重礼节，对工作严肃认真，一丝不苟，态度认真，注重细节。他们勤劳，有朝气，喜欢清洁，守纪律，爱音乐。

德国人在社交场合上举止庄重，讲究风度。在与客人见面时，一般行握手礼；亲朋好友见面时，一般惯用拥抱礼。与客人交往时，习惯于对方称呼他们的头衔，但他们注重实事求是，不喜欢听恭维话。在街上两人并行，以右为尊；三人并行，中间为尊。宴会上，男士坐在女士或职位较高者左侧，当女士离开饭桌或回来时，男士要站起来表示礼貌。喝啤酒时，一般不碰杯，一旦碰杯，则必须一口气喝完。为别人斟酒时，一定要斟满，否则很失礼。

德国人有严格遵守交通规则的习惯，不随便停车，更不会闯红灯。德国人的时间观念也很强，一旦约定时间，迟到或早抵达都被视为缺乏礼貌。

到德国人家中做客，通常以鲜花为礼物，且必须是单数，但不可以送玫瑰花，因为这表示你暗恋女主人；其他礼物如威士忌酒、高质量的纪念品等都受欢迎，但不可送葡萄酒，因为此举说明你认为主人选酒的品位不高。德国人对礼品包装很讲究，但忌讳用白色、黑色和咖啡色的包装纸。与德国人交谈时，不宜涉及纳粹、宗教与党派之争。

德国商人喜欢穿三件套西装，并喜欢戴呢帽。德国人的主食为肉类、马铃薯、色拉等，大多数德国人不爱吃鱼。德国人饮食口味较重，偏油腻，也很喜欢中国菜。

德国人忌讳星期五和"13"；忌蔷薇花、菊花；忌茶色、红色和深蓝色；忌吃核桃；忌交谈时将手插在口袋里。

(三) 法国

法国人诙谐幽默，天性浪漫，在人际交往中他们大多表现得爽朗热情，喜欢高谈阔论，善于开玩笑，不喜欢不苟言笑的人。法国人双方见面时，通常行握手礼，同时说一声"先生，幸会"。如是亲朋好友相遇，则以亲吻或拥抱代替握手。两个相识的人在路上相遇时，可互相点头致意。

法国人要求别人赴约一定要准时，而自己却常常迟到。如果有求于法国人，自己应及时赴约；对方若迟到，不必感到意外，因为这种坏习惯普遍被法国人接受。另外应该注意，在法国，越有身份的人在参加活动时，越晚出现，以此表明其身份。

传统的法国公职人员习惯别人称呼其姓而不是名，在会议开始和结束时都要例行握手致意。法国人很注意生活的情调，他们不喜欢将公务与个人生活搅在一起，因而到法国人家中做客，切忌送本公司产品或带有本公司标志的礼品。在交谈中，除了不谈私人问题外，还应避免谈及政治和金钱。会谈期间不可开玩笑。在旅游中，不少法国人喜欢了解一国的历史、风情，也喜欢与人接触。

到法国人家中做客，应带上小礼品，如送小孩一些糖果，送女主人鲜花，花朵数量通常为单数，注意不要随意送菊花、牡丹花、玫瑰花、杜鹃花、水仙花和纸花等。男士不宜向一般关系的女士赠送香水。接受礼物时，礼貌的做法是当着送礼者的面打开包装。

法国人的衣着十分讲究，尤其是妇女，可以说是世界上最喜欢打扮的人。在法国从事商务活动宜穿保守式西装。

在法国就餐时，要把碟中的食物吃完，否则会冒犯女主人或厨师。法国是白兰地、香槟的故乡，法国人的饮酒量是惊人的，他们喝酒就像英国人喝茶那样，想喝就喝。

　　和英国人一样，法国人也忌讳数字"13"和"星期五"；忌讳黄色的花，认为它代表不忠诚；忌讳黑桃图案，认为不吉祥；忌讳墨绿色，因为第二次世界大战期间，德国纳粹军服是墨绿色；忌讳大象、仙鹤、孔雀图案，认为这些图案是蠢汉和淫妇的象征；忌送刀、剑、刀叉等餐具，此类礼品表示双方断绝关系；忌问对方家事和其他私人问题。

三、亚洲

(一) 日本

　　日本人感情不外露，性格内向，自尊心强，爱面子，讲信用，重视人际关系，重礼节。

　　世界上多数国家流行握手礼，但在日本，如果一见到日本人就紧握其手行见面礼，却会使日本人在生理上产生厌恶感，日本人更希望外国人同自己行鞠躬礼。第二次世界大战后，握手礼也逐渐成为日本常用礼节，但通常与对方握手还要行鞠躬礼，特别是道别时。鞠躬时男士双手下垂紧贴两腿，女士则一只手压着另一只手下垂至身前。

　　人们初次见面时，要交换名片，千万不可接到名片后直接塞入口袋——这意味着你认为对方很不重要。接名片时应鞠躬，接到后看内容时需再鞠躬。西方人一般在会谈结束时交换名片，日本人则在会谈之始交换名片。如果交换名片之后，后来再次同该日本人见面，却忘了其姓名，日本人会认为是一种侮辱。在正式场合要称呼日本人全名，对男子可在姓后加"君"，只有对教师、医生、年长者、上级和有特殊才能的人才称"先生"，对德高望重的女子也称"先生"，对其他人均以"桑"相称。

　　到日本人家中做客要事先约定时间并按时赴约，按惯例要带礼品。日本人送礼时，不送双数，而喜欢送奇数的礼品。不要给日本人送有动物图案的礼品。梳子在日本不宜作礼品(意为辛苦)。到日本人家中不可参观主人卧室，男士不可以进入厨房，上卫生间必须征得主人同意。交谈时，应看着对方的脖子，盯着对方被认为是很不礼貌的。

另外值得注意的是，有些时候送礼也要根据职务高低将礼品分为不同等级，如果常务董事与董事收到同样的礼物，那么前者觉得是对他的侮辱，而后者则会觉得尴尬不已。

日本人在交际应酬中对穿着打扮十分精心。在商务政务以及对外的场合，通常要穿西式服装；而在民间交往中，他们有时也会穿和服，配布袜、木屐或草屐。历史上日本曾等级森严，和服的色彩、图案、款式、面料乃至穿着方法，无一不与穿着者的地位、身份相关。日本人在举行婚礼、庆祝重要节日、出席茶道等活动时常穿和服。

日本人十分重视茶道。茶道会多为款待贵客而举行，正式的茶道会要在专用茶室中举行。茶室中间放着用以浇水的陶制炭炉和茶壶，炉前放着各种十分精致的茶具。在日本，茶道被认为是对一个人身份、修养的肯定。一般茶道中，饮茶方式有两种：一种是每位客人各饮一碗；另一种是一碗茶每人只饮一口，由全体客人轮着饮用。

日本人忌讳"4"，主要是因为"4"和"死"的发音相似，很不吉利；他们在送礼中特别忌讳"9"，会误认为你把主人看作强盗；还忌讳3人一起"合影"，他们认为在中间被左右两人夹着，这是不幸的预兆；他们不喜欢紫色，认为紫色是悲伤的色调；他们忌讳绿色，认为绿色是不祥之色。

日本人对送花有很多忌讳：忌讳赠送或摆设荷花。在探望病人时忌用山茶花、仙客来及淡黄色和白颜色的花，因为山茶花凋谢时整个花头落地，不吉利；仙客来花在日文中的读音为"希苦拉面"，而"希"同日文中的"死"发音类同；淡黄色与白颜色的花，这是日本人传统观念就不喜欢的花。他们对菊花或装饰花图案的东西有戒心，因为它是皇室的标志，一般不敢也不能接受这种礼物或礼遇。

日本人对装饰有狐狸和獾图案的东西很反感，认为狐狸"贪婪"和"狡猾"，獾"狡诈"。他们还很讨厌金、银眼的猫，认为见到这样的猫，会感到丧气。他们忌讳触及别人的身体，认为这是失礼的举动。他们还忌讳把盛过东西的容器再给他们重复使用；忌讳在洗脸水中再兑热水；忌讳晚上剪指甲；忌讳洗过的东西晚上晾晒；忌讳睡觉或躺卧时头朝北(据说停尸才头朝北)。日本人对朋友买的东西，一般不愿意问价钱是多少，因为这是不礼貌的；同样你若评价对方买的东西便宜，也是失礼的，因为日本人不愿让对方认为自己经济能力低下，只会买便宜货等。日本人还忌讳妇女盘腿而坐，忌舔筷子，忌倒贴邮票(暗示断交)。

(二) 韩国

在韩国，应避免大声说话或大声笑。韩国人尤其是韩国妇女，在笑时，常用手遮住嘴。在正式交际场合，韩国人一般都采用握手作为见面礼节。韩国妇女一般不与男子握手，而往往代之以鞠躬或者点头致意。韩国人在不少场合也同时采用先鞠躬、后握手的方式。同他人告别时，若对方是有地位、身份的人，韩国人往往要多次行礼，个别韩国人甚至讲一句道别话，行一次礼。一般情况下，韩国人在称呼他人时爱用尊称和敬语，喜欢称呼对方头衔。韩国人非常讲究预先约定和遵守时间，并且十分重视名片的使用。

需要向韩国人馈赠礼品时，宜选择鲜花、酒类或工艺品。但是，最好不要送日本货。在接受礼品时，韩国人大多不习惯当场打开包装。韩国民间仍讲究"男尊女卑"，男女一同就座时，女人应自动坐在下座，并且不得坐得高于男子，女子不得在男子面前高声谈笑等。

韩国人对社交场合的穿着打扮十分在意，在交际应酬时通常都穿着西式服装。邋里邋遢、衣冠不整的人，和着装暴露、所穿衣服面料过透的人一样，都是让人看不起的。在逢年过节或某些特定场合，韩国人往往会穿本民族的传统服装：男子上身穿袄，下身穿宽大的长裆裤，或加上一件坎肩，甚至再披上一件长袍；韩国妇女则大多上穿短袄，下着齐胸长裙。光脚参加社交活动是一种失礼的行为，进屋之前需脱鞋，摆放鞋子时不准将鞋尖直对屋内。

韩国饮食口味以辣、酸为主，主食有米饭、冷面，韩国人爱吃的菜肴主要有泡菜、烤牛肉、烧狗肉、人参鸡等。韩国菜的品种并不多，而且其中的绝大多数都比较清淡，韩国饮料较多。韩国的男子通常酒量都不错，对烧酒、清酒、啤酒往往来者不拒；韩国妇女则多不饮酒。韩国人通常不喝稀粥和清汤，认为只有穷人才会如此。韩国人一般都不吃过腻、过油、过甜的东西，并且不吃鸭子、羊肉和肥猪肉。

韩国人大多珍爱白色，崇拜熊与虎。韩国以木槿花为国花，以松树为国树，以喜鹊为国鸟，以老虎为国兽。不要称"南朝鲜""南韩"或"朝鲜人"，宜分别称"韩国"或"韩国人"。韩国人的民族自尊心很强，他们反对崇洋媚外，倡导使用国货。

(三) 沙特阿拉伯

1. 交往习俗

(1) 总体风俗。在交往中，沙特阿拉伯人大多表现得热情大方，只是由于伊斯兰教规的限制，沙特阿拉伯妇女很少抛头露面，并且不得与异性接触。所以，与沙特阿拉伯人打交道，必须注意以下两个方面的问题。

一是遇到沙特阿拉伯妇女时，不宜主动向其问候或行礼。自己如果是一位男士，就更要注意这一点。与沙特阿拉伯男士交往，切勿问候其夫人或恋人，并注意不要给她们送礼品。

二是由于沙特阿拉伯人普遍重男轻女，尽量不要派女性与其接触或交际。不然，很有可能事与愿违、事倍功半。

(2) 见面礼节。外国人在沙特阿拉伯时，见面礼节应入乡随俗。异性之间，最好不要当众拥抱亲吻，在公共场合表现得过分亲昵，也是应避免的。

拜访沙特阿拉伯人之前，要预约。与他人相会时，沙特阿拉伯人往往要晚到一会儿，在他们看来，这是做人的一种风度。

2. 衣食习俗

(1) 服饰。沙特阿拉伯女子喜欢用一种长垂及地的大袍和面纱遮盖身体及头部。她们头上所戴的黑色面纱有三角形、正方形、五角形等多种形状，但都必须严密地遮盖住面容，仅允许双眼露在外面。

前往沙特阿拉伯的人，言行不要太随便，不要穿过分暴露身体的服装，妇女要特别牢记这一点。

由于天气炎热，沙特阿拉伯人大多习惯穿拖鞋，有的人会赤脚。只有在举行隆重的活动时，人们才会穿皮鞋。

(2) 饮食。沙特阿拉伯人的主食有面饼、面包、面条等。在肉类方面，多以牛肉、羊肉、鸡肉为主。在他们看来，羊眼是席上之珍、美味之最。

按照伊斯兰教规，沙特阿拉伯人忌食猪肉、自死之物，忌食未诵安拉之名宰的动物的血液，忌食狗、马、骡、蛇、蟹、无鳞鱼、贝类海鲜以及其他一切含有酒精的饮料，并且不得吸烟。

在饮料方面，沙特阿拉伯人爱喝骆驼奶、红茶、咖啡。在拜访沙特阿拉伯人时，主人劝饮的咖啡是不可不喝的。

用餐之时，沙特阿拉伯人一般席地而坐，以右手取用食物。有时候，他们也会放置桌椅，不过禁止用脚蹬踩。

3. 禁忌

与沙特阿拉伯人交往必须记住以下事项。

(1) 不提倡娱乐。沙特阿拉伯人认为，娱乐令人堕落，所以，切莫与之谈论休闲、娱乐话题，也不要邀请其参加舞会。

(2) 宜回避以色列相关话题。

(3) 禁止偶像崇拜。按照伊斯兰教规，沙特阿拉伯人禁止偶像崇拜。因此，那里的人不看电影，不喜欢拍照、录像，并且对雕塑、洋娃娃等礼品十分忌讳。

(4) 男女授受不亲。不论坐车、乘电梯，还是在银行，男女往往要各自分开。

(5) 沙特阿拉伯人不下国际象棋，他们认为，那种玩法对国王有失恭敬。

(6) 与沙特阿拉伯人交谈，不要谈中东政治、宗教矛盾、女权运动、石油政策等。

(7) 向沙特阿拉伯人送礼品时，忌送酒类、雕塑、猪皮与猪毛制成品、美女照以及带有熊猫图案的东西。

📖 本章小结

跨文化沟通是指跨文化组织中拥有不同文化背景的人们之间的信息、知识和情感的互相传递、交流和理解过程。由于文化的差异性和跨文化沟通的特点，不同文化背景的人在沟通的过程中可能会遇到一些障碍，主要表现为文化差异、民族优越感、语言差异、非语言差异四个方面。有效解决跨文化沟通障碍的方法有很多，主要依据沟通的目的而定。从组织管理的角度来看，要想有效地解决跨文化沟通的障碍，首先要增强跨文化沟通的意识，其次要确立有效的沟通原则，最后要开发有效的跨文化沟通技能。

情景模拟与沟通训练

学校新来了一位美国外教，一个中国学生想和他交流，练练外语。两位同学一组，一位扮演外教，一位扮演中国学生，模拟第一次见面聊天的场景。注意文化差异，不要谈论会令外教不高兴的问题。

案例分析

案例1　墨西哥的施乐公司

保罗在美国休斯敦长大，于1988年在美国一所大学获得了工商管理学位。毕业之后，保罗一直在达拉斯的施乐公司工作。经过两年的磨炼，保罗被提升为该公司美国西部地区的副经理。1993年，保罗被召到总部，总部决定选派他担任墨西哥施乐子公司人力资源部经理的职务。总公司告诉保罗，选派他有两个理由：①出色的业绩；②会讲西班牙语。保罗接受了这项任务，但是他知道墨西哥的文化价值观与美国存在很大的差异，为此他做了一些准备工作。以下是他收集的一份关于墨西哥文化的材料节选。

(1) 墨西哥人倾向于接受朋友或者同事的内在价值，而不要求具体的工作绩效和成就；而美国人认为，通过工作可以表明一个人的正直和尊严，获胜的人是更加优秀的人。对于墨西哥人来说，每个人都很特殊，无论是否获胜。

(2) 在美国，人们认为法律是至高无上的，因此不应该从规则制度中寻找任何理由；在墨西哥，人们认为每个人都是非常独特的，受到尊重的是人，而不是抽象的规定，因此，在墨西哥，规则、政策和程序往往被忽视。

(3) 墨西哥人的时间观念与美国人不同。墨西哥人对"准时"的定义非常宽松；而美国人则认为应该严格遵守约会时间和最后的期限。

(4) 在墨西哥，人们会随意打断别人的谈话；而在美国，人们认为打断别人的谈话是不礼貌的、不令人讨厌的行为。

案例讨论题

1.运用本章学习的知识，描述墨西哥的民族文化。

2.为了有效地完成任务,你认为保罗在去墨西哥之前还应该做哪些准备工作?

案例2

20世纪50年代,法国白兰地开拓性地打入美国市场是跨文化沟通的成功之作。

白兰地在法国早已享有盛誉,畅销不衰。厂商的目标转向美国市场,如何打入美国市场?采用什么方式、利用什么时机效果最好呢?他们收集有关美国的大量信息,经过详细策划,决定抓住法、美两国人民的友谊做文章,充分体现礼轻情义重的主题,选择美国总统艾森豪威尔67岁寿辰作为宣传时机,向其赠送两桶极名贵、窖藏67年之久的白兰地作为贺礼。

贺礼由专机运往美国,并向保险公司支付了巨额保险。

酒桶特邀法国著名艺术家特别设计制作。总统寿辰之时,在白宫的花园里举行了隆重的赠送仪式,由身穿法国传统的宫廷侍卫服装的青年抬着两桶白兰地正步进入白宫。这项计划获得了法国政府的赞赏和支持。

美国公众在总统寿辰1个月之前就分别从不同的渠道获得了有关信息。一时间,法国白兰地成为新闻报道、街谈巷议的热门话题。那天,白宫周围人山人海,人们笑容满面,挥动着手中的法国国旗,千百万人翘首以盼这两桶名贵的白兰地的到来。

当这两桶仪态非凡的美酒登场亮相时,群情沸腾,欢声四起,有些人甚至大声唱起了法国国歌《马赛曲》。此刻的美国公众,似乎已经闻到了醇清芬芳的酒香,品尝到了友谊的佳酿美味。

关于名酒驾到的新闻报道、专题特写、新闻照片占了当天各报的大幅版面。法国名酒白兰地就这样在热闹的气氛中昂首阔步地迈进了美国市场,成为宴会和餐桌上常用的佳酿。

白兰地一举打入美国市场,干净利落。整个过程气氛热烈,节拍鲜明,富有艺术性,大胆而富有想象力地把一种产品和国家元首结合起来,以法、美两国人民的友谊情感的交融为产品的名声和信誉打下了良好的基础,让产品出色地扮演了友好使者这一历史性角色,并充分运用了各种传播媒介调动公众情绪,有效地缩短了法国白兰地与美国公众心理之间的距离,可谓构思奇特,设计精细、大胆而富有魅力。

由于厂家准确、及时地掌握和利用了宣传时机，深谙各种传播媒介的新闻价值观，整个过程按照构思顺利进行，圆满地实现了宣传品牌的计划目标。

案例讨论题

1. 法国白兰地成功进入美国市场的关键是什么？都运用了什么沟通手段？
2. 市场是"创造"出来的吗？

案例3

约翰是一位60多岁的新西兰人，他对守时赴约的要求极其严格。一天，有个广告代理商与他约好来谈一个广告设计问题，由于司机不熟悉广告公司的路线而且又遇到堵车，广告代理商迟到了半个小时。当广告代理商匆匆忙忙地赶来时，约翰没有与代理商谈论广告之事，反而起身离开了办公室。约翰的中国助理知道，老板平时就是这样对待约会迟到的人。但是今天这项广告设计工作事关后面好几项工作，他虽然很生气，但是又拿老板没有办法。

案例讨论题

1. 你对案例的看法如何？
2. 案例中存在哪些沟通不当的问题？

复习思考题

1. 跨文化沟通的含义是什么？
2. 从跨文化沟通的角度分析"入乡随俗"的含义。
3. 试述不同地域或国家的文化习惯对跨文化沟通的影响。
4. 比较你所熟悉的不同地域或不同国家的人，他们有哪些独特的文化和习惯？
5. 试述宗教文化对跨文化沟通的影响。
6. 如何理解文化差异对沟通的影响？

第十章 现代沟通方式

本章素质培养目标：掌握现代沟通的各种沟通方式及相关礼仪，能较好地运用现代沟通方式清楚地表达自己的想法。

重点：正确地运用现代沟通工具，掌握各种网络表达方式，能较好掌握现代沟通技能与交注沟通礼仪。

引例

世界著名的微软公司为我们创造了IT业界公司发展的"神话"，他们公司内部的沟通机制同样为我们在网络时代提高沟通效果树立了典范。微软公司的总裁比尔·盖茨坚持利用电子邮件来加强与部属和员工的联系，他每天上班的第一件事就是检查电子信箱。同时，公司内部的所有员工通过电子邮件频繁进行信息交流，一本新书、一篇好文章、一种创意、一丝灵感，都是员工电子邮件传递的内容。他们形象地将这种沟通方式称为"东走西瞧"。

由引例可见，现代企业已广泛采用现代化沟通方式。它使用起来很方便，并且大大地提高了工作效率。

本章我们讨论的主题是"现代沟通方式"，这个问题对于每个人来说不是一个新问题，在一个人际网络扁平化的时代，手机基本实现全球通，人们对于QQ、微信等沟通方式的依赖程度日益增加，对这些人们都深有体会。不同时代的人，通信方式不一样。曾经电话在中国的普及率很低，那个时候，邮信是远距离沟通的主要手段。现在，人们之间的沟通已经完全不一样了，很多人常常挂在QQ、微信上，甚至有的单位发通知、开小型讨论会都使用QQ和微信。这些现代沟通方式给我们带来了很多值得探讨的问题：随着技术的进步，现代沟通方式发生了哪些变化？用现代沟通方式进行沟通要注意哪些问题？

第一节　现代沟通手段

现代沟通是人与人之间利用现代技术进行思想、感情、观念、态度交流的过程，是信息相互交换的过程。

随着现代通信技术的发展，出现了各种不同形式的沟通方式，为不同的群体甚至是不同的阶层，提供了更多可选择的沟通方式。现代沟通的形式包括电话沟通和网络沟通。其中，网络沟通是指通过基于信息技术(IT)的计算机网络来实现信息沟通的活动，是现代沟通中最重要的形式。常用的有QQ、微信等即时聊天工具，一些下载软件也支持网上聊天。

一、网络沟通

1. 电子邮件

电子邮件简称E-mail，是一种用电子手段提供信息交换的通信方式，也是Internet应用最广的服务。通过网络电子邮件系统，用户可以用非常低廉的价格(不管发送到哪里，都只需负担电费和上网费)，快速(几秒之内可以发送到世界上任何指定的目的地)与世界上任何一个角落的网络用户联系，这些电子邮件可以是文字、图像、声音等各种形式。同时，用户可以得到大量免费的新闻、专题邮件，并实现轻松的信息搜索。这是任何传统方式都无法相比的。正是由于电子邮件具有使用简易、投递迅速、收费低廉、易于保存、全球畅通无阻等优点，电子邮件被广泛地应用，改变了人们的交流方式。另外，电子邮件还可以进行一对多的邮件传递，同一邮件可以一次发送给许多人。更重要的是，电子邮件是整个互联网，以及所有其他网络系统中针对人际信息交流的系统，它的数据发送方和接收方都是个人或组织，能够满足大量的人际通信需求。

2. 网络电话

按照信息产业部的《电信业务分类目录》，网络电话是具有真正意义的IP电话。系统软件运用独特的编程技术，具有强大的IP寻址功能，可穿透一切私网和层层防火墙。无论你是在公司的局域网内，还是在学校或网吧的防火墙背后，均可使用网络电话，实现电脑对电脑的自如交流，无论身处何地，双方通话时完全免费；也可通过电脑拨打全国的固定电话和手机，和平时打电话完全一样，输入对方的区号和电话号码即可，享受IP电话的最低资费标准，其语音清晰，流畅程度完全超越现有IP电话。随着通信技术的进步，现在已经实现固定电话拨打网络电话。与你通话的对方电脑上已安装的在线电话客户端振铃声响，对方摘机，通话即可建立。

3. 电子论坛

电子论坛其实就是这样一组人的地址清单，如果一个人加入了电子论坛，该论坛所有成员讨论的信息都会转到这个人的电子邮箱中，他的观点也会通过论坛转到其他成员的电子邮箱里。

例如，回龙观社区网规模较大，其用户经常称自己是"观"里人，他们有一种很强的自豪感。这种自豪感来自什么地方？事实上和他们通过网络沟通营造了一个非常有凝聚力的社区直接相关。

4. 网络新闻发布

网络新闻突破传统的新闻传播概念，在视、听、感方面给受众全新的体验。它将无序化的新闻进行有序的整合，大大压缩了信息的厚度，让人们在最短的时间内获得最有效的新闻信息。网络新闻的发布可省去平面媒体的印刷、出版，电子媒体的信号传输、声音图像的采集等环节，时效性很强。

5. 即时通信

即时通信是指能够即时发送和接收互联网消息的业务。即时通信自1998年面世以来，发展迅速，功能日益丰富，逐渐集成了电子邮件、音乐、电视、游戏和搜索等多种功能。如今，即时通信不再是一个单纯的聊天工具，它已经发展成集交流、资讯、娱乐、搜索、电子商务、办公协作和企业客户服务等于一体的综合化信息平台，如QQ、微信等，已经被大众广为应用。

二、电话沟通

"电话沟通"是个体利用电话进行沟通的一种方式，电话沟通是一种比较经济的沟通方式，也是个人之间、企业内部以及企业内外部之间常用的沟通方法。一般来说，电话应答能够反映一个企业的风貌、精神、文化甚至管理水平等。因此，如果在电话应答上表现不当，就会导致外部人员做出对企业不利的判断。所以，在许多大型企业中，电话的礼仪和技巧往往是新员工上岗培训的一项重要内容。

1. 电话沟通的特点

电话沟通包括打电话、发短信等。电话沟通的特点有即时性、快捷性、经济性。下面我们以短信拜年为例来具体说明。一家几个人坐在家里过春节，需要和外界有一定的交流，但是在现代社会中，每个人从身体到心灵都非常疲惫，如果打电话拜年或者亲自去拜年要花更多的时间。而短信恰恰解决了这个问题，一方面能够使沟通迅速发生，另一方面编辑及转发短信付出的时间成本很低，而且从经济上来说也更划算。

2. 电话沟通适用的场合

如下几种情境宜采用电话沟通的方式。

(1) 彼此之间的办公距离较远，但问题比较简单。例如，两人在不同的办公室需要讨论一个报表数据的问题等。

(2) 彼此之间的距离很远，很难或无法当面沟通。

(3) 双方已经采用了其他的沟通方式但尚有疑问。

 第二节　现代沟通手段的应用

通过邮箱，你可以跟一个人建立联系。通过微博、视频网站等社交平台，你能了解一个陌生人的形象、个性、喜好、生活圈子等。通过微信、QQ，你跟你的好友以及工作伙伴可随时问候、互相帮助……网络沟通是个好东西，可有时候使用不恰当也会带来负面作用。那么，如何正确而有效地应用现代沟通工具，提高沟通效果呢？这一节，我们重点介绍现代沟通手段的应用与礼仪。

一、网络沟通的礼仪和技巧

在网络沟通中，除了运用日常生活中的一些沟通技巧和礼仪外，还要注意一些网络沟通特有的礼仪和技巧。

1. IM(即时沟通)软件的沟通礼仪和技巧

(1) 不要强求别人加你为好友，除非有正当理由。应当了解到，别人加不加你为好友是别人的权利。

(2) 在别人忙碌的时候，不要打扰。如果是正式的谈话，不要用"忙吗""打扰一下"等开始一段对话，而是要把对话的重点压缩在一句话中。

(3) 如果谈工作，尽量把要说的话压缩在10句以内。要记住，IM 不适合谈工作。

(4) 不要随意给别人发送链接，尤其是不加说明的链接。随意发送URL是一种很粗鲁的行为，属于强制推送内容给对方，而且容易让别人感染上网络病毒。

(5) 打字的时候要注意别有太多的错别字，注意文明礼貌。打字聊天的时候因为听不见声音、看不见表情，所以说话不要让对方感到太生硬，以免引起误会，需要时，可适度加点图片表情。

2. 关于Blog BBS留言的礼仪和技巧

(1) 尊重别人的劳动，不要随意转载，不要做"语文老师"，或者否定对方的知识层次，不要自以为高人一等，使用侮辱性质的词句。

(2) 不要随意做价值判断。不要断章取义，不要抓住对方的一句话进行发挥，要认真阅读后发言。

(3) 表达自己的想法要说出理由，不要说脏话。

3. 电子邮件的沟通礼仪和技巧

(1) 电子邮件的主题应当准确，不要发送无主题和无意义主题的电子邮件。

(2) 注意称呼，避免冒昧。当与不熟悉的人通信时，请使用恰当的语气、适当的称呼和敬语。

(3) 注意邮件正文拼写和语法的正确，避免使用不规范的拼写和表情符号，尽量使用简单易懂的主题来准确传达电子邮件的要点。

(4) 因为邮件容易丢失，如果没有收到回复应当及时查问，不要无理猜测并暗责对方。在自己做到及时回复邮件的同时，不要对他人回复信件的时效性有过分期许。

(5) 不要随意转发电子邮件，尤其是不要随意转发带附件的电子邮件，除非你认为此邮件对别人的确有价值。除非附件是必需的，否则应该避免Word、PPT附件，应多使用PDF。在正文中应当包含附件的简要介绍，邮件要使用纯文本或易于阅读的字体，不要使用花哨的装饰，最好不使用带广告的电子邮箱。

(6) 如果不是工作需要，应尽量避免群发邮件。不要参与发连环信这种活动（"把这条消息发送给10个好友"之类），群发邮件容易曝光收件人的地址，因此最好使用邮件组或者采用暗送的方式。两个人商量事情牵涉第三方时，应该将邮件抄送给第三方。

(7) 在给不认识的人发送邮件时，请介绍一下自己的详细信息，或者在签名中注明自己的身份，没有人乐意和不明底细的人讨论问题。

(8) 如果对方公布了自己的工作邮件，那么工作上的联系请不要使用对方的私人信箱，没有人乐意在和朋友们联系的信箱中看到工作上的问题。

二、电话沟通的礼仪和技巧

1. 重要的第一声

当我们打电话给某单位，若一接通，就能听到对方亲切、优美的招呼声，心里一定会很愉快，对该单位有了较好的印象，双方的对话也能顺利展开。在电话沟通中，只要我们稍微注意一下自己的行为就会给对方留下完全不同的印象。应面带微笑，声音清晰、悦耳，吐字清楚，应有"我代表单位形象"的意识。

2. 要有喜悦的心情

打电话时我们要保持良好的心情，这样即使对方看不见你，也能被欢快的语调感染，留下极佳的印象。由于面部表情会影响声音的变化，所以即使在电话中，也要抱着"对方看着我"的心态去应对。

3. 端正的姿态与清晰明朗的声音

电话沟通中，站立能使身体挺直，从而使呼吸轻松自然，声音更加清晰响亮；微笑能提升声带周围的肌肉，使声音更加温和友善，替代缺失的视觉作用。

打电话过程中绝对不能吸烟、喝茶、吃零食，即使只是姿势懒散，对方也能够听得出来。如果你打电话的时候，躺在椅子上，对方听你的声音就是懒散的、无精打采的；若坐姿端正，身体挺直，所发出的声音也会亲切悦耳、充满活力。因此打电话时，即使看不见对方，也要当作对方就在眼前，尽可能注意自己的姿势。声音要温雅有礼，态度应恳切真挚。口与话筒间应保持适当距离，适度控制音量，以免对方听不清楚而产生误会，或因声音太大而让人产生不适。

4. 迅速准确地接听

现代工作人员业务繁忙，桌上往往会有两三部电话，听到电话铃声，应准确迅速地拿起听筒接听电话，长途电话优先，最好在响铃两到三声后接听。若长时间无人接电话，或让对方久等是很不礼貌的，对方在等待时心里会十分急躁，从而对你的单位留下不好的印象。即便电话离自己很远，听到电话铃声后，附近没有其他人，我们也应该以最快的速度拿起听筒，这样的态度是每个人都应该具备的，这样的习惯是每个办公室工作人员都应该养成的。如果电话铃响了五声以上才拿起话筒，应该先向对方道歉，若接起电话后只是"喂"了一声，会让对方觉得不礼貌，留下恶劣的印象。

5. 认真清楚地记录

随时牢记5W1H技巧，所谓5W1H是指接电话记录事情要记下的几个方面，包括：What，何事；When，何时；Who，何人；Where，何地；Why，为什么；How，如何进行。在任何情况下，这些资料都是十分重要的，对打电话、接电话具有相同的重要性。电话记录既要简洁又要完整，有赖于5W1H技巧。

6. 有效的电话沟通

上班时间打来的电话几乎都与工作有关，公司的每个电话都十分重要，不可敷衍，即使对方要找的人不在，切忌草率答复"他不在"便将电话挂断。接电话时要尽可能问清事由，避免误事。对方查询本部门其他单位电话号码时，应迅速查告，不能说不知道。接电话后，首先应确认对方身份、了解对方来电的目的，如自己无法处理，也应认真记录下来，委婉地探求对方来电的目的。对对方提出的问题应耐心倾听，让对方能适度地畅所欲言，除非不得已，否则不要插嘴，期间可以通过提问来探究对方的需求与问题。注重倾听与理解、抱有同理心、建立亲和力是有效电话沟通的关键。接到责难或批评性的电话时，应委婉解释，并向其表示歉意或谢意，不可与发话人争辩。通过电话交谈事项应注意正确性，将事项完整地交代清楚，以增加对方的认同，不可敷衍了事。如遇需要查寻数据或另行联系的查催事件，应先估计可能耗用时间的长短，若查阅或查催时间较长，最好不要让对方久候，应改用另行回电话的方式，并尽早回话。以电话索取书表时，应记录在案，把握时效，尽快地寄达。

7. 挂电话时要有礼貌

要结束电话交谈时，一般应当由打电话的一方提出，然后彼此客气地道别，应有明确的结束语，说一声"谢谢""再见"，再挂断电话。不可只管自己讲完就挂断电话，这样会使对方心里很不舒服，给人家留下你不礼貌的印象。

第三节　网络沟通与现实沟通的比较

当我们越来越热衷于建立自己的人际网络，当E-mail、QQ、微信成为职场沟通的必要手段时，过多的网上交流可能会破坏你理解他人情感的能力。除此之外，电子邮件还可能影响我们理解对话和阅读的能力。

如今，我们越来越懒得跟非同城的好友们电话聊天，更倾向于关注他们的微博、微信，心情好的时候给他们留言，工作不忙的时候跟他们闲聊。在某种程度上，网络沟通似乎耗费着同样的时间成本，却难以起到真实人际沟通的卓越成效。有时候，打电话或者见面仍是更有效的沟通方式，请看案例10-1。

案例10-1： 一位职场专栏作家详述"E-mail大战"

"我就经常收到这样的E-mail，我把它称为哈雷彗星，它后面拖着好长好长的尾巴，通常这种E-mail的内容是争执，比如一件事情出了什么差错，首先是一个人质问另外一个人，然后被质问的人分析事故责任时又'回复全部'，如此循环往复，导致一封信出现一条长长的尾巴。局内人的目的是抄送给更多人看到是谁的责任，而局外人不过是当成八卦来看。这封E-mail可能会让问题变得更棘手，而最好的做法是真诚地打个电话沟通，可能问题就迎刃而解了。"①

一、网络沟通、电话沟通与现实沟通的差别

网络沟通是指利用E-mail、微信、QQ、Twitter等网络工具跟他人互动和交流。现实沟通是指传统的面对面互动和交流。

1. 便捷性的差别

面对面沟通需要双方在同一时间处于同一地点，而网络沟通则去除了上述所有限制——即便你不在线，我也可以把信息传递给你。在传递信息的便捷度上，网络沟通优于现实沟通。

2. 重视程度的差别

针对一件事情，对方打电话给你，甚至跟你面谈，显然要比发邮件、发微信更让你重视。想想看，平日一向发邮件给你的老板，如果他的号码出现在你的来电显示上，你会不会认为这件事情很重要？在引起重视度方面，现实沟通优于网络沟通。

3. 表达感情的差别

尽管网络沟通可使用各种表情符号，但还是没有真实的表情来得实在。电话有声音表情，面对面更有手势和眼神，想体会一个人传达的真实情绪和意图，网络沟通还是太虚拟。在需要采用人情手段进行交际时，现实沟通优于网络沟通。

---

① 人民网. 让人纠结的网络沟通，网络"杀伤"社交[EB/OL]. http://media.people.com.cn/GB/9379461.html，2009-05-31/2012-07-02.

4. 收到反馈的差别

发E-mail沟通压根不指望对方能马上回复，而用微信、QQ沟通有时也需要等待反馈。很显然，如果你希望第一时间看到对方的持续反馈，还是得采用现实沟通。

5. 掩饰真相方面的差别

员工打算对上司隐瞒真相时，首先会选择发电子邮件，其次是打电话，面对面交谈是他们最不喜欢的一种方式。毕竟文字是有技巧的，而且可以掩盖人的真实情绪。如果想达到掩饰的目的，就选择网络沟通；如果想看穿真相，就选择现实沟通。

二、网络沟通的缺点

网络沟通具有便捷、有助于掩饰情感等优点，但在引起重视、传情达意、获得及时反馈、看穿真相方面存在一些不足之处。此外，网络沟通还有以下一些弊端。

1. 有时候不利于保密

随着网络沟通规模的扩大、办公自动化应用水平的提高和数据共享程度的提高，一个单位或组织的网络不能独立存在，要与国家甚至整个世界的网络紧密联系在一起，这也使得泄密变得更加容易。网络黑客运用一些破解手段，可能攻克企业的保密体系等设防措施，进入企业的内部网，窃取商业秘密或有关企业生死存亡的重大秘密。

另外，电子邮件误发到别人的邮箱里，聊天记录没有及时清除被别人看到，也会泄露秘密。

2. 对文书工作的影响

在未实现办公自动化时，定稿前的原始材料都能与定稿一起装订备查；而现在，领导讲话稿的拟定一般都先由领导给出大概的思路和结构，由工作人员去收集材料填充具体内容，完稿后交给领导审阅修正，从初稿到定稿要经历多遍修订。但无论修改多少遍，在未实现办公自动化时，这一过程都是以笔完成的，哪位领导修改了什么、怎样修改的、为什么修改都能在定稿所附的材料中得到体现，若在一些敏感性、原则性的讲话中出现问题，查看原始记录，谁的过失自然一清二楚，但随着办公自动化的应用，每位领导均配有专用计算机，工作人员根据领导的思路在计算机上完成初稿交由领导审阅，而领导对初稿的审阅和修正也放在计算机上处理，等处理完毕就打印出来了，初稿和定稿变成了一份，这样一来具有明显的弊端，原始材料不再原始，真实性受到质疑。

3. 对工作作风的影响

随着大量办公设备的产生，工作人员无论大事小事都由机器代替完成，缺少一种踏踏实实的精神，会给工作人员带来一种不良的后果。有些事物(如调查研究)必须深入实地透彻调查，才能获得第一手资料，为工作的展开打好坚实的基础；但现在有了办公设备与软件，有些工作可通过计算机轻松完成，缺乏深入实地调查研究的精神，使工作处于一种被动的局面。

另外，有些应该打电话或者面谈的沟通活动，沟通者为了省事，在电脑前用网络沟通的方式代替。由于见不到面或者听不到声音，仅仅靠文字沟通，很容易引起误解。

4. 需要辨别是不是网络虚假信息

由于网络沟通形式的普及，不同个体对于网络沟通有不同的目的。有的是真心找朋友，而有的是以找朋友为借口推销产品，有的甚至利用人情关系进一步发展以索取金钱回报。这些都是骗人的，从一开始就在布局，下套等你来钻。提醒大家，交友请谨慎，特别是网上交友，若不是在绝对信任的情况下，绝对不能向对方透露真实姓名、电话、家庭住址以及银行账号、身份证号码等信息。

如何辨别虚假信息是网友的一大难题，虚假信息不仅指网络上不明身份的网友的虚假信息，还指网上的虚假广告。由于信息不对称，我们无法有效辨别网友的真正动机及其信息的正确性，导致对网络沟通对象的误解或个人利益的损失。辨别是不是虚假信息，要看对方是否一开始就想和你讨论金钱、利益的事情。较为常见的情况是，对方说自己因为某个原因急需一大笔钱，需要你的帮忙，然后给你银行账号叫你去汇款；还有一些向你推销产品的。现在的骗术越发高明，一不小心就会中招，因此，我们在互联网上交友要学会识别对方的目的。

作为网友，我们在享受互联网带来的信息共享以及传播便利的同时，不要忘了提高警惕心。对于负面信息，尤其是涉及热门事件或是国家、民族的负面信息，要学会辨别信息的真假，更不要因为受到鼓动而成为谣言的传播者。

需要特别注意的是，在成本相差无几的情况下，应优先采用当面沟通的方式。

三、不同沟通方式的应用原则

什么才是最好的沟通方式？其实，没有最好的沟通方式，只有恰当的沟通方式。在不同的场合选择恰当的沟通方式，才能提高沟通效率。

1. 被错用的沟通方式最低效

案例10-2： 一位美国公司的高管觉得员工太懒惰了，比如一上班就给自己冲咖啡，下午不到5点就下班。因此，他给全体员工发了一份E-mail，说希望所有人7点到公司，8点开会，晚上5点前不能离开。这封E-mail被一个员工传到雅虎网站，引起了轩然大波，因为美国文化是很反对高压管理的。结果这个公司的股价跌了很多，这名高管也因此而辞职[①]。

在这个案例中，高管错误地使用了沟通方式。如果在会议上，采用富有感情色彩和个人魅力的演讲方式来沟通，员工会更容易接受。而E-mail是冰冷的、生硬的，员工会觉得高管在下命令。

其实，每种沟通方式都有不同的特点，每种沟通方式都有它优越的地方。选择合适的沟通方式，才会收到应有的效果；如果错用沟通方式，就会造成低效的局面，甚至出现更严重的问题。

如今，QQ、微信、E-mail作为职场沟通的必要手段，肯定有其高效的一面，比如E-mail很多时候可作为证据，这就是为什么涉及跨部门和越级沟通，一定要通过E-mail。比如，你写一封信给你的上司，同时抄送给上司的上司，能有效避免越级沟通的误解。

但E-mail也会导致很多无效沟通的情况。比如，双方在态度上会有隔膜，连使用"谢谢"这种语言都会让对方觉得你不过是出于礼节而非真心。所以，当你面临需

---

① 张薇. 网络"杀伤"社交[J]. 青年周末，2009(19).

要带有感情色彩的沟通、需要用自己的诚心态度来表达时，千万不要用E-mail。

还有QQ和微信，在QQ和微信上谈的事情的重要程度应比E-mail低。比如，约公司新来的同事吃饭，可以用QQ或微信，因为用电话会打扰对方，而吃饭又不是紧急的事情。而重要的通知或者紧急的事情就需要打电话，在QQ或微信上留言有时候对方不能及时看到，可能会耽误事，打电话可以保证沟通及时。知道什么时候打电话，什么时候用E-mail、QQ和微信，是成熟的职场人应有的职业素质。

2. 网络沟通更适合于熟人交际

相比较电话沟通和面对面沟通，网络沟通有一种"不在场"感。比如，通过QQ、E-mail沟通，有时候是很难感觉到对方的真实情绪的。所以，这种沟通方式更适合于熟悉的人之间的交流，因为你已经熟悉对方，不需要再费心思揣摩对方的真实情绪，你会很容易对他的情绪做出判断。

如果我们与某人初次交往，用这种方式是不好的，不利于双方快速了解对方的真实情况，也容易产生误会。

一个人选择的沟通渠道有时也与沟通内容有关。比如IT记者，一般喜欢用网络沟通，如果所交流的内容跟网站相关，可以直接把链接发给对方。如果双方需要传输文件，也可边看材料边讨论修改。但是需要保密或者很重要的文件，应当面交给对方，以免网上传输泄密或者丢失。

第四节　现代沟通应用实例：电话营销

随着科学技术的不断进步和发展，网络走进了人们的生活，成为人们学习、工作和生活中不可缺少的一部分。网络发展速度之快之猛，大大超出人们的预想，21世纪是网络时代和信息时代。同样，在营销管理、日常管理等工作中，利用现代网络技术、电话技术来办公，利用现代沟通方式，也是必不可少的。本节我们以电话营销为例，说明一下应用现代沟通技术进行职场沟通时应该注意的事项。

一、打电话前的准备

(1) 明确打电话的目的和对象。电话沟通在这方面与面对面沟通相似，在沟通之前，我们应当先明确沟通对象及沟通的目的是什么。针对不同的沟通对象，采用不同的表达方式。

(2) 理清为了达到目的所必须问的问题。在沟通之前，要多准备几个问题，并想好如何在不引起对方反感的情况下，引入你所要表达的问题。

(3) 设想客户可能会提到的问题，并做好准备。电话沟通中，由于客户无法见到产品实物，可能会提出相应的疑问。

(4) 设想电话中可能发生的事情，并做好准备。在电话沟通中，客户会有更多的借口来拒绝你的要求，所以要针对客户在电话沟通中可能提出的各种借口做好准备。

(5) 所需资料的准备。绝对不能让客户在电话中等待太久。

(6) 态度上做好准备。一定要保持微笑，并让对方感觉到你的诚意。

二、电话销售中的开场白

对于大多数销售人员来说，比较难的是跟客户的第一次通话，第一印象特别重要。因此，我们应该重视销售工作的第一个电话。好的开始是成功的一半，电话销售中的开场白很重要。以下几种开场白是常用的方式。

(1) 自我介绍。如"你好，我是××公司的××"。

(2) 相关的人或者物的说明。

(3) 介绍打电话的目的。

(4) 确认对方通话时间的可行性。

(5) 探询需求，即提出问题。

三、探询客户的需求

1. 对客户需求的了解

了解客户的潜在和明确需求，才能够去推荐产品。不但要知道客户需求的是什么，还要知道为什么客户会产生这种需求。

2. 明确的需求和潜在的需求

先去找出客户的潜在需求，然后去引导客户，让他去表达一种明确的需求，在这个时候再去介绍产品，客户接受的可能性就会非常大。

四、根据客户的需求推荐产品

向客户推荐产品时，应了解以下几个观念。

1. USP

采用USP(Unique Selling Point，独有的销售特点)策略，要以商品分析为基础，并以广告商品在功能上有明显差异为前提。主要适用于：当产品差异是区分市场的重要依据时；当消费者对产品的特点非常关心时；某些产品的特点或优点处于中心位置时(指某一类产品的大部分消费者最关心的特点)。

2. UBV

UBV(Unique Business Value，独有的商业价值)一定要跟客户的需求挂钩。由于电话营销和直接沟通不同，要突出产品特点、形象，需要关注客户的需求和产品的特点。

3. FAB

FAB(Feature Advantage Benefit，产品的好处以及对客户真正的价值)法则，即属性、作用、益处的法则。FAB对应的是三个英文单词：Feature、Advantage、Benefit。按照这样的顺序来介绍，就是说服性演讲的结构，它达到的效果就是让客户相信你的产品是最好的。

五、电话销售中的沟通技巧

1. 增强声音的感染力

影响声音感染力的因素有以下几方面。

(1) 声音。声音应热情适度。可以在自己面前放上一面镜子，训练自己保持微笑，语速适中，音量适中，语音清晰，表现出专业性，善于运用停顿。

(2) 措辞。措辞要有专业性，比如用第一、第二、第三去描述，这样带有逻辑性，客户容易听明白；措辞要积极，要有自信，语言要简洁。

(3) 身体语言。要面带微笑，最好站着打电话，动作要与表达的感情相结合。

2. 与客户建立融洽的关系

(1) 适应客户的性格。比如，客户如果是急性子，你就不能慢慢来，使客户因着急而心情烦躁，影响沟通效果。

(2) 赞美客户。适当地赞美客户，会使客户心情愉悦，有利于销售。

案例10-3：某电子公司因为研发部要上新项目，要扩招几个研发工程师。项目预计在5月底启动，所以急需用人。招聘专员王先生放下手上所有的工作忙招聘的事情，他考虑到研发工程师层次比较高，因此计划采用网络招聘，准备从某市找几个人才网站做比较。

首先他联系了A人才网，A公司的客户经理刘女士接听了电话。

A公司刘女士：您好，这里是A公司，有什么可以帮到您的？

客户王先生：您好，我这边是××公司的，我们计划要做一次招聘，想了解一下你们网站，你能否发一些资料到我邮箱呢？

A公司刘女士：可以，这个没有问题，我想请问一下先生您贵姓呢？

客户王先生：免贵姓王。

A公司刘女士：王先生，您好！我想请问一下您是计划做一个月、半年还是一年呢？

客户王先生：一个月吧。

A公司刘女士：好的。您那边有几个职位要做招聘呢？

客户王先生：三个。

A公司刘女士：都是什么职位呢？

客户王先生：都是工程师。

A公司刘女士：好的，我先把资料发到您的邮箱，您的邮箱是？

客户王先生：1111@163.com。

A公司刘女士：好的，我马上把资料给您发过去，谢谢您的来电。

接着王先生联系了B人才网，B公司的销售主管陈女士接听了电话。

B公司陈女士：您好，B公司，有什么可以帮到您的？

客户王先生：您好，我这边是××公司的，我们计划要做一次招聘，所以想了解一下你们网站，你能否发一些资料到我邮箱呢？

B公司陈女士：可以，这个没有问题，我想请问一下先生您贵姓呢？

客户王先生：免贵姓王。

B公司陈女士：王先生，您好！我想请问一下您那边有几个职位要做招聘呢？

客户王先生：三个。

B公司陈女士：都是些什么职位呢？

客户王先生：都是工程师。

B公司陈女士：王先生，因为工程师又有很多职位，我想请问一下您，贵公司招聘的工程师具体一点都是什么工程师呢？

客户王先生：都是研发工程师。

B公司陈女士：那贵公司怎么会一下子招三个研发工程师呢？

客户王先生：因为我们要上一个新的研发项目，人手不够，所以就多招几个。

B公司陈女士：那贵公司的研发项目计划在什么时间启动呢？我看怎么样来更好地配合您的招聘计划。

客户王先生：先谢谢你了。我们的项目计划启动时间是在本月底。

B公司陈女士：哎呀，那时间很紧张了，您这边既然要启动新项目，想必对研发工程师的要求也很高，再加上这么短的时间，普通的网络招聘估计难以满足您的招聘计划。那这样吧，如果在规定的时间没有招到合适的人选，我想可能对您的工作开展很不利，研发部和老板或许都会给您一定的压力。

客户王先生：是啊，我都急死了，你有没有什么好的建议？

B公司陈女士：上次伟易达也出现了跟贵公司相同的情况，我们建议他们网上网下一起招，就是网络招聘加上现场招聘，多一条搜索途径。另外网络招聘也不要只采用普通的网络招聘，多加一个首页广告，扩大覆盖面积，更好地吸引求职者的眼球。果不其然，正如我们所设想，他们还不到两周就招到了五个电子工程师。

客户王先生：是吗？那你也帮我们做一个这样的方案吧。

B公司陈女士：好的，另外为了让我们设计的方案更适合您这边，不知道您那边的预算是多少呢？

客户王先生：这个倒不是很重要，关键是招到人。

B公司陈女士：好的，那我今天就把方案发给您，您的邮箱是？

客户王先生：1111@163.com。

B公司陈女士：好的，我把方案给您发过去以后再跟您电话确认一下。

客户王先生：好的。

第二天，王先生就跟B公司签单了，A公司那边还搞不明白为什么，以为客户跟业务员关系非常好[①]。

A公司的刘女士并没有错，很规矩地了解了基本信息，并发送了资料。那么B公司为什么能赢得这个订单？B公司的业务员并不知道这个客户跟A公司那边有联系，但是她会沟通，并懂得抓住客户需求背后的需求，即客户招聘的目的是解决新项目人才缺口，在沟通中，还表达了理解对方的心情，"哎呀，那时间很紧张了，您这边既然要启动新项目……"因此赢得了客户的好感，也基本上建立了客户对B公司陈女士的信任。而后B公司陈女士列举了自己公司的成功案例，最终赢得了这个订单。

本章小结

现代沟通指的是随着科学技术的发展，新的通信技术的应用，所产生的与人类传统沟通方式不同的新沟通方式，其主要形式为网络沟通及电话沟通。如何在网络环境中，或在无法直接面对沟通对象时恰当地表达自己的情感并传达相关的信息，如何识别网络沟通中的虚假信息、规避风险，都是我们在日常沟通中需要学习的内容。

作为一种重要的沟通工具，网络沟通与电话沟通在现代沟通的过程中起着至关重要的作用，主要表现在现代科技的应用可以强化沟通效果，提高沟通效率，扩

---

① 成功营销网. 浅谈销售沟通[EB/OL]. http://www.tem.com.cn/html/20090908/1252-37312433285. shtml，2009-09-15/2012-07-02.

大沟通范围等。具备现代信息处理能力是非常重要的。正确应用现代科技，理解现代沟通的含义，并能正确运用技术手段表达自己的主观意愿，有助于我们的日常沟通，将大大方便我们的生活。

情景模拟与沟通训练

1. 游戏：假如我是……

游戏目的：认识资讯科技对不同背景、不同阶层的人的影响；了解不是每个人都能拥有和掌握资讯科技的原因；表达自己对资讯科技的感受。

游戏准备：制作角色卡。

(1) 让学生抽取角色卡，用几分钟的时间进入角色，想象该角色能否掌握资讯科技以及资讯科技发展对他有什么影响(角色卡附角色背景，让学生认识不同角色的特征和处境，从而帮助他们进入角色。组织者也可以只派发角色卡而不附角色背景，让学生自由联想该角色的特征与情况)。

(2) 学生以独白形式表达并演绎该角色对资讯科技发展的看法和感受。

(3) 讨论：在这些人当中，谁拥有资讯科技？谁不能掌握资讯科技？为什么有这样的分别？在企业中，资讯科技发展会带来什么好处？谁会因此而得益？谁无从分享资讯科技发展带来的好处？为什么？谁的计划会因为资讯科技的发展而受到影响？为什么？哪些角色最能引起你的共鸣？

2. 电话沟通情景模拟

(1) 模拟一名刚入职的销售人员第一次给某商场采购部的马经理打电话，推销某品牌的床上用品。

(2) 模拟一个学生家里有事给老师打电话请假。

要求：两人一组打电话，参考上述场景，自行设计具体内容。

案例分析

研发部林经理进公司不到一年，工作表现颇受主管赞赏。不管是他的专业能力还是管理绩效，都获得了大家的肯定。在他的缜密规划之下，研发部一些延迟已久的项目都在积极推行当中。

部门主管李副总发现，林经理到研发部以来，几乎每天加班。他经常第二天上班看到林经理发送电子邮件的时间是前一天晚上10时许，甚至可以看到当天早上7时许发送的另一封邮件。这意味着林经理每天最晚离开公司，上班时第一个到。但是，即使在工作量吃紧的时候，其他同仁似乎都准时走，很少跟着他留下来。平常也很难见到林经理和他的属下或是同级主管进行互动。

李副总对林经理怎么和其他同事、部属沟通工作非常好奇，开始观察他的人际相处方式。原来，林经理都是以电子邮件交代部署工作。除非必要，他的属下也都是以电子邮件回复工作进度及提出问题，很少找他当面报告或讨论。林经理对其他同事也是如此，电子邮件似乎被林经理当作和同仁合作的最佳工具。

但是最近，大家似乎开始对林经理这样的互动方式反应不佳。李副总发觉，林经理的属下对部门逐渐没有向心力，除了不配合加班，还只执行交办的工作，不太主动提出企划或问题。而其他各处主管，也不会像林经理刚到研发部时那样，主动到他房间聊聊。大家见了面，只是客气地点个头。开会时的讨论，也都是公事公办，工作积极性不高。

李副总在楼梯间抽烟时碰到另一处的陈经理，以闲聊的方式问及各主管和林经理的互动状况。陈经理不好多说什么，只提到林经理工作相当认真，可能对工作以外的事就没多花心思。李副总也没再多问。

这天，李副总刚好经过林经理房间门口，听到他打电话，讨论内容似乎和陈经理的业务范围有关。他到陈经理那里，刚好陈经理也在打电话。李副总听谈话内容，确定是两位经理在谈话。之后，他找到了陈经理，问他是怎么一回事。明明两个主管的办公室是相邻的，为什么不直接走过去说，竟然用电话谈。

陈经理笑答，这通电话是林经理打来的，林经理似乎比较希望用电话讨论工作，而不是当面沟通。陈经理曾经试着要在林经理房间谈，但是林经理不是以最短的时间结束谈话，就是讨论时眼睛一直盯着计算机屏幕，让他不得不赶紧离开。陈经理说，几次以后，他也宁愿用电话沟通，以免让林经理觉得自己过于热情。

了解到这些情形后，李副总找林经理聊了聊。林经理觉得，提高效率应该是最重要的目标。他希望用最节省时间的方式，达到工作要求。李副总以过来人的经验告诉林经理，工作效率重要，但良好的沟通会让工作进行得更顺畅，而面对面互动所花费的些许时间成本，绝对能让沟通效果大为增进。

案例讨论题

1. 你如何看待本案例中林经理所用的沟通方式？存在哪些问题？

2. 上司与下属如何沟通最有效？

复习思考题

1. 什么是现代沟通？它主要有哪些手段？

2. 网络沟通有哪些类型？如何恰当地运用网络沟通？

3. 分析网络沟通与现实沟通的区别，并说明如何适当沟通。

4. 在网络沟通过程中，如何辨别虚假信息？

参考文献

[1] 曾仕强，刘君政. 人际关系与沟通[M]. 北京：清华大学出版社，2004.

[2] 沈远平. 管理沟通案例分析精选[M]. 北京：知识产权出版社，2011.

[3] 迈克尔·E. 哈特斯利. 管理沟通原理与实践[M]. 北京：机械工业出版社，2008.

[4] 菲利普·L. 胡萨克尔. 管理技能实战训练手册[M]. 北京：机械工业出版社，2003.

[5] 基蒂·O. 洛克. 商务与管理沟通[M]. 北京：机械工业出版社，2009.

[6] 梅雨霖，梅薇薇. 人际沟通[M]. 北京：中国轻工业出版社，2009.

[7] 钟海，覃琥云，汪洪杰. 人际沟通[M]. 2版. 北京：科学出版社，2007.

[8] 周丽君. 人际沟通交流技巧[M]. 上海：复旦大学出版社，2008.

[9] 王志刚，梁志刚. 口才艺术与人际沟通[M]. 北京：北京大学出版社，2010.

[10] 张德俊. 职场关系与沟通技巧[M]. 北京：航空工业出版社，2010.

[11] 许玲. 人际沟通与交流[M]. 北京：清华大学出版社，2007.

[12] 麻友平. 人际沟通与交流[M]. 北京：清华大学出版社，2009.

[13] 戴尔·卡耐基. 沟通与人际关系[M]. 海口：海南出版社，2004.

[14] 周志轩. 实效沟通[M]. 成都：成都时代出版社，2008.

[15] 邹晓春. 沟通能力培训全案[M]. 北京：人民邮电出版社，2009.

[16] 张薇. 网络"杀伤"社交[J]. 青年周末，2009(19).

[17] 康青. 管理沟通[M]. 北京：中国人民大学出版社，2006.

[18] 孙健敏，徐世勇. 管理沟通[M]. 北京：清华大学出版社，2006.

[19] 严文华. 跨文化沟通心理学[M]. 上海：上海社会科学院出版社，2008.

[20] 吕书梅. 管理沟通技能[M]. 大连：东北财经大学出版社，2008.

[21] 李剑锋. 组织行为管理[M]. 北京：中国人民大学出版社，2000.

[22] Benson Smith，Tony Rutigliano. 发现你的销售优势[M]. 方晓光，译. 北京：机械工业出版社，2004.

[23] 张方园. 两个沟通案例的比较[J]. 幼儿教育，2005(11).

[24] 郭台泓. 高效沟通24法则[M]. 北京：清华大学出版社，2009.

[25] 郭鹏. 史上最强的沟通术[M]. 北京：机械工业出版社，2009.

[26] 李开复，范海涛. 世界因你而不同——李开复自传[M]. 北京：中信出版社，2009.

[27] 夏箫. 令表达力倍增的鬼谷子语言沟通技术[J]. 职业经理人周刊，2009(9).

[28] 刘墉. 把话说到心窝里[M]. 重庆：重庆出版社，2004.

[29] 刘墉. 说话的魅力[M]. 南宁：接力出版社，2009.

[30] 孙科炎，程丽平. 沟通心理学[M]. 北京：中国电力出版社，2012.

[31] 周朝霞. 人际关系与公共礼仪[M]. 杭州：浙江大学出版社，2009.

[32] 水淼. 20几岁要懂得的处世心理学[M]. 北京：北京航空航天大学出版社，2009.

[33] 奕良. 巧妙的批评[J]. 企业管理，2011(5).

[34] 王瑜. 公孙弘认错[J]. 现代交际，2008(6).

[35] 郝红，等. 管理沟通[M]. 北京：科学出版社，2010.

[36] 丽婕. 人人都是杜拉拉[M]. 北京：人民日报出版社，2010.

[37] 白桦. 成功步骤详细分解[M]. 北京：人民日报出版社，2010.

[38] 黑暗中的鲨鱼. "白骨精"养成记：我在职场的日子[M]. 南京：江苏文艺出版社，2010.

[39] 付裕. 初涉职场大学生需注意5大问题 [N]. 凤凰网博报，2008-11-19.

[40] 王樵. 管理者如何进行沟通与激励[M]. 北京：北京大学出版社，2010.

[41] 翟文明. 小故事大道理大全集[M]. 北京：中国华侨出版社，2011.

[42] 刘志坚，徐北妮. 管理学——原理与案例[M]. 华南理工大学出版社，2002.

[43] 戴尔·卡耐基. 卡耐基沟通的艺术与处世智慧[M]. 王红星，译. 北京：中国华侨出版社，2012.

[44] 吴蔚，水之道. 水的无为自然哲学与处世立业之道[M]. 北京：中国发展出版社，2009.

[45] 关世杰. 跨文化交流学[M]. 北京：北京大学出版社，1995.

[46] 陈默. 十堂沟通训练课[M]. 山西：陕西人民出版社，2020.

[47] 马歇尔·卢森堡. 非暴力沟通[M]. 北京：华夏出版社，2020.

[48] 叶舟. 聪明人是怎样沟通的[M]. 北京：立信会计出版社，2018.

[49] 魔女ShaSha. 会说话的女人最迷人[M]. 北京：北京联合出版社，2015.

[50] 黎明. 超级沟通力[M]. 北京：中国纺织出版社，2017.

[51] 冠诚. 别输在不会表达上[M]. 北京：中国华侨出版社，2018.

[52] 钉子心理小组. 逆转式沟通[M]. 北京：北京联合出版公司，2020.

[53] 徐丽丽. 沟通赢家：玩转沟通四大模式[M]. 北京：机械工业出版社，2018.